Karlheinz Benninger

Paradies und Wiedergeburt

Der neue Zugang zur christlichen Lehre

PARADIES UND WIEDERGEBURT

DER NEUE ZUGANG ZUR CHRISTLICHEN LEHRE

KARLHEINZ BENNINGER

© 2021 Karlheinz Benninger

Paradies und Wiedergeburt – Neuer Zugang zur christlichen Lehre

Umschlaggestaltung: tredition GmbH

Verlag & Druck: tredition GmbH, Halenreie 40-44, 22359 Hamburg

978-3-347-40833-3 (Paperback)

978-3-347-40834-0 (Hardcover)

978-3-347-40835-7 (e-Book)

Abbildungen aus: Othmar Keel, Die Welt der altorientalischen Bildsymbolik und das Alte Testament, 3. Aufl. 1984. Benzinger Verlag Zürich, Lizenzausgabe für die Wissenschaftliche Buchgesellschaft Darmstadt

Bibliografische Information der Deutschen Nationalbibliothek: Die Deutsche Nationalbibliothek verzeichnet diese Publikation in der Deutschen Nationalbibliografie; detaillierte bibliografische Daten sind im Internet über http://dnb.d-nb.de abrufbar.

Inhalt

Weh euch Theologen!
Denn ihr habt den Schlüssel der Erkenntnis fortgenommen.
Selbst seid ihr nicht eingetreten,
und die eintreten wollten,
die habt ihr daran gehindert.
Lukas 11, 52

Das sagt der Heilige, der Wahre;
er, der den Schlüssel Davids hält;
er, der öffnet, und keiner schließt zu;
er, der zuschließt, und keiner öffnet.
Siehe, eine offene Tür habe ich gewährt vor deinen Augen,
und keiner hat die Macht, sie zuzuschließen.
Offenbarung 3, 7 f

Einladung

Der christliche Weg ist kein Angebot für Schwächlinge oder Halbherzige, keine Option für Menschen, die ihr Lebensschifflein lieber an einen Konvoi anhängen und sich solchen anvertrauen, die wir auf Erden ohne Kompass umherirren sehen, die den Weg zum Himmel aber verkaufen wollen – ohne Garantie selbstverständlich.

Lassen wir den Meister selbst sprechen:
Eng ist Pforte und schmal der Weg,
der in das LEBEN führt,
und es gibt wenige, die ihn finden.
Habt Acht auf die Pseudopropheten,
die zu euch kommen in den Gewändern von Schafen,
innen aber reißende Wölfe sind.
An ihren Früchten werdet ihr sie erkennen.

Matthäus 7, 14 ff

Bei seinem ersten öffentlichen Auftreten in der Synagoge seiner Heimatstadt Nazareth verkündete Jesus nach seiner Lektüre aus dem Buch Jesaja, dass dem Menschen von GOTT alle Schuld erlassen sei.
Auch aus den anderen Evangelien vernehmen wir, dass Jesus, was GOTT und den Menschen betrifft, zu einem generellen Umdenken aufrief:
Denkt um, das Reich GOTTES ist schon gekommen.
Es ist lediglich eine Frage des rechten Bewusstseins.

Was aber hat die Religion aus dieser »Frohen Botschaft« gemacht?
Jesus wirft den religiösen Führern vor, dass sie den Schlüssel der Erkenntnis der biblischen Botschaft weggenommen haben und denen, die nach Verständnis suchen, das Eintreten verwehren. Dieser Schlüssel, das sind die Sieben Schöpfungstage gleich am Anfang der Bibel. Darin wird der Mensch zum Bild und Gleichnis GOTTES erklärt und die gesamte Schöpfung als *sehr gut* befunden.
Die Religion hingegen leitet den Menschen vom sündigen Adam her und lädt all seinen Nachfahren von Generation zu

Generation dessen Sündenschuld auf. Auch die Aufforderung Jesu zum »Umdenken« wurde in einen Aufruf zur Buße verkehrt.

Damit haben die religiösen Lehrer die »Frohe Botschaft« in ihr genaues Gegenteil umgewandelt und die christliche Lehre auf den Kopf gestellt.

Laut Markus-Evangelium verhieß Jesus denen, die seinen Weg konsequent gehen: *Folgende Dinge werden denen, die den Glauben annehmen, als Beweise folgen: In meinem Namen werden sie Dämonen austreiben und werden in neuen Sprachen sprechen. Sie werden Schlangen aufheben, und wenn sie etwas Tödliches trinken, wird es ihnen nicht schaden. Kranken werden sie die Hände auflegen, und es wird ihnen gut gehen.*

Im Johannes-Evangelium sagt Jesus der Christus: *Wer an mich glaubt, der wird die Taten, die ich vollbringe, auch vollbringen, ja er wird noch größere vollbringen als sie.*

Der Herrenbruder Jakobus bekräftigt: *So ist es mit dem Glauben, wenn er keine Auswirkungen hat, dann ist er an sich tot. ... Zeige mir deinen Glauben ohne Werke, und ich will dir meinen Glauben zeigen aufgrund meiner Werke* (Jak 2, 17 f).

Im seinen »Römischen Tagebüchern« vermerkt der Deutsch-römer Ferdinand Gregorovius unter dem 17. Juni 1870, dass Papst Pius IX. bei einem Spaziergang einem Gelähmten zugerufen habe: *Erhebe dich und wandle. Der arme Teufel versuchte es und stürzte zusammen. Dies hat den Vizegott sehr verstimmt. Die Anekdote wird bereits in Zeitungen besprochen. Ich glaube wirklich, dass er verrückt ist.*

Daher gilt für diese Kirchen derselbe Wehruf, den Jesus vielfach über die Schriftgelehrten und Pharisäer seiner Zeit ausgestoßen hat:

> Auf den Lehrstuhl des Moses haben sich Theologen und Pharisäer gesetzt. ...
> Sie reden zwar, handeln aber nicht entsprechend.
> Sie schnüren schwere Lasten
> und bürden sie den Menschen auf die Schultern.
> Sie selbst aber wollen mit keinem Finger daran rühren.
> Matthäus 23, 2 ff

Kapitel 1

Und GOTT sprach: Es werde Licht!
Und es ward Licht.
1 Mos 1, 3

Alles, was zu Tage kommt, ist Licht.
Eph 5,13

Was ist eine Idee?

Es wird eine klare Definition nötig sein für das, was wir unter »Idee« verstehen und was nicht.

Wenn wir im folgenden von »Idee« oder »Ideen« sprechen, meinen wir damit nicht eine gute Geschäftsidee, eine intelligente Lösungsmöglichkeit für ein Problem oder sonst einen klugen Einfall, auch nicht, dass in der Suppe vielleicht noch eine Idee Salz fehlt.

Ideen werden hier immer im platonischen Sinne verstanden als absolute Wahrheiten, universelle Konstanten, die zugleich Maßstab für menschliches Handeln sind. In Platons Nomoi heißt es: *Gott hält, wie ja auch ein alter Spruch sagt, Anfang und Ende wie auch die Mitte aller seienden Dinge, und er kommt geradewegs zum Ziel auf einer Kreisbahn, wie es seiner Natur entspricht. Ihn begleitet aber stets Dike als rächende Strafe für die, die vom göttlichen Gesetz abweichen* (215). Ideen sind immer göttliche Ideen, Offenbarwerdungen aus dem Reich des Absoluten, Erleuchtungen und Lichteinfälle aus dem Bereich der absoluten WAHRHEIT.

Treffend sagt es der Psalmist:
Sende aus dein Licht und deine Wahrheit,
dass sie mich leiten
und mich bringen zu deinem heiligen Berg
und zu deiner Wohnung. Ps 43, 3

Der heilige Berg[1] ist die Wohnung[2] GOTTES, der Berg, auf dem Jesus des Nachts meditierte.

Solche Offenbarwerdungen GOTTES ergehen aber nicht an privilegierte Menschen oder nur an Priester, vielmehr hat jeder zu dem Göttlichen immer freien Zugang, wie es der Platoniker Ralph Waldo Emerson darlegt: *Obgleich die Tore des Tempels Tag und Nacht offen stehen und die Orakel dieser Wahrheit nie aufhören, wird sie von einer strengen Bedingung bewacht: es ist die Intuition* (Eine Vorlesung).

Die Schöpfungstage beginnen mit dem göttlichen Befehl: *Es werde Licht*: das Lichtreich GOTTES zeige sich, das Reich der WAHRHEIT oder der göttlichen Ideen, und vertreibe die mentale Finsternis der sterblichen Illusionen! *Die fruchtlosen Machenschaften der Finsternis ... all das wird vom Licht widerlegt und kommt zutage; denn alles, was zu Tage kommt, ist Licht* (Eph 5, 11-13).

Das Wort idéa bedeutet im Griechischen: Bild, Abbildung. In der platonischen Philosophie bekommt es die Bedeutung »Urbild«. Was Platon unter idéa versteht, definiert er so:
eben das, was ist
die wirklich seienden Dinge
das wirklich Seiende
das absolut Seiende
das immer sich Gleichbleibende
das immer Seiende
das ewige Sein
das Sein
die Wahrheit
die Wahrheiten (Phaidr 248c)

Zur Symbolik in der Christlichen Bibel: *GOTT ist Licht* (1Joh 1, 5), der *Vater des Lichtes* [die Lichtquelle] (Jak 1, 17) und jede Idee ist

---

[1] Vgl. Exkurs Berg
[2] Wohnung oder Haus = Bewusstsein; vgl. Benninger, Alternatives Christentum, Exkurs Haus

ein Lichtstrahl aus dieser göttlichen Lichtquelle, der die mentale Finsternis aufzuhellen vermag.

In der Theologie Echnatons (1365-1347 vor) enden alle Strahlen des Lichtgottes Aton in Händen, die die Schöpferkraft des Lichtes zum Ausdruck bringen und manifestieren[3]. Dem König und der Königin halten sie das Zeichen für ewiges Leben an die Nase.

Im

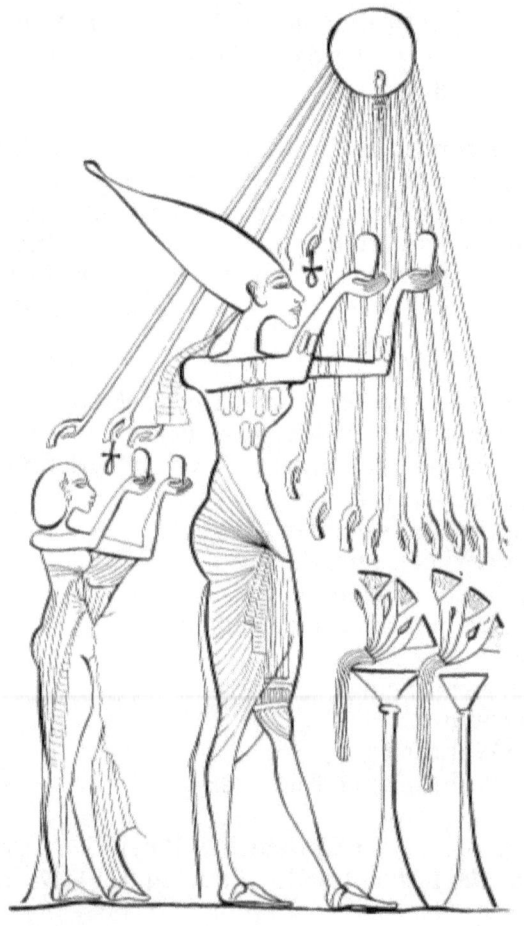

[3] manifestieren von lat. manus – die Hand

Sonnenhymnus heißt es: *Du erschaffst Millionen Verkörperungen aus dir, dem Einen... Du bist die Lebenszeit selbst, man lebt durch dich.*
Ein schönes Bild für eine göttliche, wahre Idee bietet Seneca im 41. Brief an Lucilius: *Eine göttliche Kraft steigt hierher herab ... Mit ihrem größeren Teil ist sie dort, von wo sie herabsteigt. Genau wie die Sonnenstrahlen die Erde zwar berühren aber doch dort sind, von wo sie ausgeschickt werden, so verweilt ein großer und heiliger Geist – hierher herabgesandt, damit wir Göttliches kennen – zwar bei uns, doch haftet er an seinem Ausgangspunkt. Von dort ist er abhängig, dorthin schaut und strebt er; wie etwas Besseres nimmt er teil an unseren Dingen* (Sen ep 41, 5).

Die Gnostiker, obwohl in vielfältiger Weise von Platon abhängig, verwenden statt idéa das Wort »aión – Äon«. Äon ist das »immer Seiende [in Vergangenheit, Gegenwart und Zukunft]« oder das »Ewigkeitswesen«.
Die Christliche Bibel verwendet das Wort idéa nicht, sie spricht vom Lichtreich GOTTES. Die Ausstrahlung dieses Lichtes sind die »Samen«. Wo Jesus seinen Schülern das Gleichnis vom Sämann auslegt, nennt er den Samen das »Wort [lógos] vom Reich« (Mt 13, 19), das »Wort« (Mk 4, 14), das »Wort GOTTES« (Lk 8, 11), bei Matthäus an anderer Stelle: *Der gute Same sind die Kinder des Reiches ... der Feind, der das Unkraut sät, ist der Diabolos* (Mt 13, 38 f).

Wie alle Lichtstrahlen in der Lichtquelle zusammenlaufen, so nennen wir die Gesamtheit aller Ideen »die Idee«. Sie ist das volle Bild oder der volle Ausdruck GOTTES: *die Ausstrahlung seiner Herrlichkeit, der Ausdruck seiner Substanz* (Hebr 1, 3).
Da zudem bei der Unendlichkeit jeder Idee jede Idee in jeder anderen Idee enthalten sein muss, erinnert uns dies stark an das holographische Weltbild: *Ein Hologramm ist eine besondere Art von optischem Speichersystem. Nimmt man die fotografische Platte mit der holographischen Aufnahme eines Menschen, schneidet den Kopfteil ab und projiziert diesen Teil, dann erscheint nicht etwa nur der Kopf, sondern der ganze Mensch, wie er auf der unversehrten Platte abgebildet war. Und ein Teil dieses Teiles ergibt wiederum das ganze Bild. Mit anderen Worten: Jeder einzelne Teil des Hologramms enthält das ganze Bild in verdichteter Form. Der Teil ist im Ganzen*

und das Ganze ist in jedem Teil - eine Form von Einheit-in-der-Vielfalt und Vielfalt-in-der-Einheit. *Der entscheidende Aspekt ist, dass der Teil Zugang zum Ganzen hat. ... Im entfalteten und manifesten Bereich von Raum und Zeit sind die Dinge tatsächlich getrennt und verschieden. Unter der Oberfläche jedoch, im eingefalteten oder Frequenzbereich, sind alle Dinge und Geschehnisse raumlos, zeitlos, immanent, eins und ungeteilt* (Wilber, Weltbild 8 f).

Erst so können wir die Stelle im Johannes-Evangelium richtig verstehen: *Ich bitte dich nicht nur für sie, sondern auch für die, die durch ihr Wort an mich glauben, damit alle eins sind, wie du, Vater, in mir und ich in dir, damit auch sie in uns sind, damit die Welt glaubt, dass du mich gesandt hast. Ich habe ihnen ihre wahre Identität gezeigt, die du mir gezeigt hast, damit sie Eins sind, genau wie wir Eins sind: Ich in ihnen und du in mir, damit sie vervollkommnet sind zu Eins* (Joh 17, 20-23).

Die Selbstpräsentation des GEISTES

Das einzige, was im ganzen Universum jemals vor sich geht, ist die Selbstpräsentation des GEISTES: Es werde Licht! Jeder Lichtstrahl endet in einer schöpferischen Hand, die nur Gutes bewirken kann. Und jede dieser göttlichen Ideen ist ein unmittelbarer Zugang zu GOTT, WAHRHEIT: *Ihr werdet die WAHRHEIT erkennen, und die WAHRHEIT wird euch frei machen.* Ist das nicht eine wundervolle Aussicht?

$\mathfrak{Kapitel}$ 2

Ideen das Brot des LEBENS

$\mathfrak{D}$as Wort »Idee«, griechisch idea, findet sich in der Christlichen Bibel, dem Neuen Testament, nicht. Idea bedeutet im Griechischen: Bild, Abbild, Urbild, Ausdruck. Die ursprüngliche philosophische Bedeutung geht auf Platon zurück. Platon versteht unter Ideen die »wirklich seienden Dinge«, Dinge also, die ganz im Sinne des Parmenides dem Bereich der Wahrheit angehören im Gegensatz zu den Dingen, die nur ein kurzes, scheinbares Sein haben, weil sie Anfang und Ende kennen. Die platonischen Ideen sind ewige Konstanten aus dem Bereich des Göttlichen.
Früheste Abbildungen auf ägyptischen Reliefs finden sich zur Zeit des ersten Monotheisten, des Philosophenkönigs Echnaton (1365-1347 vor). Auf ihnen hält der Lichtgott Aton am Ende seiner Strahlen dem Pharao die Lebensschleife, das Anch-Zeichen, an die Nase. Es ist das Zeichen für göttliches, d.h. ewiges Leben.

Doch beschränken wir uns auf die Bücher der Jüdischen und die der Christlichen Bibel. In Psalm 43 heißt es:
> Sende aus dein Licht und deine Wahrheit,
> dass sie mich leiten
> und bringen zu deinem heiligen Berg
> und zu deiner Wohnung.

Die Strahlen des göttlichen Lichtes übermitteln die das Bewusstsein erhellenden Wahrheiten und leiten hin zum Göttlichen. Im Regenbogen wird das unsichtbare göttliche Licht in seine 7 Spektralfarben zerlegt und so für die menschliche Wahrnehmung sichtbar gemacht. Er, der auf der Erde steht, schafft so eine sichtbare Verbildung zum Himmel:
> Wie der Regenbogen in den Wolken steht,
> wenn es geregnet hat, so glänzte es ring umher.
> So war die Herrlichkeit des HERRN anzusehen.
> Ez 1, 28

Meinen Bogen habe ich in die Wolken gesetzt;
der soll ein Zeichen des Bundes sein
zwischen mir und der Erde. 1 Mos 9, 13

In den 7 Schöpfungstagen weicht die chaotische Finsternis vor der 7-maligen Lichtwerdung GOTTES. In den Schriftrollen von Qumran[4], die aus der Zeit von Jesus stammen, begegnen wir den 7 Erzengeln, den 7 Engeln der Herrschaft, die die Engel Gottes in 7 Abteilungen anführen: *Sie loben[5] und rühmen und verherrlichen den König der Herrlichkeit. Sieben Geheimnisse des Erkennens sind im wunderbaren Geheimnis anvertraut den sieben heiligsten Dienern.*

Hier erkennen wir durch die Einteilung der göttlichen Ideen in 7 Abteilungen einen Schritt zur Systematisierung; denn Wissenschaft erfordert Ordnung, Kategorien und System. Die Ideen werden hier Engel genannt. Die Wortbedeutung von Engel, ángelos, ist Botschaft.

Jesus verwendet in seinen Gleichnissen für Ideen die Bilder »Kinder des Reiches« (Mt 13, 38) oder »Same« (Lk 8, 11), das Symbol für Auferweckung oder »Wort GOTTES« (Mt 4, 4), als Information also, durch die sich GOTT offenbart und mitteilt.

Ideen sind also ihrem Wesen nach Informationen. Wahre Informationen aus dem Reich GOTTES oder der WAHRHEIT sind Nahrung für das Bewusstsein. Göttliche Ideen haben ein PRINZIP, sie entströmen der göttlichen Lichtquelle: *Jede gute Gabe und jedes vollkommene Geschenk stammt von oben; es kommt herab vom Vater der Lichter, bei dem es keine Veränderung gibt noch Verschattung im Wechsel* (Jak 1,17). Finsternis kann nicht ausstrahlen, es gibt keine Finsterquelle, das Böse hat kein Prinzip.

Völlig entgegen dem platonischen und christlichen Denken werden heutzutage auch Produkte, die der mentalen Finsternis entsprossen sind, als Ideen bezeichnet. Auch diese „Ideen", besser Idole, haben ihre Wirkung, wie der Talmud lehrt: *Achte auf deine Gedanken - denn sie werden Worte. Achte auf deine Worte - denn sie werden zu Handlungen. Achte auf deine Handlungen - denn sie werden zu Gewohnheiten. Achte auf deine Gewohnheiten - denn*

---

[4] Vgl. Benninger, Alternatives Christentum 54
[5] Lob bedeutet Zustimmung

sie werden zu deinem Charakter. Achte auf deinen Charakter - denn er wird dein Schicksal.
Karl Reimund Popper hat richtig gesehen, was die sogenannten Ideen der Sterblichen anrichten: *Lehrt uns nicht die Geschichte aller Revolutionen, dass der fanatische Glaube an eine ethische Idee diese Idee immer wieder in ihr Gegenteil verkehrt? ... Lehrt uns nicht die Geschichte, dass alle ethischen Ideen verderblich sind und die besten Ideen oft die verderblichsten?* (159) *Der marxistische Kommunismus ist nur das schrecklichste Beispiel eines solchen Versuches, den Himmel auf Erden zu verwirklichen: Es ist ein Experiment, von dem wir lernen, wie leicht die, die sich anmaßen, den Himmel auf Erden zu verwirklichen, die Hölle verwirklichen können.*

(Popper, Suche 159 und 240)

Die Schöpfung GOTTES ist eine geistige Ideenschöpfung, nur seine Ideen bewirken Gutes, weil sie Informationen über die WAHRHEIT sind. Die göttlichen Ideen informieren über den sonst unsichtbaren GOTT, GEIST, und bringen ihn, dessen Reich über die Erde ausgebreitet ist und in dem wir leben, wirken und unser Dasein haben, zum Ausdruck.
Die Gesamtidee wird »Bild und Gleichnis GOTTES« genannt oder, weil ihr alle Vollmacht gegeben ist (1Mos 1, 28) auch Christus (der zur Herrschaft Gesalbte).

Das Brot des LEBENS

Lukas lässt in seinem Geburtsmythos[6] den Christus in Bethlehem zur Welt kommen. Bethlehem heißt »Haus des Brotes«. Im Johannes-Evangelium lehrt der Christus:
> Müht euch nicht um vergängliche Nahrung,
> sondern um Nahrung, die bleibt ins ewige LEBEN
> und die euch der Menschensohn[7] geben wird,
> denn er trägt das Siegel des Vaters. ...
> Mein Vater gibt euch das Brot vom Himmel, das wahre,
> denn das Brot GOTTES ist das,
> welches herabsteigt aus dem Himmel

---

[6] Vgl. Benninger, Befreit Kap. 4.6 Die Weihnachtsgeschichte des Lukas – Der Geburtsmythos des Christus
[7] Christus

und der Welt das LEBEN gibt. ...
Ich bin das Brot des LEBENS. ...
Ich bin das lebendige Brot,
das vom Himmel herabgestiegen ist. ...
Wer dieses Brot isst, wird leben in Ewigkeit. Joh 6, 27 ff

Bei dem wiederholten »Ich« spricht aus Jesus der Christus.
Was ist das, das Brot des LEBENS? Ist es die Oblate, über die ein
Priester der Kirche, ein sündiger Mensch, eine Formel gesprochen und sie damit in das Fleisch und Blut des am Kreuz
geopferten Jesus verwandelt hat? Und kann uns dessen Verzehr
das ewige LEBEN schenken? Oder ist mit den Worten des
Christus etwas ganz anderes gemeint?
Im Dialog Phaidros lässt Platon in einem Gleichnis[8] die Seele
des Menschen als einen geflügelten Wagen hinauf zu dem
überirdischen Ort aufsteigen, wo sie die Urbilder, die Ideen
oder unveränderlichen Konstanten des Seins schauen kann.
Dies ist die Weide, auf der die Seele die ihr gebührende
Nahrung findet. Wenn sie sich hier nährt und nicht von
irdischer Scheinnahrung, wächst ihr Gefieder und sie bleibt
unversehrt bis zum nächsten Aufstieg. Scheinnahrung aber ist,
was die Sinne anbieten: Informationen, die sie vom Schattenspiel der platonischen Höhle gewinnen, einem Tanz der
Illusionen, der im Buddhismus Maya[9] genannt wird.

Die synoptischen Evangelien schildern die Taufe von Jesus
durch Johannes den Täufer. Jesus ließ sich wie so viele von
Johannes taufen, obwohl ihm der Täufer gesagt hatte, dass er
seiner Bußtaufe nicht bedürfe (Mt 3, 14).
Als Jesus aus dem Wasser aufs Trockene stieg, drückte ihm die
Stimme aus dem Himmel ihr Siegel[10] auf: Er hatte seine
göttliche Identität schon gefunden, er war der Vollendete, der
Christus:
    Wenn ihr euch erkennt,
    dann werdet ihr erkannt werden,
    und ihr werdet wissen,

---

[8] Vgl. Exkurs Platons Gleichnis vom Seelenwagen
[9] Vgl. Exkurs Maya
[10] Off 9, 4

dass ihr die Söhne des lebendigen Vaters seid. Log 3

Und sofort, nachdem er das göttliche Siegel erhalten hatte, wurde Jesus *vom GEIST in die Wüste geführt*, ins Reich des »Fürsten dieser Welt«, damit er sich in der Versuchung bewähre:
Selig der Mann, der in der Versuchung standhält,
denn nach seiner Bewährung
wird er die Krone des LEBENS empfangen. Jak 1, 12

Er sollte versucht werden von der *alten Schlange, das ist der Verleumder und der Satan* (Off 20,2). Aus der Paradies-Parabel wissen wir, dass »Wüste« nichts anderes bedeutet als »diese Welt«: *Alles in der Welt, die Begierde des Fleisches, die Begierde der Augen und die Prahlerei des Lebens, stammt nicht vom Vater, sondern von der Welt. Die Welt und ihre Begierde vergeht, wer aber den Willen GOTTES tut, der bleibt in Ewigkeit* (1 Joh 2, 16 f). Jesus fastete[11] 40 Tage lang: Er hielt sich an das Gebot des Vaters und rührte keine der Früchte vom »Baum der Erkenntnis des Guten und des Bösen« an. Nachdem er allen Verlockungen widerstanden hatte, *siehe, da traten Engel herzu und dienten ihm* (Mt 4, 11). Engel aber sind Informationen von GOTT, Ideen.

Es genügt offensichtlich nicht, als der Christus mit göttlicher Vollmacht ausgestattet zu sein, der Christus hat seine Sendung zu erfüllen:
Ich bin dazu geboren und dazu in die Welt gekommen,
damit ich für die WAHRHEIT den Beweis liefere.
Joh 18, 37

Der Sohn GOTTES ist zu dem Zweck geoffenbart worden,
dass er das Wirken des Diabolos zerstören soll.
1 Joh 3, 8

GOTT ist LEBEN, es gibt keinen Stillstand. Eine der Ideen von LEBEN ist Evolution, Entwicklung und Entfaltung: sich aus der

---

[11] Vgl. Exkurs Fasten

19

Verwicklung in der Materie zu befreien und die wahre Identität entfalten. Jesus muss dadurch, dass er in allem das Wirken des Schöpfers dartut, die ewige Vollkommenheit der Schöpfung beweisen und den »Fürsten dieser Welt« verbannen: *Wenn ich aber in GEIST, GOTT, die dämonischen Mächte austreibe, dann ist doch das Reich GOTTES schon bei euch angekommen* (Mt 12, 28).

Während der Versuchung hatte Jesus dem Verleumder geantwortet: *Der Mensch lebt nicht nur von Brot, sondern von jedem Wort, das vom Mund GOTTES ausgeht* (Mt 4, 4). Vom Mund GOTTES geht immer aus: *Es werde ..., es werde ...!* Und was da wurde und gut war, ist die Ideenschöpfung GOTTES. Der ganze Ausdruck GOTTES, sein vollkommenes Bild und Gleichnis, ist der Christus, der da sagt: *Ich bin das Brot des LEBENS. Wer zu mir kommt, wird nicht hungern ... wenn einer davon isst, wird er leben in Ewigkeit* (Joh 6, 35 und 51).

Bei der Speisung der 4000 standen 7 Brote und ein paar Fische zur Verfügung. 7 Brote: Die Ideen der 7 Schöpfungstage. Sie sind das Brot des LEBENS; denn Fische sind das große Symbol des 5. Schöpfungstags, LEBEN. 7 Körbe bleiben übrig: die vollkommene Versorgung durch die göttliche LIEBE.
Bei der Speisung der 5000 (Mt 14, 19) stehen 5 Brote und 2 Fische zur Verfügung. Die 5 weist wieder auf LEBEN hin: unendliche Vermehrung. Die 2 Fische weisen hin auf den 2. und 5. Schöpfungstag: GEIST und LEBEN. LEBEN ist geistig. Die erforderliche Nahrung sind die geistigen Ideen. Übrig bleiben gleich 12 volle Körbe: 12 ist die universelle Zahl, in der Christus-WISSENSCHAFT die absolute Demonstration: Es würde noch für die ganze Welt reichen; *denn es ist das Brot GOTTES, das heruntersteigt aus dem Himmel und der Welt das LEBEN gibt* (Joh 6, 33).
Die Evangelien berichten, dass Jesus seinen Schülern das Brot brach:
Und es geschah,
nachdem er sich mit ihnen zu Tisch gesetzt hatte,
dass er das Brot nahm, es segnete, es brach und ihnen gab.
Da wurden ihre Augen geöffnet und sie erkannten ihn ...
Lk 24, 30 f

Dieses Brechen des Brotes ist sicherlich eine symbolische Handlung, und es wird wohl das »Brot des LEBENS« gewesen sein, das Jesus für seine Schüler in kleinere Stücke brach, damit sie seine Lehre Stück für Stück leichter verstehen konnten.

Kapitel 3

Was bedeutet »Christus?«

Wenn wir den Evangelien glauben, jedenfalls etwas völlig anderes als das, was die Kirchen lehren.

Christus ist nicht identisch mit Jesus, weder ein Synonym von ihm noch sein Beiname, wie die Namensnennung Jesus Christus nahelegen möchte. Die Bezeichnung Christus ist auch nicht auf Jesus beschränkt.

Christus heißt wörtlich: der Gesalbte. Dieser Titel ist nicht neu. Im ersten Buch Samuel salbt Samuel Saul zum König: *Da nahm Samuel den Krug mit Öl und goss es auf sein Haupt und küsste ihn und sprach: Siehe, der HERR hat dich zum Fürsten über sein Erbteil gesalbt* (1 Sam 10, 1; Luther 84). Diese Salbung hatte lange Vorbilder in Ägypten. Dort übertrug der Pharao einem seiner Vertrauensmänner durch Salbung die Generalvollmacht.

Paulus bevorzugt in seinen Lehrbriefen anstelle von »Jesus der Christus« die umgekehrte Wortordnung, nämlich »Christus Jesus« und damit meint er: »**Christus als Jesus**«, also der ewige, geistige Christus, wie er in der historischen Gestalt von Jesus aus Nazareth körperlich erfahren werden konnte (1 Joh 1, 1). Dieser Christus ist ja älter als Johannes der Täufer (Joh 1, 30), älter als Abraham (Joh 8, 58), er war vielmehr gegenwärtig *ehe die Welt war* (Joh 17, 5 und 24). Jesus, *geboren aus einer Frau* (Gal 4, 4), hat in den ersten drei Jahrzehnten seines Lebens die Vollendung dieses Christus erreicht, er hat ihn verwirklicht und ihn als die wahre und einzige Identität des Menschen anerkannt.

Über diesen Christus, der ewiges LEBEN bedeutet und der in der Gestalt des historischen Jesus sichtbar und greifbar war, weil er ihn vorbildhaft verwirklicht hat, schreibt der erste

Johannesbrief: *Was von Anfang an da war, was wir gehört, was wir mit unseren eigenen Augen gesehen, was wir betrachtet und was unsere Hände berührt haben vom LOGOS des LEBENS*[12] *- das LEBEN ist offenbart worden, wir haben es gesehen, wir bezeugen es und verkünden euch das ewige LEBEN, das beim Vater war und uns offenbart worden ist* (1 Joh 1, 1 f).

Christus heißt auf Deutsch »der Gesalbte«, er ist der Sohn oder der in „dieser Welt" zum Ausdruck gebrachte *lebendige Vater* Log 50). Christus, das »Bild und Gleichnis GOTTES«, ist *die Ausstrahlung seiner Herrlichkeit und der Ausdruck seines Wesens* (Hebr 1, 3); *denn* **in ihm wohnt die ganze Fülle der Gottheit leibhaftig** (Kol 2, 9).

GOTT der Vater hat aber nicht zweierlei Kinder, ein unsterbliches und die sterblichen, sondern *für ihn sind alle am LEBEN* (Lk 20, 38). Darum fährt der Johannesbrief fort: *Und ihr habt die Salbung von dem Heiligen und wisst es alle. ... Und die Salbung, die ihr von ihm empfangen habt, die bleibt in euch* (1 Joh 2, 20 und 27).

Im dritten Kapitel versichert Johannes noch einmal: *Seht doch, was für eine Liebe uns der Vater erwiesen hat: Wir wurden »Kinder GOTTES« genannt, und wir sind es auch. Deswegen erkennt uns die Welt nicht an. Sie hat ja ihn nicht verstanden. Meine Lieben, schon jetzt sind wir Kinder GOTTES. Und doch hat sich das, was wir sein werden, noch nicht voll entfaltet. So viel jedoch wissen wir: Wenn unsere Identität zu Tage getreten ist, werden wir ihm qualitativ gleich sein, und wir werden ihn so sehen, wie er ist. Und jeder, der diese Aussichten hat, zu ihm zu gelangen, der macht sich genau so heilig, so wie GOTT heilig ist* (1 Joh 3, 1-3). Auch Paulus bekräftigt dies in seinem Brief an die Galater (Gal 3, 26 f). Zum Christus geworden bewies dies Jesus durch seine Wundertaten[13] und verhieß seinen Nachfolgern: *Wer an mich glaubt, der wird die Taten, die ich vollbringe, auch vollbringen, ja er wird noch größere vollbringen als sie, weil ich unterwegs zum Vater bin. Und alles, um was ihr den*

---

[12] Vgl. Joh 1, 4
[13] Vgl. Zeichen und Wunder, in: Benninger, Befreit 202 ff

*Vater bitten werdet in meinem Namen, das wird er tun, **damit der Vater in seinem Sohn zum Ausdruck gebracht wird**.* (Joh 14, 12 f). In den Evangelien fordert Jesus immer wieder dazu auf, ihm auf seinem Christus-Weg nachzufolgen[14]. Paulus bekennt sich dazu, diesem Ziele *nachzujagen* (z.B. Phil 3, 12). Der große christliche Lehrer Origenes[15] verkündete noch, dass es schon viele Christusse gegeben habe und noch geben werde, und er wurde auch dafür von der Kirche zum Ketzer erklärt.

Dein Reich komme!

Christus, die Ausstrahlung des ewigen Lichtes, ist schon ewig da, zeitlos wie der anfanglose GOTT[16]. Er ist der Mittler[17], d.h. der Übersetzer, der GOTT, der *in unzugänglichem Licht wohnt* (1 Tim 6, 16), bei uns, die wir noch in „dieser Welt" sind, zum Erstrahlen bringt und sein Wirken sichtbar werden lässt. Wie das für unsere Augen unsichtbare weiße Licht erst durch die Farben des Regenbogens sichtbar in Erscheinung tritt, so wird das Wirken GOTTES auf unserer Bewusstseinsebene erst durch den Christus erfahren. Jesus, zum Christus geworden, sagt von sich:

Mein Vater ist am Wirken bis zum heutigen Tag,
und ich wirke auch. ...
Was immer jener tut,
das tut der Sohn in gleicher Weise.　　　Joh 5, 17 und 19

Wenn ich in GEIST, GOTT,
die dämonischen Mächte austreibe,
dann ist doch das Reich GOTTES
schon bei euch da.　　　Mt 12, 28

Der »Sohn GOTTES« das sind wir, die wir die Botschaft hören, daran glauben (Lk 11, 28) und außer dem Christus nichts als unsere Identität gelten lassen. Wir leiten unseren Ursprung von GOTT her, der sich im Licht offenbart: *Wir sind aus dem Licht*

---

14 Mt 4, 19; Mt 19, 21; Mk 2, 14; Lk 9, 59; Joh 1, 43 u.a.O.
15 Vgl. Exkurs Origenes
16 Hebr 13, 8
17 Gal 3, 19; 1 Tim 2, 5; Hebr 8, 6. 9, 15. 12, 24

gekommen, wir sind seine Söhne und wir sind die Auserwählten des lebendigen Vaters (aus: Log 50).

Das Johannes-Evangelium lässt Jesus zu seinen Schülern sagen:
Es ist wirklich wahr: Wenn ihr den Vater
um etwas bitten werdet, wird er es euch geben
in meinem Namen.
Bisher habt ihr um nichts gebeten
in meinem Namen.
Bittet, und ihr werdet es bekommen,
damit eure Freude vollkommen ist.   Joh 16, 23 f

Was heißt das, *in meinem Namen*, das hier nachdrücklich betont wird?
Dieser Name ist »Christus«. Christus ist der »Mensch«, der am sechsten Schöpfungstag geschaffen wird, er ist das »Abbild und Gleichnis GOTTES«, der »Sohn«, der die gleichen Gene hat wie der Vater. GOTT hat nur diesen Menschen allein geschaffen, einen anderen gibt es nicht. Wenn Jesus im Johannes-Evangelium von seinem »Ich« spricht, meint er damit immer den Christus, den er als seine einzige Identität für sich gelten lässt.
Wie Jesus dürfen auch wir den Christus für uns in Anspruch nehmen und in diesem Namen mit unserer Bitte vor GOTT kommen: *Dies ist die Freimütigkeit, die wir ihm gegenüber haben: Wenn wir um etwas bitten, was seinem Willen entspricht, dann hört er uns. Und wenn wir wissen, dass er hört, worum wir auch bitten, wissen wir, dass wir das Erbetene* **haben**, *um das wir ihn gebeten haben* (1 Joh 5, 14 f). *Darum sage ich euch: Alles was ihr betet und bittet, glaubt, dass ihr es empfangen* **habt**, *so wird es euch zuteil werden* (Mk 11, 24). Durch die Allgegenwart des Reiches GOTTES ist ja alles bereits da, uns müssen nur die Augen dafür auf-gehen, wie es im Johannes-Evangelium (4, 35 f) heißt. Es gibt nur GOTT und seine vollkommene Offenbarwerdung – alles andere ist vergängliche Illusion, ein Weltbild, das sich selbst zerstört.

Vater, die Zeit ist gekommen:
Lass deinen Sohn offenbar werden,
damit du durch deinen Sohn offenbar wirst.
Joh 17, 1

Kapitel 4

Das wissende Selbst ist nicht geboren, es stirbt nicht.
Es ist aus nichts entsprungen.
Ohne Geburt, ewig immerwährend und alt,
wird es nicht umgebracht,
wenn der Körper umgebracht wird.
Katha-Upanishad 2. 18

Wach auf, der du schläfst,
und steh auf von den Toten,
dann wird dir Christus aufleuchten.
Epheser 5, 14

Ihr werdet die WAHRHEIT erkennen,
und die WAHRHEIT wird euch frei machen.
Johannes 8, 32

Das wahre Selbst des Menschen

Als Jesus der Christus bei seinem Verhör vor Pilatus erklärt hatte, dass er in die Welt gekommen sei, um für die WAHRHEIT den Beweis zu liefern, antwortete ihm Pilatus: *Was ist schon Wahrheit?* Wir dürfen davon ausgehen, dass dies eher eine rhetorische und spöttische Frage war. Denn er wartete nicht auf eine Antwort, sondern stand auf, verließ den Saal, ging hinaus und erklärte seinen Anklägern, dass er ihn für harmlos hielt.

Der sechste Schöpfungstag lehrt, dass der Mensch das Bild und Gleichnis GOTTES ist, der Sohn und mit der Herrschaft über die gesamte Ideenschöpfung Beauftrage, der Gesalbte also, der Christus. Und er wird vom Schöpfer mit dem Prädikat *sehr gut* versehen.
Jesus von Nazareth hat, indem er sich zum Christus machte, die Wahrheit des sechsten Schöpfungstages bewiesen. Der Christus ist das Bild und Gleichnis GOTTES, durch ihn wird das Wirken GOTTES in dieser Welt erfahren: *Wer mich gesehen hat, hat den Vater gesehen* (Joh 14, 9) und: *Ich und der Vater bilden eine Einheit*

(Joh 10, 30). Und zum Beweis, dass jeder das vollkommene Bild und Gleichnis GOTTES ist, hat er allen Kranken, die sich an ihn wandten, die Gesundheit wiederhergestellt.

Was ist die Wahrheit über den Menschen, die Jesus der Christus durch seine »Frohe Botschaft« verkündet und durch seine Zeichen (Wunder) beweist? Jesus begann seine Lehrtätigkeit mit dem Aufruf zum Sinneswandel: Die Identität des Menschen, sein wahres, unverlierbares und ewiges Selbst besteht im vollkommenen »Bild und Gleichnis GOTTES«.

Das Ego ist eine Projektion der sterblichen Psyche, des Fürsten dieser Welt. Sie ist der Diabolos, der Verleumder unsres wahren Selbst, *ein Mörder vom Ursprung her. In der WAHRHEIT hat er keinen Bestand, weil keine Wahrheit in ihm ist. Immer wenn er der Lüge das Wort redet, spricht er von seinen eigenen Eigenschaften; denn er ist ein Lügner und Vater eines Lügners* (Joh 8, 44): Die Psyche setzte eine Lüge in die Welt, und diese Lüge ist das materielle Ego des Menschen, und dieses Ego ist wieder eine Lüge über das wahre Selbst des Menschen als Bild und Gleichnis GOTTES. Das wahre Selbst des Menschen ist ewig wie GOTT, das Ego aber ist wie seine materielle Schöpfung zum Tode verurteilt.

In der WAHRHEIT hat er keinen Bestand: Die Projektion der Psyche ist ein Schattenspiel und hat nur in der Finsternis der Höhle Bestand, solange bis das Christus-Bewusstsein als Licht in die mentale Finsternis einfällt (Mt 4, 16): *Das Licht erleuchtet in der Finsternis, und die Finsternis kann es nicht überwältigen* (Joh 1, 5).

Jesus betont immer wieder: *Nennt auf der Erde niemanden euren Vater, denn nur einer ist euer Vater: der himmlische* (Mt 23, 9). Dieser Vater aber ist GEIST.

Das wahre Selbst des Menschen ist also geistig, und dieses Selbst ist seine ewig gesicherte Identität, die trotz aller materiellen Erfahrungen, die immer wieder im Tode enden, unverändert erhalten bleibt, einem Goldstück vergleichbar, das sich, von Verschmutzungen gereinigt, immer wieder in seiner strahlenden Schönheit zeigt, weil ihm der Schmutz nichts anhaben konnte.

Der dritte Schöpfungstag macht es deutlich: *Die Wasser unter der Feste* müssen abfließen und sich zu einem »Meer« sammeln. Das »Meer« aber ist Symbol für das Chaotische. In ihm wohnt das Seeungeheuer Rahab oder Leviathan, die *bildliche Verkörperung der Mächte, die sich Gottes Schöpfermacht entgegenstellen und von ihm besiegt werden.* Der *Leviatan wird vorgestellt als Seeungeheuer (Drache) mit mehreren Köpfen, das sich zusammen mit der Urflut gegen Gott auflehnt; Ps 74, 13 f* (Luther 84; Anhang 24).

Erst jetzt kann sich das Trockene zeigen, das »Erde« genannt wird. *Die Erde ist des HERRN und was darinnen ist, der Erdkreis und die darauf wohnen. Denn er hat ihn über den Meeren gegründet und über den Wassern bereitet* (Ps 24, 1 f; Luther 84). *Das Reich des Vaters ist vielmehr ausgebreitet über die Erde ...* (Log 113).

Die Identität, das wahre Selbst des Menschen wird am sechsten Schöpfungstag als »Bild und Gleichnis GOTTES« bezeichnet. Es ist *sehr gut*, wird gesegnet und mit Herrschaft begabt. »Mensch« ist im Alten Orient Symbol für »Bewusstsein«.

Da *die Erde des HERRN ist*, kann also hier in diesem Erdenleben das vollkommene Bewusstsein schon erreicht werden, wie es der sterbliche Jesus von Nazareth beispielhaft vorlebte und als Weg lehrte. Macht sich der Mensch sein wahres Selbst, seine wahre Identität bewusst, wird er zum Bevollmächtigten GOTTES gesalbt, er wird zum Christus, der von sich sagen kann: *Mir ist ganze Vollmacht gegeben worden im Himmel* **und** *auf der Erde* (Mt 28, 18).

Bei seiner Predigt in der Synagoge zu Nazareth betonte Jesus: *Der GEIST GOTTES ruht auf mir, deshalb hat er mich gesalbt* (Lk 4, 17). *Jesus kam wieder nach Galiläa in der Kraft des GEISTES*: Salbung bedeutet Machtübertragung.

Kraft dieser Machtübertragung durch GOTT, GEIST, kann Jesus das tun, was „Wunder" genannt wird: *Und ein erschrockenes Staunen kam über alle und sie redeten durcheinander: Was soll das bedeuten? Mit Vollmacht[18] gebietet er den unreinen Geistern und sie fahren aus* (Lk 4, 36).

Das Wundern ist ein Staunen über ein übernatürlich scheinendes Phänomen, so wie Max Planck staunte, als er entdeckte, dass im subatomaren Bereich Gesetze der Physik keine Geltung mehr haben.

---

[18] Das griechische exousia bedeutet: die von höherer Stelle erteilte Vollmacht zu handeln.

Was geschah bei den „Wundern", die Jesus wirkte? Er bewies die Allgegenwart des Reiches GOTTES, des GEISTES. Im Reich dieses GEISTES erweisen sich die Gesetze der Materie als nicht mehr existent, besser: als überhaupt nicht existent: es hat sie nie gegeben.

Bei den Wundern stellt Jesus nicht etwa eine verlorene Gesundheit wieder her, er macht auch keine Wiederbelebung von Toten, nein, er weckt Tote auf: er zeigt, dass sie nie tot waren, sondern nur geschlafen haben (Mt 9, 24; Joh 11, 11). Bei der Erweckung des Lazarus macht er nicht etwa einen eingetretenen Verwesungsprozess rückgängig, vielmehr will er durch sein langes Zögern (Joh 11, 6 und 15) zeigen, dass Lazarus nie gestorben war, dass es keinen Tod gibt, dass im Reich des GEISTES nicht die Gesetze von Raum und Zeit gelten.

Dass es in der Wirklichkeit keine Zeit gibt, zeigt Jesus seinen Schülern auch einmal bei einer Bootsfahrt (Joh 6, 16 ff): Sie rudern über das stürmische Meer, Jesus kommt übers Wasser zu ihnen – und schon sind sie am anderen Ufer.

Im Reich des GEISTES gibt es keine Zeit und keine Veränderung: Das Selbst oder die Identität des gottgeschaffenen Menschen bleibt immer gewahrt und mit sich selbst identisch.

Die christliche Lehre unterscheidet sich von östlichen Lehren besonders darin, dass der Mensch in kein Nirwana eingehen wird, dass seine Individualität nicht in der Gottheit aufgehen und erlöschen wird.

Das künstliche Licht der Psyche in der Höhle wird erlöschen und das Schattenspiel, das eine materielle Welt vorgaukelt, wird zu nichts, sobald das Licht des LOGOS wie eine Sonne in die unterirdische Grabhöhle hineinfällt.

Die Identität und die Individualität des Menschen bleibt immer erhalten. Dies lehrt der dritte Schöpfungstag mit seinen Symbolen das »Trockene« und der »Same«. Das Trockene bezeichnet die Identität. Vom Samen wird dreimal betont, dass er immer wieder Früchte hervorbringt mit Samen *jeder nach seiner Art*. Jesus sagt einmal, dass es in seines Vaters Haus viele Wohnungen gebe (Joh 14, 2).

Hat ein Mensch ein gesundheitliches Problem zu lösen, könnte er sich bewusst machen, dass er zu keiner Zeit seine vom Schöpfer zugesicherte vollkommene Identität und Individualität verlieren konnte; dass er immer das genaue Abbild und Gleichnis des vollkommenen Vaters geblieben ist und bleiben wird.

ßapitef 5

Weh euch Theologen!
Ihr habt den Schlüssel der Erkenntnis fortgenommen.
Selbst seid ihr nicht hineingegangen,
und die eintreten wollten, die habt ihr daran gehindert.
Lk 11, 52

Siehe: eine offene Tür habe ich gewährt vor deinen Augen,
und keiner hat die Macht, sie zuzuschließen.
Off 3, 8

Die Sieben Schöpfungstage als Schlüssel zum Verständnis der Christlichen Bibel

Der Pentateuch beginnt mit den Sieben Schöpfungstagen. Sie sind mit ihrem universalen Gottesbild Elohim als Geist-Gott zugleich das jüngste Stück des gesamten Pentateuch, wurden aber gleichsam als Ouvertüre an den Anfang gesetzt, weil sie der Schlüssel sind für das Verständnis. Sie beschreiben in Worten das, was die Zikkurats Mesopotamiens und die Pyramiden Ägyptens in Stein ausdrücken: ein Weltbild.
Damit haben die Sieben Schöpfungstage eine lange Vorge-schichte. Sie sind als sorgfältig ausgefeilter Schlüssel das reife Ergebnis dessen, was in Jahrtausenden geistiger Evolution, der Philosophia Perennis, große Seher
an Erkenntnis und Wissen aus der Selbstoffenbarung des Seins zusammengetragen und destilliert hatten. Mit Hilfe dieses Schlüssels können wir bedeutende Weisheitstexte nicht nur des Alten Orients dechiffrieren.
Dechiffrieren ist indessen nicht so zu verstehen, als hätten die großen Weisen ihr Wissen absichtlich verschlüsselt. Vielmehr bedeutet dechiffrieren in diesem Falle: das vor Jahrtausenden in den damaligen Bildvergleichen oder Symbolen Geschriebene

und in dieser Form Zeitgebundene in die heutige Vorstellungs-
welt übersetzen, möglichst in wissenschaftlicher Sprache zeitlos
und verständlich zu machen.
Vor Augen haben wir die
    7 Farben des Regenbogens, in denen sich das unsichtbare
    Licht offenbart. Der Regenbogen bildet die
    7 Himmel oder Sphären ab.
    7 Töne der Musik lassen die himmlische Sphärenharmonie
    erklingen, und die
    7-stufige Himmelsleiter ist die
    Nabelschnur zwischen Himmel und Erde.
Auf dieser Himmelsleiter können, wie die Jakobsleiter zeigt, die
Engel des suchenden menschlichen Gedankens zur absoluten
WAHRHEIT aufsteigen, um als Ideen, als göttliche Informationen
zurückzukommen. Diese Ideen wiederum sind die Steine, mit
denen das Fundament gelegt und das Haus unseres Bewusstseins erbaut wird:
    Die Weisheit hat ihr Haus gebaut
    und ihre sieben Säulen behauen.   Sprüche 9, 1

Die 7 Schöpfungstage sind nicht nur der Schlüssel zu den
meisten Schriften der Jüdischen Bibel. In diesen 7 Schöpfungstagen begegnet uns der Geistgott Elohim. Er erschafft alles nach
seinem Bild und Gleichnis. Seine Schöpfung ist also rein geistig
und *sehr gut*, d.h. vollkommen. An diesem Gottesbild knüpft
die christliche Lehre an.

Solange wir glauben, bei den Sieben Schöpfungstagen, die die
Genesis einleiten, handle es sich um einen *Bericht* über einen
Schöpfungsakt im fünften Jahrtausend vor Beginn unserer
Zeitrechnung, bleiben wir hoffnungslos hinter jedem geistigen
Verständnis zurück. Denn einmal kann es sich nicht um einen
Bericht handeln, da ja keiner dabei war, zum zweiten fragt man
sich, wo denn das Licht des ersten Tages herkommen soll,
wenn erst am vierten Tag die Himmelsleuchten geschaffen
wurden. Ist das Licht des ersten Tages etwa ein Urknall?
Schwerlich, denn es grünt am dritten Tag schon auf der Erde,
und erst einen Tag später treten die anderen Himmelskörper
auf. Ferner: Eine Himmelsfeste, wie sie am zweiten Tag

geschaffen wird, hat es nie gegeben, auch wenn damals die Menschen fest daran glaubten.

Die Sieben Schöpfungstage sind vielmehr in Bildsymbolen geschrieben, wie sie den damaligen Menschen geläufig waren. Sie sind ihrer Umgebung und ihrem Weltbild entnommen. Keineswegs sollte dadurch ein physikalisches Weltbild als göttliche Offenbarung festgeschrieben werden.

Hier erklärt eine in Buchstaben umgesetzte Hieroglyphenschrift die Schöpfung des Geistgottes Elohim.

Elohim sprach: Elohim, Geist, bringt sich in seinen 7 Erscheinungsweisen zum Ausdruck. Da sich eine Lichtquelle nur durch Licht, niemals durch Dunkelheit zum Ausdruck bringt, muss also auch der Ausdruck oder die Schöpfung des Geistes geistig sein. Sie kann nicht materiell sein: *Was von GEIST geboren ist, das ist GEIST*, erklärt Jesus dem Nikodemus (Joh 3, 6).

GOTT, GEIST, ist wie das weiße Licht unsichtbar. Wie dieses Licht in den 7 Farben des Regenbogens sichtbar wird, so kommt das schöpferische PRINZIP nur in seiner Schöpfung, Bild und Gleichnis oder Christus[19] genannt, zum Ausdruck. Schöpfer und Schöpfung bilden eine untrennbare Einheit:

Keiner hat GOTT jemals gesehen. Der einzige Sohn,
im Schoß des Vaters, er hat ihn uns dargelegt.

Joh 1, 18

Niemand kommt zum Vater, es sei denn durch mich.

Joh 14, 6

Wer mich sieht, der sieht den Vater.

Joh 14, 9

Ich und der Vater sind eine Einheit.

Joh 10, 30

Die Symbole[20] der Schöpfungstage

In der Eingangserklärung wird Gott Elohim genannt. Elohim ist eine Pluralbildung zum kanaanäischen Gott El Eljon »El der

---

[19] vgl. Exkurs Christus
[20] Die Symbole sind das, was nach dem Gebot: „Es werde!" jeweils entsteht, z.B. Licht.

Höchste« und wird wohl am besten verstanden als »die Gottheit« oder »das Göttliche«. In 1 Mos 14, 19 wird die Gottheit, die *Himmel und Erde erschaffen hat,* vom kanaanäischen Priester Melchisedek El Eljon genannt.

Da der Alte Orient noch kein Wort für Kosmos oder Universum kannte, steht statt Kosmos oder Universum der Merismos *Himmel und Erde.*

Erster Tag

Die Flügelsonne als das Licht.

Das in Ägypten geschaffene und vom ganzen Alten Orient übernom-mene Symbol für Licht ist die »Flügelsonne«. Tagsüber bringt sie der Erde Licht und ermöglicht das Leben, bei Nacht steigt sie hinab in die Unterwelt, um auch den Toten ihr Licht zu bringen.

Dieses Licht ist der LOGOS, wie der Anfang des Johannes-Evangeliums erklärt: *Am Anfang war der LOGOS, und der LOGOS war bei GOTT und der LOGOS war GOTT. Dieser war am Anfang bei GOTT. Alle Dinge sind durch ihn entstanden ... .*

Durch die Quantenphysik wissen wir: *Licht ist ein sichtbares aber immaterielles Phänomen. Es ist in der Lage, eine große Menge von Infor-mationen zu transportieren* (Knapp, Quantensprung 60).

Der ägyptische Gott Ptah, der Stadtgott von Memphis, hat Menschen-gestalt und gilt zur Pyramidenzeit (um 2500 vor) als der Schöpfergott. Er, der "Uralte", hat durch die Macht seines Wortes die Welt geschaffen.

Zweiter Tag

Die steinerne Himmelsfeste zwischen den Wassern oben und den Wassern unten.

Man war im Alten Orient der Überzeugung, dass das Firmament ein steinernes Gewölbe sei, an dem die Fixsterne befestigt seien. Darüber vermutete man den Himmelsozean mit

Schleusen für den Durchlass von Regen. (Dass es dieses steinerne Gewölbe nicht gibt, ändert nichts an der gültigen Aussage des Verfassers; denn er wollte sich seiner Zeit verständlich machen und benutzte dazu – wie es jeder Lehrer tun muss – die Begriffe und Bildvorstellungen seiner Zeit.)

Der sumerische Gott Enki (akkadisch Ea) ist der Gott der Weisheit. Er hält die Wasser oben und unten getrennt. Er *verwaltet die göttlichen Kräfte Me, deren Besitz ihn auch als Ordner der Erde erscheinen lässt* (Haussig I 56).

Urgewässer und Urfinsternis gehören als Elemente der Welt vor der Schöpfung eng zusammen, und sie erfüllen gemeinsam auch die Tiefe der Unterwelt (Hornung, Sonne 163).

Der ägyptische *Schu ist der Luftgott, der bei der Schöpfung Himmel und Erde voneinander trennt und seither den Himmel trägt, damit er nicht wieder auf die Erde fällt. So „trennt" er auch hier*[21] *den Himmel von der Unterwelt, hebt mit seinen Händen die Sonne zum Himmel hinauf und „versiegelt" zugleich die Unterwelt, damit die beiden Bereiche sauber getrennt bleiben und feindliche Gewalten zurückgehalten werde* (Hornung, Sonne 188 f).

Dritter Tag

Das Auftauchen des trockenen Urhügels.

Nach alten ägyptischen Mythen ist aus dem Urschlamm eines Tages „der herrliche Hügel des Uranfangs" aufgetaucht. Er ist der Heilige Berg, nachgeahmt in den Pyramiden und Zikkurats. In Israel finden wir ihn unter dem Namen Horeb (trocken) als den Gottesberg, auch Sinai geheißen.

Im Gegensatz zum formlosen Urschlamm gewinnt das **Trockene** feste Form: Identität.

Der Same in seiner Artenvielfalt.

Der Same (sperma) ergänzt das erste Symbol. An den einzelnen **Samen** lässt sich identifizieren, woher sie stammen. Im **Samen** schlummern die Erbanlagen, die Gene, an denen man den Vater[22] identifizieren kann, die aber auch dafür garantieren, dass aus ihnen immer wieder dieselbe Pflanze, dasselbe Wesen

---

[21] im Unterweltbuch Amduat ~ 1500 vor
[22] Die weibliche Eizelle wurde erst 1827 n. entdeckt.

mit denselben Erbanlagen entsteht. Da der **Same** in gewissem Sinne sterben, seine bisherige Identität aufgeben muss, damit aus ihm das Neue in größerer Fülle hervorkommt, gilt er schon in altägyptischer Zeit als Symbol für Auferstehung.

Vierter Tag

Das kosmische System und seine berechenbaren Umläufe.
Sterne galten seit ältesten Zeiten als Götter. Bei Zarathustra ist der höchste Gott Ahura Mazda „der Vater der Lichter". Im Götterhimmel sah man im Alten Orient eine Hierarchie walten. Für den Verfasser der Schöpfungstage bildet der gestirnte Himmel mit seinen Hierarchien und Systemen den Kosmos oder das Universum. Der Fixsternhimmel ist das 8. über den 7 Planetensphären und galt überhaupt als Gott, im Sumerischen An oder Anu. Die 7 Planeten ließen nach Ansicht der Pythagoreer bei ihrem Umlauf um die Erde eine wundervolle Musik ertönen: die Sphärenmusik oder Sphärenharmonie. Auch teilten sie den Monat in 4 Wochen zu je 7 Tagen.

Am Stand der Sterne am Firmament wollte man das Schicksal ablesen.

Das griechische Wort kosmos bedeutet: Schmuck, Ordnung, Weltall; das Universum wurde also als eine schöne Ordnung empfunden.

Die Tierkreiszeichen geben die 4 Jahreszeiten, auch die 12 Monate des Jahres werden durch sie festgelegt. 365 Tage hatte das einzelne Jahr.

Da die Bahnen der Gestirne am Firmament berechenbar sind und ihre Wiederkehr verlässlich ist, orientierten sich an ihnen bei Nacht die Seefahrer. Wer sich bei Nacht nicht an ihnen zu orientieren weiß, fährt in die Irre oder erleidet Schiffbruch. So galt und gilt das große Himmelssystem als Symbol für Wissenschaft, die darauf beruht, dass sie zielführend ist und Beweise führen kann.

Im Laufe der wissenschaftlichen Begriffsbildung und Begriffsschärfung wurde das Symbol Stern über Leitstern zu göttlicher Norm und schließlich zur platonischen Idee. Aus den

»Göttersöhnen« und dem »Himmelsheer« wurde der Begriff der Ideenwelt, Platons Ideen-WISSENSCHAFT[23].

Fünfter Tag

Die Fische in unendlicher Vielfalt und Fruchtbarkeit.
Dass das Meer von ihnen wimmelt, wird mehrfach betont. Das deutet auf Leben. Auch Homer spricht vom „fischdurchwimmelten Meer". Die Millionen von Eiern, die Fische legen, sind Symbol für unendliche Fruchtbarkeit und Fülle.

Die am Himmel fliegenden Vögel.
Die Ägypter glaubten, dass die Seele in Gestalt eines Vogels das Grab verlassen könne. Im Dialog Phaidros vergleicht Platon die menschliche Psyche mit dem Bild eines geflügelten »Seelenwagens«: *Die Kraft des Gefieders besteht drin, das Schwere emporzuheben und hinaufzuführen, wo das Geschlecht der Götter wohnt* (246 d).

Sechster Tag

Die Tiere als Bildsymbole für Eigenschaften.
Tiere symbolisieren Eigenschaften. Die Ägypter bildeten ihre Götter oft in Tiergestalt oder mit einem Tierkopf ab. Tierische Attribute sollen eine individuelle Eigenschaft, Qualität, zum Ausdruck bringen.
Auch die Tierfabel hatte schon eine Tradition. In ihr verkörpert das Lamm die wehrlose Unschuld, der Wolf die rücksichtslose Brutalität, die Schlange die Hinterlist des Bösen, in fortentwickelter Symbolik die Intelligenz in der Materie, weil die Schlange in der Erde wohnt.

Der Mensch als Symbol für Bewusstsein.
Er ist das eindeutige Symbol für Bewusstsein. Der früheste Beleg dafür findet sich im Gilgamesch-Epos.
Bild: Im Alten Orient gilt der Gott in seinem Götterbild, seiner Statue, als persönlich gegenwärtig.

---

[23] Auch „Ideenlehre" genannt.

Philon von Alexandria war Zeitgenosse von Jesus dem Christus. In seiner Erläuterung zum 6. Schöpfungstag erklärt Philon den Menschen als unsterbliche, rein geistige Idee seines Schöpfers: *Der nach dem Ebenbild geschaffene Mensch war die Idee, die Gattung, das Siegel des Menschen, rein geistig, unkörperlich, weder männlich noch weiblich, und von Natur unsterblich.*

In römischer Zeit wird der stoische Philosoph Seneca (1 - 65 nach) es als Sinn des Lebens ansehen, sich zum gottgleichen Bild (imago) zu machen, an dem Gott zum Ausdruck kommt.

Auch der Philosoph Epiktét (50-120 nach) kommt auf die Verwandtschaft des Menschen mit Gott zu sprechen und fragt, warum sich der Mensch nicht *Bürger des Universums* nennen sollte, *warum nicht Sohn Gottes?* An anderer Stelle: *Wenn du aber erkennst, dass du ein Sohn des Zeus bist, solltest du dann nicht stolz sein?*

Siebter Tag

Vollendung und Ruhe.
Keine Bildsymbole

Die wissenschaftliche Deutung der Schöpfungstage
(1 Mos 1, 1 – 2, 4)

GOTTES Schöpfung ist ewig, so ewig wie er selbst; denn das Licht ist so alt wie die Lichtquelle. Warum aber wird dann die Schöpfung so dargelegt, als sei sie ein historischer Vorgang?

Die alten Seher hatten tiefe Einsichten in das Sein, sie hatten ein großes Bild vor Augen, das sie mitteilen wollten. Wer aber jemandem, der ein Bild nicht kennt, dieses Bild beschreiben will, der muss mit seiner Darlegung irgendwo beginnen und alle Einzelheiten fortlaufend Schritt für Schritt mitteilen. So entsteht automatisch der Eindruck eines Vorgangs. Keiner von diesen Sehern oder Propheten, wie Platon sie nennt, wollte oder konnte einen „Bericht" von der Schöpfung geben, da doch gar niemand das Urchaos gesehen hat und folglich auch nicht darüber berichten kann.

Sie schildern in allgemein verständlichen Bildern aus ihrer Erfahrungswelt ein von ihnen erkanntes Gesetz des Seins, konnten es aber noch nicht in wissenschaftlicher Sprache darlegen, da Abstrakta und das heutige wissenschaftliche Begriffsinstrumentarium erst noch entwickelt werden mussten. Der Verfasser der Schöpfungstage ist, mit den alten Mythenerzählern verglichen, geistig und wissenschaftlich weit fortgeschritten. Er braucht keinerlei Mythologie mehr. Er nimmt seine Symbole aus dem wissenschaftlichen Weltbild seiner Gegenwart. Seine Schöpfungstage legen letztlich das große Kreativgesetz dar, eine Konstante des Seins.

1. Tag: LOGOS (1, 3-5)

1   Im Anfang schuf Elohim Himmel und Erde.

Der Anfang ist unentstanden. Denn aus dem Anfang muss alles Entstehende entstehen, er selbst aber aus nichts (Platon, Phaidros 245 c). Das Ewige und Unendliche kennt keinen Anfang; die Schöpfung hat eine Ursache, einen Urgrund, ein Ur-PRINZIP. GOTT ist das Ur-PRINZIP, der Urgrund allen Seins.

2   Die Erde aber war ein Tohuwabohu[24],
      und Finsternis lag über dem Urmeer,
      und der Geist Elohims schwebte über den Wassern.

Die Welt ist vor der Schöpfung ein einziges Tohuwabohu: Irrsal und Wirrsal (Buber).
Der Schöpfergott Elohim ist GEIST und schwebt ohne Berührung über diesen Chaoswassern. Er schafft die Welt nicht aus einem Nichts. Er gleicht dem iranischen Ahura Mazda, dem »Vater der Lichter«. Er ist die ewige Lichtquelle, deren Lichter in 7 Tagwerdungen aufleuchten und Licht ins mentale Dunkel bringen.

3   Und Elohim sprach: Es werde $\boxed{Licht}$!
      Und es ward $\boxed{Licht}$.
4   Und Elohim sah: Das $\boxed{Licht}$ ist gut.

---

[24] Ein hebräisches Wort, das »Irrsal und Wirrsal« bedeutet.

Elohim sprach: Das Wort GOTTES. GOTT, GEIST, offenbart sich. Die Selbstpräsentation GOTTES beginnt mit Lichtwerdung. Das Aufgehen seines Lichtes bringt Erleuchtung, Inspiration und Orientierung in die chaotische Urfinsternis.

> Und Elohim schied das Licht von der Finsternis.
> 5   Und Elohim nannte das Licht Tag,
> und die Finsternis nannte er Nacht.

Die Finsternis wird mentale Umnachtung genannt und aus der Wirklichkeit ausgeschieden. Neben dem Sein kann es kein Nichts geben, neben dem GEIST nicht sein Gegenteil, die Materie.

> Und es ward Abend, und es ward Morgen,
> **erster Tag**.

Abend und Morgen: Elohim sprach: *Es werde!* ... Und es ward. ... Er sah: gut geworden. ... Aus Abend und Morgen wird ein neuer Tag.
Dies ist die perfekte Beschreibung des kybernetischen Regelkreises. Die Evolution wird also von GOTT, GEIST, gesteuert.

Die Ideen bzw. Informationen: GOTT, GEIST, ist der **Allschöpfer**. Das anbrechende Licht gibt **Orientierung** in der Finsternis und legt zugleich die Koordinaten Osten, Westen, Norden, Süden fest. Es bringt **Erleuchtung** im finsteren Chaos. **Intelligenz** und **Inspiration** sind die Folge. Die Strahlen schaffen Lichtpunkte, **Informationen** oder **Ideen**, deren Summe, **die Idee**, **Ausdruck** der **Selbstpräsentation** des schöpferischen GEISTES ist. **Heilung** von geistiger Blindheit ist die Folge.

2. Tag: GEIST (1, 6-8)

6   Und Elohim sprach:
> Es werde eine Feste mitten in den Wassern,
> sie bilde eine Scheidewand zwischen den Wassern!

Und es geschah so.
7   Und Elohim machte die *Feste*
     und schied die Wasser unterhalb der *Feste*
     von den Wassern oberhalb der *Feste*.
8   Und Elohim nannte die *Feste* Himmel.
     Und es ward Abend, und es ward Morgen,
     zweiter Tag.

In den Schöpfungen bringt Elohim sich selbst zum Ausdruck.
Hier geschieht dies durch die »Feste«, das Firmament. Sie soll
als feste Scheidewand dienen, als unüberwindliche Trennwand,
als festes Verständnis, das die oberen Elemente des göttlichen
Lichtes vom ersten Tag von den irdischen Elementen, den
sterblichen Vorstellungen, Konzeptionen und Gedanken streng
getrennt hält, eine steinerne Schwelle, so dass irdische
Illusionen nicht eindringen und sich mit göttlichen Ideen und
vermischen können.
(Hier fehlt scheinbar die Feststellung, dass es gut war. Gut
bedeutet göttlich. Im gemeinsemitischen Sprachraum bedeutet
das Wort Himmel zugleich Gott. Mit der Benennung Himmel
ist diese Aussage bereits getroffen.)
Eine neue Stufe des Gottesverständnisses ist erreicht, das
zweite Licht des Leuchters brennt.

Die Ideen bzw. Informationen: Die Feste symbolisiert
Substanz und **Stärke**, einen festen Standpunkt, also
Verständnis. Verständnis schafft **Ordnung** und führt zur
Trennung und **Widerlegung** alles Illusorischen. Nach dem Bad
der Taufe steht die geistige Schöpfung nun da in ihrer **Reinheit**
und **Wirklichkeit**. Diese Wirklichkeit ist das **Gute**, sein
Gegenteil ist Illusion und trägt immer den Keim zu seiner
Zerstörung schon in sich.

3. Tag: SEELE (1, 9-13)

9   Und Elohim sprach:
     Es sammle sich das Wasser unterhalb der Himmel
     an einem Ort,
     dass das *Trockene* sichtbar werde!

Und es geschah so.
10   Und Elohim nannte das $\boxed{\text{Trockene}}$ Erde,
und die Sammlung des Wassers nannte er Meer.
Und Elohim sah: Es ist gut.

Die göttlich Ideenschöpfung des ersten Tages gewinnt nach der klaren Trennung von irrlichternden Illusionen am zweiten Tag jetzt ihre klare Identität.

11   Und Elohim sprach:
Die Erde lasse Grün sprossen, Kraut, das $\boxed{\text{Samen}}$ bringt,
und Fruchtbäume, die Früchte,
in denen ihr $\boxed{\text{Same}}$ ist, tragen auf der Erde!
Und es geschah so.
12   Und die Erde brachte Grün hervor,
Kraut, das $\boxed{\text{Samen}}$ bringt,
nach seinen Arten und Bäume, die Früchte tragen,
in denen ihr $\boxed{\text{Same}}$ ist, nach ihren Arten.
Und Elohim sah: Es ist gut.
13   Und es ward Abend, und es ward Morgen,
dritter Tag.

Alles Gewächs muss Samen tragen, vielerlei Samen. Und an jedem Samen kann man die Identität der Pflanze ablesen. Und aus jedem individuellen Samen wächst aus der Erde wieder eine Pflanze derselben Art, die noch weit mehr Samen trägt: Unendliche Auferstehung aus dem Grab irdischer Vorstellungen, unendliches Über-sich-Hinauswachsen aus sterblichen Vorstellungen, ohne je die individuelle göttliche Identität zu verlieren. *Nach ihren Arten*: Es gibt unendlich viele Identitäten.
Die dritte Lampe am Leuchter, durch das Öl göttlicher Inspiration gespeist, ist aufgeleuchtet.

Die Ideen bzw. Informationen: Nach dem Trennungsvorgang des zweiten Tages erfolgt ein **Aufstieg** aus den Wassern unten, eine **Erhebung**; das Geistige kann sich als das **Erhabene** erweisen. Das wahre **Selbst** der Schöpfung, seine göttliche **Identität** in ihrer **Unwandelbarkeit** und **Unveränderlichkeit**

zeigt sich und führt zu Umdenken und **Bewusstseinswandel,** zur wahren Metánoia.

Die vielfältigen Samen zeigen: Die Ideen sind in unendlicher Vielzahl da. Sie alle bewahren das **Erbmaterial** ihrer Herkunft vom Geistgott in sich. Ihre Identität ist in **Sicherheit.** Aber der Same muss über sich hinauswachsen und eine **Umwandlung** erfahren. Er erlebt in seiner **Auferstehung** Erweiterung durch **Selbsttranszendenz.** Die Metánoia ist die Abwendung vom illusionären materiellen Ego und die Hinwendung zum göttlichen Selbst.

4. Tag: PRINZIP (1, 14-19)

14   Und Elohim sprach:
Es sollen Lichter werden an der Feste der Himmel,
zu scheiden Tag und Nacht,
und sie sollen dienen zu Zeichen
und zu Zeiten und zu Tagen und Jahren,
15   und sie sollen an der Feste der Himmel stehen,
um die Erde zu erleuchten!
Und es geschah so.
16   Und Elohim machte die beiden großen Leuchten,
die *größere Leuchte* zur Herrschaft über den Tag
und die *kleinere Leuchte* zur Herrschaft über die Nacht,
und die Sterne.

Die am dritten Tage klar identifizierten individuellen Ideen ordnen sich ein und unter in der großen Hierarchie oder Holarchie. Die göttlichen Ideen bilden das geordnete und vollkommene System der göttlichen Metaphysik oder WISSENSCHAFT. Das Sein kann deshalb nur in einem wissenschaftlichen Sinne erfasst werden.

Göttliche Offenbarung ist die Offenbarwerdung dessen, was immer war, ist und sein wird, bisher jedoch im irdisch-sterblichen Bereich noch nicht erkannt wurde.

17   Und Elohim stellte sie an die Feste der Himmel,
um die Erde zu erleuchten
18   und zu herrschen über den Tag und die Nacht

und zu scheiden Licht und Finsternis.
Und Elohim sah: Es ist gut.
19   Und es ward Abend, und es ward Morgen,
vierter Tag.

Mitten im vierten Tag beginnt eine neue Wende. War bisher der Blick zu den göttlichen Ideen am Firmament gerichtet, so wendet sich jetzt der Blick nach unten: Welche Auswirkung hat das Licht des Absoluten, Göttlichen, auf das Relative, auf die Welt der sterblichen Gedanken, Vermutungen und Illusionen? Das Licht bricht unaufhaltsam ein in die materielle Finsternis der sterb-lichen Illusionen, um sie in ihr natürliches Nichts aufzulösen. Finsternis kann diesem Lichteinbruch keinerlei Widerstand leisten.
Das vierte und mittlere Licht des Leuchters brennt.

Die Ideen bzw. Informationen: Das kosmische System mit seinen Umläufen und den Fixsternen ist Symbol für die absolute göttliche Weltordnung. Ein System setzt **Einheit** voraus. Die verschieden großen Himmelskörper symbolisieren **Hierarchie** oder **Holarchie, Interaktion** und **Interdependenz**. In dem **Einklang** der Umläufe sahen die Alten eine **Harmonie** der Sphären, ein **Regelsystem**, das auf **Gerechtigkeit** hinweist, **Treue** verspricht und **Gehorsam** fordert. Die Fixsterne sind die absoluten Werte GOTTES, menschlichem Zugriff und Willkür entzogen. Zugleich sind die wiederkehrenden Umläufe berechenbar. Die Astronomie ist der Beginn der **Wissenschaft**, die **Demonstration** und **Beweis** führen kann. Die Jahreszeiten zeigen die Gesetze der **Kybernetik**.

5. Tag: LEBEN (1, 20-23)

20   Und Elohim sprach:
      Es *wimmle* das Wasser von einem *Gewimmel*
      von lebenden Wesen,
      und Vögel sollen über der Erde hinfliegen
      an der Feste der Himmel!
      Und es geschah so.
21   Und Elohim schuf die großen Wale

und alle kleinen Lebewesen,
von denen das Wasser $\boxed{wimmelt}$, nach ihren Arten
und alle beflügelten Vögel nach ihren Arten.
Und Elohim sah: Es ist gut.
22 Und Elohim segnete sie und sprach:
Seid fruchtbar und $\boxed{\text{mehret euch}}$
und füllet das Wasser im Meer,
und die Vögel sollen $\boxed{\text{sich mehren}}$ auf der Erde!
23 Und es ward Abend, und es ward Morgen,
fünfter Tag.

Nachdem die unendlich differenzierten und individualisierten Ideen eingereiht sind in die große Holarchie, in das Regelsystem des Seins, bringt sich das Göttliche an ihnen zum Ausdruck als wimmelndes LEBEN, unendliche Fülle, unendliches Wachstum. Die Vögel an der Feste des Himmels zeigen, dass hier von einem himmelanstrebenden, ewigen geistigen Wachstum die Rede ist, das keinen Stillstand nach der Ankunft an einem Ziel kennt.
Mit der fünften Leuchte ist die fünfte Stufe auf der Himmelleiter erklommen. Das fünfte Licht am Leuchter brennt.

Die Ideen bzw. Informationen: Die vielfältigen Arten der Fische mit ihrer unendlichen Fruchtbarkeit sind hier zusammengefügt mit den himmelan fliegenden Vögeln. Der **Sinn des Lebens**, der **Weg des Lebens** ist **Aufschwung** in die **Unendlichkeit** zu immer **höherer Lebensform**. Aufschwung aus dem Begriff von einem materiellen, biologischen Leben himmelan in ein Verständnis von **Leben im GEIST**. **Geistiges Wachstum** in unendlicher Vielfalt. Der Himmel ist **Unendlichkeit, Grenzenlosigkeit,** die **geistige Evolution** und **Entfaltung** der ewigen Identität **zeitlos**. Dies führt hinein in das Verständnis von Leben **ohne Anfang und Ende**, in die **Unsterblichkeit** des **ewigen LEBENS**.

6. Tag: WAHRHEIT (1, 24-31)

24 Und Elohim sprach:
Die Erde bringe hervor lebende Wesen nach ihren Arten;

Vieh und Gewürm und Getier des Landes nach seinen Arten!
Und es geschah so.
25   Und Elohim machte das Getier des Landes
nach seinen Arten
und das Vieh nach seinen Arten.
und alles Gewürm auf der Erde nach seinen Arten.
Und Elohim sah: Es ist gut.

Die vielerlei Tiere sind Symbol für individuelle Qualitäten oder Eigenschaften. Diese Qualitäten werden gut, d.h. göttlich genannt. Hier ist also von den Qualitäten GOTTES die Rede, die in vielfältigen Ideen als Informationen zum Ausdruck kommen.

26   Und Elohim sprach:
Wir wollen den Menschen machen nach unserem Bilde,
uns gleich.
Und sie sollen herrschen über die Fische des Meeres
und über die Vögel der Himmel und über das Vieh
und über alles Getier des Landes
und über alles Gewürm, das da kriecht auf der Erde!

27   Und Elohim schuf den Menschen nach seinem Bilde,
nach Elohims Bild schuf er ihn,
männlich und weiblich schuf er ihn.

Mensch ist Symbol für Bewusstsein oder Gewahrsein. Es ist immer GOTT, der in seinen Schöpfungen sich selber zum Ausdruck bringt; GOTT ist Bewusstsein und er kommt als das zum Ausdruck, was er ist: als Bewusstsein seiner selbst. Etwas, das mutmaßlich außerhalb von ihm liegt, Fehlerhaftes oder Sündiges, *kann* er nicht kennen. Darin liegt seine Allwissenheit: Es gibt nur das, was GOTT weiß.
Der »Mensch« ist geschaffen nach GOTTES »Bild und Gleichnis«. Bild bedeutet Abbild, Ausdruck. Gleichnis bedeutet nach Auffassung der LXX, dass dieser Ausdruck von derselben Qualität, also geistig ist wie der Schöpfer. Die Eigenschaften GOTTES kommen also in seinen Ideen, als *die* geistige Idee, das Urbild oder Ideal zum Ausdruck, auf welches das Kreativitätsgesetz hinsteuert.

Ganz und gar abwegig ist also der Glaube, GOTT, GEIST, habe materielle Sterbliche schaffen können, das Unendliche hätte sich im Endlichen, das Ewige hätte sich in Sterblichem zum Ausdruck gebracht.

Da es vom »Menschen« heißt, dass er männlich und weiblich ist, muss GOTT männliche wie weibliche Eigenschaften in sich vereinen.

28   Und Elohim segnete sie, und Elohim sprach zu ihnen:
     Seid fruchtbar und mehret euch und füllet die Erde
     und macht sie euch untertan
     und herrschet über die Fische des Meeres
     und über die Vögel der Himmel
     und über alles Getier, das sich auf der Erde bewegt!

Auf dem Bewusstsein ruht der Segen Elohims. Ihm ist stetes Wachstum, fortwährendes geistiges Wachstum zugesichert. Freude am Erfolg treibt in jeder Wissenschaft weiter voran. Je weiter der Schüler in die Geheimnisse einer Wissenschaft, z.B. der Mathematik, eindringt, umso mehr beherrscht er sie. Mathematik beherrschen heißt ihre Regeln anerkennen und anwenden.

29   Und Elohim sprach:
     Ich gebe euch jetzt alles Samen bringende Kraut
     auf der ganzen Erde
     und alle Bäume mit Baumfrüchten, die Samen enthalten:
     Das sei eure Nahrung!
30   Aber allen Tieren des Landes
     und allen Vögeln der Himmel
     und allem, was sich auf der Erde bewegt und beseelt ist,
     gebe ich alles grüne Gras zur Nahrung.
     Und es geschah so.

Der gute Same, das sind die Kinder des Reiches [GOTTES], sagt Jesus bei Matthäus (13,38). Beim Griechen Lukas heißt es präziser: *Der Same ist das Wort GOTTES* (8, 11). Wort aber heißt Information, Idee. Hiervon nährt sich das geistige Bewusstsein[25].

---

[25] Joh 4, 32 ff; Mt 4, 4; Platon, Phaidros 246 e

Gras ist das erste Lebenszeichen auf bisher unfruchtbarem Land: Das erst aufkeimende Bewusstsein erhält Nahrung für sein weiteres Wachstum (Joh 6, 10 f).

31 Und Elohim sah alles an, was er gemacht hatte,
und siehe: Es ist sehr gut.
Und es ward Abend, und es ward Morgen,
sechster Tag.

All dem, was GOTT hervorgebracht hat und was ihn zum Ausdruck bringt, wird das höchste Prädikat zuerteilt: sehr gut. Der Schöpfer ist vollkommen zum Ausdruck gebracht.
So ist dem aufsteigenden Bewusstsein das sechste Licht aufgegangen und die sechste Stufe auf der Himmelsleiter ist eingenommen.

Die Ideen bzw. Informationen: Wie GOTT Bewusstsein seiner selbst ist, so muss auch der Mensch das **Bewusstsein** und **Gewahrsein** seiner Identität haben. **Ideen-Bewusstsein** schafft das **Bild und Gleichnis GOTTES**, bringt seinen **Sohn** oder **Christus** zum Ausdruck, den Christus, der von sich sagt, dass er die WAHRHEIT ist (Joh 14, 6). Der Christus ist das anzustrebende **Ideal**, der wahre **Standard** des Menschen, der der **Erbe** GOTTES ist und **Herrschaft** und **Vollmacht** hat (Mt 28, 18). Das Bewusstsein, das diesen Christus-Leib[26] berührt, erfährt **Heilung** und **Gesundheit** (Lk 8, 43 ff).

7. Tag: LIEBE (2, 1-4)

2, 1 Und es wurden vollendet Himmel und Erde
und ihr ganzes Heer.
2 Und Elohim vollendete **am siebenten Tage** die Werke,
die er gemacht hatte,
und ruhte am siebenten Tage aus von all den Werken,
die er gemacht hatte.

---

[26] Der Christus-Leib hat eine Parallele im ägyptischen Ba. Der Ba ist die gottgeschaffene unvergängliche, immaterielle Substanz und Identität des Menschen.

3   Und Elohim segnete den siebenten Tag und heiligte ihn;
     denn an ihm ruhte er aus von all den Werken,
     die Elohim schaffend gemacht hatte.

Die Schöpfung war am 6. Tage zu Ende gekommen. Der siebte
Tag zeigt: Die Spitze der Zikkurat mit ihrem Tempel, der den
azurblauen Himmel berührt und reflektiert, ist erreicht. Das
unsichtbare Lichtquelle ist in allen ihren 7 Spektralfarben zu
Ausdruck gebracht.
Vollendung und Ruhe ist die Aussage des 7. Tages: Das
Vollkommene hat seinen vollen Ausdruck. Das ewige Sein war
schon immer in aller Vollkommenheit da, und sein Ausdruck,
die Ideenschöpfung, ist seine uranfängliche Widerspiegelung.
Auf ihr ruht Segen und Heiligkeit. Es gibt nichts dazuzutun.
Vollkommenheit weckt sehnsüchtige Liebe.

4   Dies ist das Werden von Himmel und Erde,
     als sie entstanden.

»Himmel und Erde« machen das Ideenuniversum aus. Martin
Buber übersetzt aus dem Hebräischen „ihr Erschaffensein".
»Werden« betont das schrittweise Bewusstwerden von dem,
was ewig vollendet da war, dem menschlichen Bewusstsein
aber stufenweise einleuchten muss.

Die Ideen bzw. Informationen: Vollendung heißt **Vollkommenheit.** Das Vollkommene strahlt in **Schönheit** und
Heiligkeit. Der große Plan hat **Erfüllung** gefunden. **End-
gültigkeit** bringt **Erlösung, Ruhe, Frieden** und **Seligkeit** in
göttlicher **Gnade.**

Kapitel 6

Siehe, ich habe dir heute vor Augen gestellt
das Leben und den Tod,
das Gute und das Böse.
5 Mos 30, 15

Wer siegt, dem werde ich zu essen geben
vom Baum des LEBENS,
der im Paradies GOTTES steht.
Off 2, 7

Der Mythos vom Paradies

Aller schriftlichen Fixierung geht bei den Erzählungen der
einzelnen Völker eine lange mündliche Tradition voraus.
Den mündlichen Erzählungen liegen meist historische
Ereignisse zugrunde, woraus Heldensagen wurden, so das
Gilgamesch-Epos, die biblischen Geschichten, die Epen Homers
bis hin zur Nibelungen-Sage.
Während der langen mündlichen Weitergabe blieb vom
ursprünglichen historischen Kern der Ereignisse wie von der
Historizität der Heldengestalten nur wenig übrig.
Besonders in Israel erfuhren die alten Überlieferungen und
Mythen im Laufe der Zeit mehr und mehr eine Umgestaltung
durch religiöse Deutung. *Das ... eigentliche Spezifikum israeli-
tischer Geschichtsauffassung ist die Vorstellung, dass Jahwe mit dem
Volke Israel einen Plan habe, dass also die israelitische Geschichte, so
kompliziert und verworren sie auch ablaufen mag, vor sich und hinter
sich einen Weg habe, der zu einem Ziel führe, und zwar zu einem von
Jahwe gewollten Ziel. Israelitische Geschichte wurde, wie schon
gesagt, als Heilsgeschichte verstanden, d.h. eine Geschichte, die zum
Heile des Volkes Israel führe* (Brunner-Traut, Erkennen 111).
Um das Jahr 800 vor begann für viele von den alten
mündlichen Überlieferungen die schriftliche Fixierung. Dabei
wurden aus einer Überfülle von Einzelerzählungen einzelne
ausgewählt, „zusammengenäht" und miteinander verflochten.
*Alle vorbiblischen heiligen Dokumente in hebräischer Sprache sind
entweder verloren gegangen oder absichtlich ausgegliedert worden*

(Ranke-Graves, Mythologie 9). Zwei oder drei dieser schriftlichen Fixierungen bilden die Hauptstränge der Paradies-Geschichte, wie sie uns heute vorliegt, es sind die sogenannten Quellenschichten.

Im Jahr 539 vor eroberten die Perser unter Kyros II. Babylonien, wo die Juden in Gefangenschaft waren. Im darauf folgenden Jahr erlaubte der Perserkönig den Juden die Heimkehr nach Jerusalem. Diese erfolgte in mehreren Rückkehrerwellen. Unter Esra, einem Interpreten und Lehrer der Thora, begann die Kodifizierung der überlieferten Traditionen. Diese *kulminierte schließlich in der Fixierung einer verpflichtenden Sammlung von Schriften, des Kanons der hebräischen biblischen Bücher des Judentums, des Alten Testamentes der Kirche* (Bautz 50). Dies geschah um das Jahr 450 vor. Dabei wurden die Sieben Schöpfungstage, die im babylonischen Exil verfasst worden waren, an den Anfang der Genesis (1. Buch Mose) gestellt. An die zweite Stelle trat die Paradieserzählung. Sie läuft ab als Drama oder Tragödie in sieben Akten und hat keinerlei historischen Kern. Im Mittelpunkt des Geschehens steht der Adamsmensch. Die Kulissen sind dem Stoff der sumerisch-babylonischen Schöpfungsmythen entnommen und in ihren Farben ausgemalt.

Bei den biblischen Geschichten haben mehrere Redaktoren über Jahrhunderte in Schreiber- und Weisheitsschulen alte Quellenschriften kombiniert und ineinandergearbeitet. Jedoch wird die Ansicht, dass *die Zusammenarbeit der Quellenschriften ... ein schriftstellerischer Prozess, der die Zusammenarbeit aller geschichtlichen Überlieferungen anstrebte* (Fohrer, Einleitung 207), gewesen sei, vom Autor nur mit Einschränkungen geteilt. Der Endredaktor des Pentateuch war ein inspirierter Theologe, der bei der Zusammenstellung der biblischen Bücher keine Urgeschichte des Stammes Israel geben, sondern eine theologische Botschaft mitteilen wollte. Er war Theologe, nicht Historiker. Seine Schrift war nicht gedacht als Geschichtswerk im Sinne eines Herodot oder Thukydides, sondern als »Heilige Schrift«. Bei seiner Kombination der Paradiesparabel aus den Quellenschriften hatte er die Priesterschrift mit den Sieben Schöpfungstagen vor sich liegen. Einen deutlichen Hinweis gibt uns der Redaktor in der Verwendung der Gottesnamen. In der wohl ältesten Quellenschrift, der Paradiesgeschichte, steht für den Schöpfer »Jahwe«. Der Verfasser der Sieben Schöpfungstage verwendet den Gottesnamen »Elohim«. Bei der Endredaktion der Paradiesparabel sind beide Namen zu »Jahwe Elohim« kombiniert, was seit der Luther-Übersetzung mit »Gott der HERR« wiedergegeben wird.

Der Gottesname »Jahwe Elohim« macht deutlich, dass dem Redaktor die Schöpfungstage vorlagen und dass er die alte Paradiesgeschichte in Zustimmung zu den Schöpfungstagen zur lehrhaften Parabel umarbeitete. Nur so macht es Sinn, wenn am Anfang der Jüdischen Bibel beide Schöpfungen, die doch so gegensätzlich sind, nebeneinander stehen bleiben können. Hinter dem Demiurgen Jahwe steht das neue Gottesbild Elohim, der Schöpfer der erleuchtenden Ideen. Er wird das mentale Dunkel vom Erdling Adam ausleuchten.

Wichtig war dem Endredaktor *das Einheitsbewusstsein, das aus überlieferten Gebilden und Bruchstücken die Hallen der Bibel erbaut hat* (Buber, Weisung [7]).

Das Paradies

Der Garten wird einmal »Garten in Eden« genannt, dann »Garten von Eden« oder einfach »Garten Eden«, schließlich in 4, 16 nur »Eden«, wonach Garten und Eden identisch wären. Aus dem Wort Eden hörte der Hebräer das Wort »Wonne« heraus. Doch weisen die alten Quellen auf das Sumerische zurück, und die Verfasser der alten Quellenschriften wussten sicherlich, daß Eden mit dem sumerischen edin identisch ist. Edin, akkadisch edinu, bedeutet Steppe. Steppe aber und Wüste sind gleichzeitig Synonyme für die Unterwelt, das Land der Finsternis. Die Weite *der mesopotamischen und syrischen Steppe wurde (...) von den Stadtbewohnern als bedrohlich, fremd, als Wohnung der Dämonen und Ort des Todes empfunden und auch so genannt* (Wolfgang Röllig; in: Brunner-Traut, Religionen 48).

Als die jüdischen Gelehrten von Alexandria im dritten vorchristlichen Jahrhundert damit begannen, die Bibel ins Griechische zu übertragen, wählten sie mit glücklichem Griff bei ihrer interpretierenden Übersetzung für das hebräische gan (Garten) das griechische Wort parádeisos. Das Wort parádeisos hat der griechische Schriftsteller Xenophon zum ersten Mal verwendet, wohl auch geprägt. Xenophon hatte 401 vor an dem Feldzug des jüngeren Kyros gegen dessen Bruder, den persischen Großkönig, teilgenommen und den Rückzug der griechischen Söldner angeführt. Er hat das neue Fremdwort nach dem iranischen paridaiza geprägt und dann parádeisos für die Parkanlagen der persischen Großkönige und ihrer Satrapen verwendet. Dieses Paradies ist der Lustgarten für die Könige. Entsprechend wird der Garten Eden auch geschildert: In diesem Park sprudelt eine Quelle, die ihre Wasser in die vier Himmelrichtungen fließen lässt, rings finden sich *allerlei Bäume ... lieblich anzusehen und gut zu essen* (2, 9), *eine Lust für die Augen* (3, 6), auch allerlei Tiere finden sich darin (2, 19). In ihm geht der Herr des Gartens beim Tagwind spazieren (3, 8). Der eingehegte Lustgarten, das ist die Bedeutung des persischen paridaiza, wird am Eingang von Wächtern bewacht, in der Bibel sind es die Cheruben (3, 24). Die Archäologie zeigt uns diese Cheruben *als Wächter bei den großen Torbauten (...) als Ausdruck für die Unnahbarkeit der Majestät, ob eines Gottes oder eines gottähnlichen Herrschers* (Calwer 186).

In vielen frühen Mythen der Völker gab es einst ein goldenes Zeitalter, als die Menschen mit den Göttern zusammen in einem herrlichen Garten wohnten. Dieses goldene Zeitalter wurde abgelöst von immer schlechteren Zeitaltern. *Mythen vieler Völker reden von einem Land oder Ort der Seligkeit in der Urzeit oder (für die Gegenwart) am Rande der bekannten Welt: Götter leben dort, Heroen oder besonders ausgezeichnete Sterbliche seien dorthin entrückt worden oder kämen nach dem Tode dorthin. Im Umkreis des Alten Testamentes ist besonders auf die Paradiesmythen des mesopotamischen oder iranischen Kulturkreises, auch – vgl. Ez 28 13 ff – auf phönizische Vorstellungen zu verweisen. ... **Ein zusammenhängender Paradies-Mythos ist im Alten Testament nicht festzustellen**[27]. Soweit ein solcher auch in Israel bekannt war, wurde er jedenfalls unter dem Einfluss des Jahweglaubens ausgeschieden* (Begr. Lex. NT 997).

---

[27] Hervorhebung durch den Autor dieses Buches

Kapitel 7

Die Parabel vom Paradies

E in Drama in sieben Akten.

1. Akt: Die Umkehrung von LOGOS (1 Mos 2, 4 b - 6)

2, 4 Als Jahwe Elohim **Erde und Himmel** machte,
5 - es war aber noch keinerlei Steppengestrüpp da
auf der Erde,
und es war noch keinerlei Kraut des Feldes gewachsen,
denn Jahwe Elohim hatte noch keinen Regen fallen lassen
auf die Erde,
und es war noch kein Mensch da,
den Acker zu bearbeiten -
6 da stieg ein **Nebel aus der Erde** und benetzte
das ganze Ackerland.

Erde und Himmel

Ein auffälliges Merkmal der ältesten Mythen ist, dass zuerst die Götter da waren, dann die Menschen. Auch wurde bei der Schöpfung zuerst der Himmel geschaffen und dann die Erde. Hier ist die Reihenfolge umgekehrt dargestellt.

Der Nebel aus der Erde

Die Perserkönige hingen der Religion an, die Zarathustra (~ 900 vor) gegründet hatte. Zarathustra spricht von zwei Geistern, die am Anfang waren: *die beiden Geister zu Anfang, die im Tiefschlaf als Zwillinge erkannt wurden, sind in Sinn und Wort und Handeln der Bessere und der Schlechte ... Und als die zwei Geister zusammenkamen, erschufen sie das Erste Leben und Nicht-Leben,* (Y 30).

Ihre Namen sind Ahura Mazda (später: Ohrmazd) und Ahriman. Ahura Mazda heißt: Herr Weisheit. Durch Ahura Mazda wird das Licht und die Lichter sichtbar, sie dienen seinem Lobpreis. *Er ist Person, aber ohne materielle oder gar anthropomorphe Komponente* (Hausig IV 244). Ahura Mazda ist die Schöpferkraft, die Intelligenz und der Begründer rechter Ordnung. Symbol für seine Gegenwart ist das rauchlose Feuer. Er ist die reine Lichtquelle, der »Herr der Lichter«, der sich durch seine 7 Amescha Spentas, die »Unsterblichen, Heilwirkenden« offenbart.

Sein Gegenspieler ist Ahriman, der böse Geist, der zerstörende Geist, der Angreifer, Gegner und Widersacher. *Er wohnt in einer Unterwelt voll anfangloser Finsternis, aus der er Rauch und Schwärze in diese Welt mitbringt. Er will die Schöpfung des ihm noch unbekannten Ohrmazd zerstören ... Ahriman weiß nicht, dass es sich bei ihm um eine Gegenschöpfung zu der des Ohrmazd handelt, dass er also ohne deren Vorbild gar nicht hätte schaffen können. ... Seine Unwissenheit wird immer wieder betont. ... Ahriman ist absolut böse ... offenbar nicht durch freie Wahl, sondern durch seine kalte, trockene, schwere, dunkle, stinkende Substanz bestimmt. Er verursacht alle bösen Dinge in der geistigen wie in der körperlichen Welt. Er hetzt die Menschen gegen Ohrmazd auf und versucht, sie auf seine Seite zu ziehen, lässt sie lügen, verletzen, neiden, wie er es selbst tut ... Alle Krankheiten, Armut, Vergehen, und Tod in dieser Welt kommen durch ihn ... Ahriman "war" immer und "ist" noch wie Ohrmazd; im Gegensatz aber zu dessen Schöpfung wird die des Ahriman am Ende der Zeiten vernichtet. ... er wird für ewig entmachtet, indem er aus dem Kosmos vertrieben oder in ihm, auch in der Hölle gefangen gesetzt wird; oder er wird zerstört; oder er fährt machtlos in die Finsternis zurück.* (Haussig IV 239 f).

Der Lichtgott Ahura Mazda und der Geist der Unterwelt werden als Zwillinge bezeichnet: Lichtschöpfung und ihre Vernebelung durch den Rauch Ahrimans, beides ist von Anfang an da. Der böse Geist Ahriman kann die Lichtschöpfung Ahura Mazdas nicht zerstören, sondern nur vernebeln.

In der Jüdischen Bibel sind diese zwei Geister am Anfang Jahwe und Elohim. Der Geistgott Elohim ist der Schöpfer der geistigen Ideenwelt, Jahwe der Schöpfer der materiellen Welt, die die geistige Welt vernebeln, unsichtbar machen will.

Was das Erkennen der geistigen Schöpfung GOTTES vernebelt, ist die materielle Auffassung der Dinge. Wir müssen diesen Nebel, der über der Erde liegt und alles Werden als ein materielles erscheinen lassen will, mit dem Licht des LOGOS bis in den hintersten Winkel ausleuchten. Dieser Morgennebel wird sich beim Aufgang des Lichtes des göttlichen LOGOS und seiner Ideen in nichts auflösen. Das Licht kam in „diese Welt" mit Jesus, der sich vorbildhaft zum Christus gemacht, sein materielles Leben für das göttliche LEBEN aufgegeben und so den Vorhang zwischen GOTT und Mensch zerrissen hat (Hebr 10, 19 f; Mt 27, 51).

Wenn es in der Materie zu besseren Verhältnissen, zu höherer Moral und mehr Geistigkeit kommt, dann hat dieses Geschehen nicht den Grund in einer materiellen Evolution, vielmehr ist es das Einbrechen des Lichtes des göttlichen LOGOS, das Wirken des GEISTES (1 Mos, 1, 2 f; Joh 1, 5). Die Evolution der Materie besteht lediglich darin, dass sie immer monströser wird bis hin zur Selbstvernichtung.

Es ist der Christus, die volle WAHRHEIT über den Menschen, die mit unwiderstehlicher Kraft den Nebelvorhang zerreißt (Mt 27, 51) und den Blick auf die Herrlichkeit GOTTES und seiner ewig unangetasteten Schöpfung (Joh 17, 5) freigibt.

2. Akt: Die Umkehrung von GEIST (1 Mos 2, 7- 14)

2, 7   Da bildete Jahwe Elohim den Menschen (Adam)
aus Staub aus dem Acker
und blies Lebensodem in seine Nase,
und der Mensch wurde ein lebendiges Wesen.

8   Und Jahwe Elohim pflanzte einen Garten
in Eden im Osten
und setzte den Menschen, den er gebildet hatte,
dorthinein.

Da bildete Jahwe Elohim ...
Gleich drei Bilder weisen in den Alten Orient: Der Mensch aus Erde, der Lebensbaum und die vier Flüsse.
In den ältesten Kosmologien des Alten Orients wird der Mensch aus Lehm und dem Blut eines oder mehrerer geschlachteter Götter geschafften. So heißt es in einem der Texte: *Einen Gott soll man schlachten, und die anderen sollen gereinigt werden durch das Gericht. Mit dem Fleisch und seinem Blut vermische Nin-Hursag[28] den Ton. Gott und Mensch werden so ... vereinigt sein im Ton* (Schöpfungsmythen 132).

Im babylonischen Schöpfungsmythos »Enuma elisch« wird der Gott Kingu geschlachtet. Er hatte sich schuldig gemacht, als er im Kampf der Götter gegen die Chaosmutter Tiâmat deren Gatte und Helfer geworden war:

Als Marduk das Wort der Götter hörte,
Beschloss er ein großes Werk zu schaffen.
...
Ein Gewebe von Blut will ich machen,
Gebein will ich bilden,
Um ein Lullu[29] entstehen zu lassen: Mensch sei sein Name.
Erschaffen will ich ein Lullu, den Menschen.
Ihm auferlegt sei der Dienst der Götter
zu ihrer Erleichterung.
...
Kingu war ´s, der den Krieg erregt.
Tiâmat zur Revolte aufgereizt, den Kampf begonnen hat.
Als sie ihn gebunden hatten, brachten sie ihn vor Ea.
Sie ließen ihn seine Strafe erleiden,
Seine Adern durchschnitten sie.
Aus seinem Blute schuf er die Menschheit.
Er schrieb ihnen den Dienst der Götter vor,
um diese davon zu befreien (Schöpfungsmythen 144 f).

Der Mensch in der Paradiesgeschichte heißt ja Adam, von adama – rote Erde.

---

[28] Mutttergöttin
[29] Der Ausdruck Lullu bezeichnet eine Art »Wilder«. Der rauhaarige Gefährte Gilgameschs ist ein Lullu.

9   Und Jahwe Elohim ließ allerlei Bäume
     aus dem Boden wachsen,
     lieblich anzusehen und gut zu essen,
     und den Baum des Lebens mitten im Garten
     und den Baum der Erkenntnis von Gut und Böse.

Und Jahwe Elohim ließ ...

Lebensbäume sind ein verbreitetes Bildsymbol sowohl in der darstellenden Kunst der Babylonier als auch in der Mythologie. *In Mesopotamien ist der Lebensbaum ... Symbol der Sonne* (Haussig I 503). Eine Abbildung bei Keel zeigt den Lebensbaum. *Der Lebensbaum ist hier zugleich Weltenbaum, der die Gestirne trägt* (Keel, Welt 42 f). Rechts daneben sehen wir einen Gott, der die Chaosschlange tötet, die sich dem Lebensbaum nahen will.

Eine andere Abbildung zeigt den Lebensbaum mit seinen sieben Blättern. Darüber das geflügelte Sonnensymbol, das uns beim ersten Schöpfungstag wieder begegnen wird. Die Sonne spendet aus ihren Händen den Quelltöpfen das lebendige Wasser.

Von *Bäumen, die Früchte tragen, in denen ihr Same ist,* spricht der dritte Schöpfungstag. »Same« aber ist das biblische Wort für Idee[30]. Elohims Ideen sind die Lichter an der *Feste der Himmel, um die Erde zu erleuchten* (1Mos 1, 17). An diesen Lebensbaum oder Weltenbaum ist hier gedacht. Seine Früchte, die Gestirne, sind die Nahrung für den menschlichen Geist, *das Brot, das vom Himmel kommt und der Welt das LEBEN gibt* (Joh 6, 33).

Der »Baum der Erkenntnis von Gut und Böse« hat in den Mythologien Mesopotamiens kein Vorbild. Auch er trägt natürlich Früchte. Sie geben der Welt aber nicht das LEBEN, sondern, wie wir in 2, 17 sehen werden, den Tod.

10 Und ein Strom entspringt in Eden,
     der den ganzen Garten bewässert;
     von dort teilt er sich dann in vier Arme.
11 Der erste heißt Pischon,
     das ist der, der das ganze Land ha-Chawila umfließt,
     wo das Gold ist;
12 und das Gold dieses Landes ist fein;
     dort ist das Edelharz und der Stein Karneol.
13 Und der zweite Strom heißt Gichon,
     das ist der, der das ganze Land Kusch umfließt.

---

[30] Vgl. Exkurs Idee

14 Und der dritte Strom heißt Chiddekel,
das ist der, der östlich von Assur fließt.
Und der vierte Strom, das ist der Euphrat.

Und ein Strom ...
Ein wahres Paradies schildert uns im 8. Jahrhundert vor der
griechische Dichter Homer. Im fünften Gesang seiner Odyssee
beschreibt er die Insel Ogygia. Hier wohnt, vom Meer umgeben
und fernab von der Welt, die unsterbliche Nymphe Kalypso,
die *Göttliche der Göttinnen*:
> Ein grünender Hain wuchs rings um die Grotte,
> Erlen, Pappeln und duftende Zypressen.
> Hier nisteten Vögel mit weiten Schwingen:
> Eulen, Falken und Wasserkrähen mit langer Zunge,
> die aus dem Meer ihre Beute sich holen.
> Dort aber hatte sich rings um die gewölbte Grotte
> ein rankender Weinstock verbreitet,
> > voll behangen mit Trauben.
> Vier Quellen ergossen dort ihr klares Wasser
> nahe beieinander, jede floss in eine andere Richtung.
> Grasige Auen mit Veilchen und Eppich
> grünten ringsum. Auch ein Unsterblicher, käme er vorbei,
> ließe seine Augen darauf ruhen und freute sich beim
> > Anblick von Herzen.   (Od 5, 63-74)

Die Quelle, die sich in vier Arme teilt, hat ihr Vorbild ebenfalls
im mesopotamischen Raum. Bei Keel[31] sehen wir das Bild des
Berggottes mit einem Gefäß, aus dem vier Ströme entspringen.
Sie fließen in die 4 Himmelsrichtungen.
Am Tag seiner Krönung schoss der ägyptische Pharao in jede
der 4 Himmelsrichtungen einen Pfeil, um seine Macht über die
4 Enden der Erde zu demonstrieren. Auch wurden 4 Vögel
abgesandt, um der Welt seinen Machtanspruch zu verkünden.
Das Bild einer vom Wasser in vier Kontinente geteilten Welt
gibt der griechische Forschungsreisende Hekataios aus Kleinasien im 5. Jahrhundert vor in einer von ihm gezeichneten und
kommentierten Erdkarte. *Wir wissen etwa, wie sie gewesen ist:*
völlig rund, außen der Okeanos, genau kreuzweise geteilt, von Westen

---

[31] Keel, Welt 104

nach Osten das Mittelmeer, in das von Norden die Donau und gegenüber der Nil münden (Schadewaldt, Vorlesungen 2, 97).

✳

Die ganze Paradiesparabel ist geprägt von Dualismus: Der Mensch besteht aus Materie und göttlichem Leben. Wie bei Zarathustra gibt es zwei Schöpfer. Der eine ist Jahwe, der Schöpfer der materiellen Welt und deshalb von den Gnostikern nach Platons Timaios auch »Demiurg« genannt, der andere der Geistgott Elohim, der Schöpfer der vollkommenen Ideenwelt. Jeder von ihnen hat seinen Baum *in der Mitte des Gartens.* Der Mensch kann nur einen der beiden als Mittel- und Ausgangspunkt für sein Denken und Handeln wählen: *Niemand kann zwei Herren dienen. Entweder wird er den einen ablehnen und den anderen lieben, oder er wird sich an den einen halten und den anderen abweisen. Ihr seid nicht imstande GOTT zu dienen und dem Materiellen* (Mt 6, 24). Darüber hinaus besteht der Mensch aus zwei Teilen: einem männlichen und einem weiblichen. Adam hat zwei Söhne: einen bösen und einen guten.

Am zweiten Schöpfungstag aber trennt GOTT, GEIST, die göttlichen Elemente, die geistigen Ideen, durch eine steinerne Himmelsfeste von den materiell-sterblichen Elementen ab und weist diese dem Meer zu (1, 10), dem Symbol für das Chaos.

Die Beschreibung des Stromes mit seinen vier Armen und der Länder, durch die sie fließen, gibt das damalige Weltbild wieder. Der Leser soll aus all dem erkennen, dass dieser Garten in Eden, dieses Paradies, nichts anderes ist als der von den Sinnen entworfene weltliche Lustgarten, die Welt, in der wir zu leben glauben. Von den menschlichen Sinnen aber sagt Platon: *Die Lernwilligen erkennen, dass die Philosophie sich in dieser Situation der Seele annimmt, ihr ruhig zuspricht und sich daranmacht, sie zu befreien, indem sie ihr zeigt, dass der Erkenntnisvorgang mittels der Augen voller Täuschung ist, aber auch der Erkenntnisversuch mittels der Ohren und der anderen Sinneswahrnehmungen, und, indem sie sie überredet, sich aus diesen*

zurückzuziehen, soweit man sich ihrer nicht unbedingt bedienen muss
(Pl Phaid 83).
Johannes schreibt:
  Liebt nicht die Welt und nicht die Dinge in der Welt.
  Wenn einer die Welt liebt,
  ist die Liebe zum Vater nicht in ihm.
  Denn alles in der Welt, die Begierde des Fleisches,
  die Begierde der Augen und die Protzerei des Lebens,
  stammt nicht vom Vater, sondern von der Welt.
  Die Welt und ihre Begierde vergeht,
  wer aber den Willen GOTTES tut, der bleibt in Ewigkeit.
  1 Joh 2, 15 ff

Wir müssen unser Bewusstsein dafür schärfen, dass es nur **einen** GOTT gibt, nur **ein** schöpferisches PRINZIP, nur **eine** Ursache: das Gute.
  Jede gute Gabe und jedes vollkommene Geschenk
  stammt von oben; es kommt herab vom Vater der Lichter,
  bei dem es keine Veränderung gibt
  noch Verschattung im Wechsel.   Jak 1,17

  Niemals lässt die Quelle aus derselben Öffnung
  Süßwasser **und** Meerwasser hervorfließen.   Jak 3, 11

3. Akt: Die Umkehrung von SEELE (1 Mos 2, 15-20)

2, 15 Und Jahwe Elohim nahm den Menschen
  und brachte ihn in den Garten von Eden,
  um ihn zu bearbeiten und zu bewachen.

Und Jahwe Elohim nahm ...
Die Übersetzer des Alten Testaments vom Hebräischen ins Griechische haben für »Garten« nicht das griechische Wort »kepos« gewählt, was nahe gelegen hätte, sondern »paradeisos«. Das Paradies ist der Lustgarten der Könige. Die Könige sind die fünf Sinne des Menschen, mit deren Hilfe er sich sein Weltbild schafft: *Eine Grundfähigkeit der Seele besteht darin, die Welt wahrzunehmen. Nicht das Auge sieht, noch hört das Ohr, sondern die Seele sieht, hört, riecht, schmeckt und tastet -*

vermittels der Sinnesorgane. (....) Wenn man das weiter bedenkt, kommt man zu dem Schluss, dass wir über die Existenz einer außerhalb unserer Seele liegenden Welt nichts Objektives wissen. Wir kennen nur unsere subjektiven Wahrnehmungen (Barz, Wesen 28).

Der Mensch *(ist) da, den Acker zu bearbeiten* (2, 5), er wird verbracht *in den Garten von Eden, um ihn zu bearbeiten und zu bewachen* (2, 15). Dies ist *eine Bestimmung, die sehr in Widerspruch steht zu den phantastischen, landläufigen Vorstellungen von »Paradies«* (Rad, Genesis 56). Weiter: *Eine direkte, positive Schilderung von dem paradiesischen Lebensstand gibt der Erzähler nicht* (Rad, Genesis 73). Der Schreiber der Paradiesgeschichte schildert - und dies wird zumeist übersehen - kein goldenes Zeitalter und keinen glücklichen Endzustand. Das Paradies ist vielmehr der Ort der Arbeit, der Ort des Unbefriedigtseins, des Mangels und der Halbheit des Menschen. Im Paradies herrscht Verbot und Todesdrohung, gleichzeitig aber Verlockung und Versuchung. Im Paradies finden sich Sünde, Lüge und Verfluchung.

16 Und Jahwe Elohim gebot dem Menschen:
    Von allen Bäumen des Gartens darfst du essen,
17 aber vom Baum der Erkenntnis von Gut und Böse
    darfst du nicht essen;
    denn sobald du davon issest, musst du sterben.

Und Jahwe Elohim gebot ...
Im Mittelpunkt des Gartens standen bis jetzt zwei Bäume zur Wahl: Elohims Baum, dessen Früchte ewiges LEBEN schenken (3, 22), und der Baum der Erkenntnis des Guten und des Bösen. Von jetzt an ist von diesem Baum des LEBENS nicht mehr die Rede bis zum sechsten Kapitel, wo er dem Zugriff des Menschen endgültig entzogen wird.
Beim Baum der Erkenntnis des Guten und des Bösen, der von nun an allein noch in der Mitte steht, ist es nicht so, als trüge er zweierlei Früchte, vielmehr steckt in jeder Frucht das menschlich Gute und das menschlich Böse. Denn in diesem irdischen Paradies der körperlichen Sinne ist beides aneinander gekoppelt. So sagt einmal Sokrates: *Bei jedem Menschen empfindet die Seele heftige Freude und starken Schmerz über irgend etwas und muss gleichzeitig annehmen, dass die Ursache gerade*

dieser Empfindungen völlig eindeutig und absolut wahr sei. Das aber sind zumeist wahrnehmbare Dinge. ... Nicht wahr, wenn ihr das passiert, wird die Seele am meisten vom Körper gefesselt, ... weil jede Lust und jeder Schmerz die Seele wie mit einem Nagel an den Körper annagelt, verhaftet und materiell macht, so dass sie wähnt, dass alles die Wahrheit sei, was auch der Körper sagt (Pl Phaid 83 c/d). Der Philosoph Raimund Popper sieht es ähnlich und schildert die Folgen davon etwas drastischer: *Was richtig ist, ist nur dies: dass unsere Ideen Mächte sind, die unsere Geschichte beeinflussen. Aber es ist wichtig, einzusehen, dass auch an sich gute und edle Ideen manchmal einen sehr verhängnisvollen Einfluss auf die Geschichte haben können und dass ... nicht selten auch so etwas zu finden ist wie eine Idee, eine geschichtliche Kraft, die stets das Böse will und stets das Gute schafft* (155) *Und lehrt uns nicht die Geschichte aller Revolutionen, dass der fanatische Glaube an eine ethische Idee diese Idee immer wieder in ihr Gegenteil verkehrt? ... Lehrt uns nicht die Geschichte, dass alle ethischen Ideen verderblich sind und die besten Ideen oft die verderblichsten?* (Popper, Suche 159)

Adam hat die Wahl, denn von beiden Bäumen zu essen ist nicht möglich (3, 22).

Machen wir uns bewusst: GOTT will keinen „Gottesdienst". Wir sind nicht Diener eines göttlichen Herren: *Er lässt sich auch nicht von menschlichen Händen bedienen, als bräuchte er etwas; hat er doch allen Leben und Atem und alles gegeben* (Apg 17, 25). Wir sind zur Freiheit der Kinder GOTTES aufgerufen (Röm 8, 21).

GOTT führt uns auch nicht in Versuchung:

Keiner soll in der Versuchung sagen:
Von GOTT werde ich versucht,
denn GOTT kann nicht versucht werden zum Bösen,
und GOTT selbst versucht niemanden.
Jeder, der versucht wird, wird es,
weil er sich von seiner eigenen Begierde fortreißen
und ködern lässt.
Wenn die Begierde dann empfangen hat,
gebiert sie die Sünde.
Und ist die Sünde dann an ihr Zielgelangt,
gebiert sie den Tod.   Jak 1, 13 ff

   18 Und Jahwe Elohim sprach:
       Es ist nicht gut, dass der Mensch allein sei,

ich will ihm eine Hilfe machen als sein Gegenpart.

19 Da bildete Jahwe Elohim aus dem Acker
alle Tiere des Feldes
und brachte sie zum Menschen,
um zu sehen, wie er sie nennen würde,
und genau wie der Mensch sie nennen würde,
sollte ihr Name sein.
20 Und der Mensch gab allen Tieren des Feldes Namen,
aber für den Menschen fand sich keine Hilfe
als sein Gegenpart.

Und Jahwe Elohim sprach ...

In Platons Dialog Symposion gibt einer der Gesprächspartner einen alten Mythos wieder. Danach waren die Menschen einst vollkommen, männlich und weiblich in einem, *an Kraft und Stärke waren sie gewaltig und sie hatten hohe Gedanken.* Die Götter fühlten sich daher bedroht, doch brauchten sie die Verehrung und die Opfergaben der Menschen, weshalb sie sie nicht vernichten konnten. Zeus entschloss sich, sie in der Mitte zu teilen und so zu schwächen. Seit der Zeit sehnt sich jeder nach dieser ihm fehlenden Hälfte (Pl Symp 189 c ff).

Anfangs und am Ende dieses Abschnitts wird betont, dass Adam eine Hilfe braucht, weil ihm sein Gegenpart fehlt. Daher werden ihm Tiere als Partner angeboten. Anstiftung zur Sodomie? Der Herr bewahre![32]

Tiere versinnbildlichen Eigenschaften, Qualitäten. Am sechsten Schöpfungstag standen die Tiere für Qualitäten als Informationen oder Ideen, die von GOTT ausgehen.[33] Hier aber sind die Qualitäten *aus dem Acker* genommen. Sie sind rein irdisch und der Mensch weist ihnen mit seiner Namensgebung ihre Identität zu. In den Schöpfungstagen dagegen weist der Geistgott Elohim allem Namen und individuelle Identität zu. Jesaja lässt Gott sagen: *Ich habe dich bei deinem Namen gerufen, du bist mein* (Jes 43, 1). Nur GOTT gibt allem den Namen und weist ihm seine Identität zu.

Diese irdisch ersonnenen Qualitäten sind dann auch für den Menschen keine Hilfe, keine Ergänzung, kein Gegenpart.

---

[32] Vgl. 5 Mos 27, 21
[33] Vgl. Benninger, Befreit 126

4. Akt: Die Umkehrung von PRINZIP (1 Mos 2, 21-3, 3)

2, 21 Da ließ Jahwe Elohim einen tiefen Schlaf
auf den Menschen fallen,
dass er einschlief; dann nahm er eine von seinen Rippen
und füllte ihre Lücke mit Fleisch aus.
22 Und Jahwe Elohim baute die Rippe,
die er vom Menschen genommen hatte,
zu einem Weibe aus und brachte es zum Menschen.
23 Da sagte der Mensch:
Diese endlich ist Bein von meinem Bein
und Fleisch von meinem Fleisch;
diese wird man Männin nennen,
denn vom Mann ist sie genommen.

Da ließ Jahwe Elohim ...
Adam hat sich zu einem Schöpfer bekannt, der ihn materiell
erschaffen habe. Er hat seine wahre Identität als Bild und
Gleichnis des Geistgottes Elohim, der männliche und weibliche
Eigenschaften in sich vereinigt, verkannt und sich als halbe,
mangelhafte Wesenheit identifiziert.
Als er aus der Hypnose wieder erwacht, wird ihm bewusst:
Was er scheinbar hinzugewonnen hat, war lediglich ihm selbst
entnommen. Sein Gegenpart ist *vom Mann genommen, Bein von
meinem Bein und Fleisch von meinem Fleisch, man wird sie Männin
nennen.* Der Mensch war also schon vollkommen, er hat es nur
nicht wahrgenommen, jetzt aber ist er ein geteiltes Wesen. Die
Rippe, aus der sein Gegenpart geschaffen wurde, sie fehlt ihm
jetzt.
Warum wurde der Gegenpart gerade aus einer Rippe *gebaut*?
Die volle Grundzahl des altorientalischen Sexagesimalsystems
ist die 12. Die alten Astronomen identifizierten 12 Sternbilder
am Himmel (die großen Götter), sie teilten das Jahr in die
Jahreszeiten ein. So teilte man das Jahr in 12 Monate, den Tag in
12 Stunden des Lichts und 12 Stunden der Nacht. Auch das
griechische Alphabet hatte zweimal 12 Buchstaben. Es gab 12
Stämme Israel, 12 Apostel, 12 Tore der Stadt in der Offenbarung
... Die große Harmonie der Himmelskörper, ihre Verlässlichkeit
und Berechenbarkeit wird am vierten Schöpfungstag (PRINZIP)
dargestellt. Diese Himmelsleuchten sollten sich auf der Erde

widerspiegeln (1 Mos 1, 17) und den Takt vorgeben. Auch im Menschen mit seinen 12 Rippen sah man dieses System widergespiegelt. Nun aber fehlt dem Adam-Menschen eine Rippe: ein gestörtes System.

24 Darum verlässt der Mann Vater und Mutter
und hängt seinem Weibe an, dass sie *ein* Fleisch werden.
25 Sie waren aber beide nackend, der Mensch und sein Weib,
und schämten sich nicht.

Darum verlässt ...
Adam und sein neuer Gegenpart sind *ein Fleisch* – beide aus dem Acker genommen, materiell. Adam hat Elohim, seinen geistigen Schöpfer, der ihm Vater und Mutter war, verlassen. In den Mythen Mesopotamiens sind die Toten unter der Erde nackt[34]. Adam und sein Gegenpart sind nackt, d.h. in der Gottesferne, also tot[35], merken es aber noch nicht.
Bei Matthäus sagt Jesus: *Was also GOTT zusammengespannt hat, soll der Mensch nicht trennen* (Mt 19, 6). Der Geistgott Elohim kennt nur sein geistiges Bild und Gleichnis, das seine Eigenschaften ungeteilt widerspiegelt. Er hat niemals zwei materielle Sterbliche miteinander verbunden.
Nachdem sie GOTT, ihren Vater und ihre Mutter, verlassen haben, fallen sie der Faszination der Schlange zum Opfer. *Es ist die alte Schlange, der Diabolus und Satan* (Off 20, 2). Von dieser Schlange bleibt unklar, ob sie von Jahwe Elohim geschaffen wurde. Eher nicht, denn nach den alten Mythen ist sie von Anfang an da, älter als die göttlichen Ordnungskräfte, die den Kampf mit ihr aufnehmen.

3, 1 Die Schlange aber war listiger als die Tiere des Feldes,
die Jahwe Elohim gemacht hatte,
und sie sprach zum Weibe:
Sollte Elohim auch wirklich gesagt haben:
Von allen Bäumen des Gartens dürft ihr nicht essen?
2 Das Weib erwiderte der Schlange:
Von den Früchten der Bäume im Garten dürfen wir essen,

---

[34] ausführlich in: Benninger, Christentum 24
[35] Lk 15, 24 und Benninger, Befreit 135 ff

3   aber von den Früchten des Baumes,
    der in der Mitte des Gartens ist, von denen
    - hat Elohim gesagt -
    dürft ihr nicht essen, und die dürft ihr nicht berühren,
    sonst müsst ihr sterben.

Die Schlange aber ...
Wie die Götter seit ältester Zeit als Wahrer der Weltordnung
stehen, so ist die Schlange seit alters das Symbol für das
Widergöttliche und Chaosstiftende, für das Böse schlechthin.
Die Schlange hat eine gespaltene Zunge und steht daher für
Doppelzüngigkeit und Hinterlist. Da sie in der Erde wohnt,
steht sie auch für Intelligenz in der Materie, ist daher Symbol
für animalischen Magnetismus. Mit ihrem starren Basiliskenblick fasziniert und lähmt die Schlange, was sie als ihr Opfer ins
Auge gefasst hat, um es dann mit ihrem giftigen Biss zu Tode
zu bringen.
Da auch das Meer mit seinen unberechenbaren Strömungen
und den vielen Toten auf seinem Grund (Off 20, 13) ein Sinnbild
für vernichtendes Chaos ist, wird die Schlange oft als
Meerdrache vorgestellt, so der vielköpfige Drache Leviathan,
der sich gegen Gott auflehnt (Ps 74, 13 f). Identisch mit diesem
Leviathan ist der kanaanäische Lothan, der Machthaber mit den
sieben Köpfen, der Gott Baal feiert seinen Sieg über ihn.
In der ägyptischen Mythologie findet der Kampf mit der
Riesenschlange Apophis tagtäglich statt. Denn sie versucht, den
Aufstieg der Sonne aus dem Totenreich und mit ihm zu-
sammen die Auferstehung der verklärten Toten zu verhindern.
Auch die mesopotamische Literatur kennt ein Meeresungeheuer Tiâmat, eigentlich das Urmeer. Dieses weiblich
vorgestellte Urwesen wird auf den Rollsiegeln als siebenköpfiger Urdrache dargestellt. Ihn besiegt der Gott Marduk im
Kampf.
Vorbild für die Quellenschriften zur Paradiesgeschichte ist
wohl das mesopotamische Gilgamesch-Epos. Darin durchstreift
König Gilgamesch die Welt auf der Suche nach dem ewigen
Leben. Er findet auch das Kraut des Lebens, doch während er
schläft, raubt es ihm eine Schlange. Sie frisst es, wirft sofort ihre
alte Haut ab und hat so ein neues Leben.

In der ganzen Verführungsszene (3, 1 bis 3, 5) ist nicht von Jahwe Elohim, sondern nur vom Geistgott Elohim die Rede. Der Baum des LEBENS ist sein Baum, nur von ihm darf man essen. *Der Baum des LEBENS ist in der Mitte des Paradieses. Und er ist der Ölbaum, dem die Salbung entstammt. Durch sie entsteht die Auferstehung* Philippus-Evangelium 92). Verboten sind die Früchte vom Baum der Erkenntnis von Gut und Böse. Arglistig fragt die Schlange: Sollte Elohim euch wirklich alle Bäume des Gartens verboten haben? Das Weib korrigiert, aber vom Baum des ewigen LEBENS ist nicht mehr die Rede. In der Mitte des Gartens, im Mittelpunkt des Interesses steht für sie nur noch der Baum mit den verbotenen Früchten, die man noch nicht einmal berühren darf.

Bei Matthäus (5, 28) sagt Jesus zum Ehebruch: *Jeder, der eine Frau anblickt mit Begierde, hat schon mit ihr die Ehe gebrochen in seinem Herzen.* Dies scheint zunächst eine unziemliche Verschärfung gegenüber den Gesetzen des Moses. Und doch: Wer sündigt denn, ist es die Hand, die stiehlt oder mordet? Die Sünde entsteht in der Psyche, dem Nistplatz des Bösen.

5. Akt: Die Umkehrung von LEBEN (1 Mos 3, 4 bis 8)

3, 4 Da sprach die Schlange zum Weibe:
Mitnichten werdet ihr sterben!
   5 Vielmehr weiß Elohim wohl, dass, sobald ihr davon esst,
dass dann eure Augen aufgetan werden
und ihr sein werdet wie Elohim,
die Erkenntnis von Gut und Böse habend.

Da sprach die Schlange ...

In der letzten Szene des vorigen Aktes hatte sich der Diabolos mit der hinterhältigen Frage eingeschlichen: *Sollte Elohim auch tatsächlich gesagt haben ... ?* Jetzt aber lügt er offen und öffnet gleich einen ganzen Sack voller Lügen: Elohim soll selbst Gut und Böse kennen, aber: *die Botschaft, die wir von ihm gehört haben, besteht in folgendem: GOTT ist Licht und in ihm ist keinerlei Finsternis (1 Joh 1, 5). Niemals lässt die Quelle aus derselben Öffnung Süßwasser und Meerwasser hervorfließen (Jak 3, 11).* Ferner wolle Elohim dem Menschen lediglich dieses Wissen vorenthalten, damit er nicht sein unsterbliches Bild und Gleichnis wird. Dazu erklärt Jesus: *Der Diabolos war schon immer ein Mörder des Menschen vom Ursprung her, und er hat keinen Bestand in der WAHRHEIT, weil keine Wahrheit in ihm ist. Immer wenn er die Lüge redet, redet er von seinen eigenen Dingen; denn er ist ein Lügner und der Vater des Irrtums* (Joh 8, 44).

6 Als nun das Weib sah, dass der Baum gut zu essen sei,
und dass er eine Lust sei für die Augen,
und dass der Baum begehrenswert sei,
um Einsicht zu gewinnen,
nahm sie von seinen Früchten und aß
und gab auch ihrem Mann bei ihr, und er aß.
7 Da wurden ihrer beiden Augen aufgetan,
und sie erkannten, dass sie nackend waren.

Als nun das Weib sah ...
Erkennen bedeutet im Hebräischen auch: sich eins machen mit etwas oder mit jemandem.
Der Mensch hat sich für den Baum Jahwes entschieden, die Früchte der materiellen Welt sind zu verlockend und allzu begehrenswert: *Wenn die Begierde dann empfangen hat, gebiert sie die Sünde. Und ist die Sünde dann an ihr Ziel gelangt, gebiert sie den Tod* (Jak 1, 15).
Sie erkannten, dass sie nackend waren: In den alten mesopotamischem Mythen sind die Bewohner des unterirdischen Totenreiches nackt, über und über bedeckt mit Staub, der Nahrung im Totenreich. Der Mensch hat sich also für die materielle Welt und ihre Sterblichkeit entschieden.
Von Jesus hören wir, dass er, bevor er zum Sohn des lebendigen Vaters (Log 50) wurde, in der Wüste, in Eden, 40 Tage lang fastete[36], sich also der Früchte dieser Welt, die ja im Bereich des Bösen liegt (1 Joh 5, 19), enthielt. Matthäus verdeutlicht diese Versuchung mit folgendem Bild: *Der Diabolos nahm ihn mit auf einen sehr hohen Berg und zeigte ihm alle Königreiche der Welt und ihre Pracht. Und er sprach zu ihm: Dies alles werde ich dir geben, wenn du niederfällst und mir huldigst* (Mt 4, 9).

---

[36] Vgl. Exkurs Fasten

Wenn der Mensch auf den Berg steigt, auf dem der Diabolos steht, ergeht es ihm, wie der Dichter[37] es ausmalt:

Auf dürrer Heide geht ein armer Wandersmann.
Kein kühlend Lüftchen weht, das ihn erquicken kann.
Er schaut landein, landaus, horcht – keine Quelle fließt,
blickt, sieht nicht Wald nicht Haus,
so schattend ihn umschließt.

Er kann nicht weitergehn, er sinkt aufs dürre Moos.
Doch sieh, auf Bergeshöhn erblickt er jetzt ein Schloss.
O Kranker, freue dich, das nimmt dich gastlich auf!
Er rafft zusammen sich, er eilt den Berg hinauf.

Und als er auf den Höhn, kein Schloss ersieht er mehr,
sieht eine Wolke stehn, die bald hinstirbt wie er.

Das menschliche Leben wird oft mit einer Pilgerreise verglichen. Jesus widerstand der Versuchung des Diabolos, er stieg immer wieder zur Versenkung und Meditation auf den Gottesberg[38]. Darum fährt Matthäus fort: *Und siehe, Engel traten herzu und dienten ihm* (Mt 4, 11). Engel aber sind Botschaften, Strahlen aus dem Lichtreich GOTTES, Informationen, geistige Ideen, die das Bewusstsein erleuchten.

So flochten sie sich Blätter vom Feigenbaum zusammen
und machten sich Schurze daraus.
8 Als sie nun Jahwe Elohims Schritte vernahmen,
wie er sich beim Tageswind im Garten erging,
da versteckten sich der Mensch und sein Weib
vor Jahwe Elohim
inmitten der Bäume des Gartens.

So flochten sie sich Blätter ...
Sie versuchen ihre Nacktheit zu verbergen und sich vor Jahwe Elohim zu verstecken: Sie sind in der Gottesferne, die als das Totenreich gilt:

---

[37] Justinus Kerner, Der Pilger
[38] Vgl. Exkurs Berg

Wohin soll ich gehen vor deinem Geist
und wohin soll ich fliehen vor deinem Angesicht? ...
Bettete ich mich bei den Toten,
siehe, so bist du auch da. ...
Spräche ich: Finsternis möge mich decken
und Nacht statt Licht um mich sein,
so wäre auch Finsternis nicht finster bei dir,
und die Nacht leuchtete wie der Tag.
Finsternis ist wie das Licht.   Ps 139, 7 ff

6. Akt: Die Umlehrung von WAHRHEIT (1 Mos 3, 9 - 4, 15).

3, 9 Jahwe Elohim aber rief den Menschen und sprach zu ihm:
    Wo bist du?
 10 Er erwiderte: Deine Schritte hörte ich im Garten;
    da fürchtete ich mich - ich bin ja nackend –
    und versteckte mich.
 11 Er aber sprach: Wer hat dir kundgetan,
    dass du nackend bist?
    Hast du von dem Baum gegessen,
    von dem zu essen ich dir verboten habe?
 12 Der Mensch sprach: Das Weib, das du mir beigesellt hast,
    die hat mir von dem Baum gegeben, da habe ich gegessen.

Jahwe Elohim aber rief ...
*Jeder, der Übles tut, hasst das Licht und geht nicht zum Licht, damit
seine Taten nicht zutage kommen* (Joh 3, 20). GOTT aber befiehlt der
Sünde, der Abweichung von seinem Gesetz, dass sie aus ihrem
Versteck hervorkommt, auf dass sie entlarvt werde.

Markion[39] (~ 85 nach), ein reicher Reeder aus Sinope am
Schwarzen Meer, dessen Vater dort Bischof war, erkannte in
dem von Jesus dem Christus verkündeten Gottesbild den GOTT
der »unbegreifbaren, reinen LIEBE«. Er ist der in dieser Welt des
Hasses unbekannte, ihr fremde GOTT. Doch in seiner LIEBE
überlässt er den Menschen nicht dem Demiurgen, dem
Schöpfer der materiellen Welt, sondern steigt aus seinen drei

---

[39] Vgl. Markion der Ketzer, in: Benninger, Befreit 217 ff

Himmeln, um diesem knechtenden Herrscher seine Kinder zu entziehen und sie in seine Ferne zu rufen, die dieser Welt ganz und gar fremd ist.

1945 wurden im oberägyptischen Nag Hammadi[40] in einem Tonkrug 51 Schriften gefunden, die aus dem ersten bis vierten Jahrhundert nach stammen. Unter diesen Schriften findet sich auch die »Apokalypse des Adam«, eine gnostische Schrift, die *als Zeugnis einer nicht-christlichen Gnosis eingestuft werden kann* (Lüdemann, Häretiker 307). Denn nach christlicher Lehre ist der Mensch von vornherein nicht das Kind des Demiurgen, sondern das Kind GOTTES: *Wir wissen, dass die gesamte Welt im Bereich des Bösen liegt, wir aber von GOTT abstammen* (1 Joh 5, 19). Denn der Mensch ist unsterblich, weil LEBEN unsterblich ist. Der Alptraum der Sterblichen ist es, was sterblich ist.

In dieser Apokalypse enthüllt Adam seinem Sohn Seth, wie Elohim in Gestalt dreier Männer[41] zu ihm gekommen war und ihm zurief: *Steh auf, Adam, von deinem Schlaf des Todes!* Er aber verblieb in der Gewalt des Demiurgen.

Nach dieser Apokalypse hatte Adam mit seiner Paargenossin Eva einst in Herrlichkeit und in der Erkenntnis des ewigen GOTTES gelebt hatte: *Wir glichen den großen ewigen Engeln, denn wir waren erhabener als der Gott, der uns geschaffen hatte, und die Kräfte, die mit ihm waren, jene, die wir nicht kannten.*
Darauf trennte uns Gott, der Herrscher der Äonen und der Kräfte im Zorn. ... Nach jenen Tagen war fern von mir und meiner Mutter Eva die ewige Erkenntnis des wahren Gottes. Seit jener Zeit lernten wir über tote Dinge, wir Menschen. Dann erkannten wir Gott [den Demiurgen], der uns erschaffen hatte. Denn wir waren seinen Kräften nicht fremd. Und wir dienten ihm in Furcht und Knechtschaft.
Danach wurden wir aber finster in unseren Herzen. Ich aber schlief in dem Denken meines Herzens.
Ich sah nämlich drei Männer vor mir, deren Gestalt ich nicht erkennen konnte, da sie nicht aus den Kräften des Gottes, der uns erschaffen hatte, stammten. Sie waren größer .. [Lücke] .. Herrlichkeit, und .. [Lücke] .. Menschen. Indem sie zu mir sprachen:
"Stehe auf Adam, von deinem Schlaf des Todes!" ... Als ich aber diese Worte von jenen großen Männern gehört hatte, jene, die bei mir

---

[40] Vgl. Exkurs Nag Hammadi
[41] Vgl. 1 Mos 18, 2

standen, da seufzten wir, ich und Eva, in unseren Herzen. Und der
Herr, der Gott, der uns geschaffen hatte, trat vor uns. Er sagte zu
uns: "Adam, weshalb seufzt ihr in euren Herzen? Wisst ihr nicht,
dass ich der Gott bin, der euch geschaffen hat? Und ich habe in euch
einen Geist des Lebens eingehaucht zu einer lebendigen Seele[42]."
Darauf kam eine Finsternis über unsere Augen. ... Darauf war in uns
zerstört die Schärfe der ewigen Erkenntnis. Und es verfolgte uns eine
Schwäche. Deswegen wurden die Tage unseres Lebens gering, denn
ich erkannte, dass ich unter die Macht des Todes gekommen war. ....
(Lüdemann, Häretiker 308 f).

13 Nun sagte Jahwe Elohim zum Weibe: Was hast du getan?
    Und das Weib erwiderte: Die Schlange hat mich verführt,
    da habe ich gegessen.
14 Da sprach Jahwe Elohim zur Schlange:
    Weil du das getan hast, seist du verflucht
    von allem Getier des Feldes,
    auf dem Bauch sollst du kriechen und Staub fressen
    dein Leben lang.
15 Und Feindschaft stifte ich zwischen dir und dem Weibe,
    zwischen deinem Samen und ihrem Samen,
    er trete dir nach dem Haupt,
    und du trachte ihm nach der Ferse.

Nun sagte Jahwe Elohim zum Weibe ...
Die Maler stellen es treffend dar, wenn sie die Schlange um den
Baum mit den verbotenen Früchten geringelt zeigen. Sie ist
Symbol für das Böse, das sich von Staub, vom Nichts, ernährt:
substanzlos und unwirklich, Nebel, der beim Aufgang des
Lichtes zu nichts wird. Zwischen ihr und dem wahren
Menschen herrscht immerwährende Feindschaft, beide können
nicht miteinander oder nebeneinander leben.
Es genügt nicht, das Böse zu meiden oder vor ihm zu fliehen,
also *Fersengeld zu geben*, die Schlange läuft hinter uns her. Wir
müssen ihr den Kopf zertreten, sie in den Staub treten, aus dem
sie besteht. Wir müssen ihre Nichtsheit erkennen. Das Böse ist
Finsternis und wird bekämpft mit den *Waffen des Lichtes* (Röm
13, 12). Unter dem Licht der göttlichen Ideen müssen sich die

---

[42] 1 Mos 2, 7

Ansprüche des Bösen in ihr natürliches Nichts auflösen: Jede göttliche Idee widerlegt eine gegenteilige Illusion. Da, wo die Schlange Sünde, Krankheit und Tod behauptet, herrscht in Wahrheit das Gesetz der Harmonie, der Gesundheit und des ewigen LEBENS; denn GOTT war und ist immer die einzige Gegenwart.

In einer Fabel des Äsop findet ein alter Bauer im Winter eine vor Kälte erstarrte Schlange. Voll Mitleid steckt er sie unter sein Hemd. Durch die Wärme kommt die Schlange wieder zu sich und sofort beißt sie den Bauern in die Brust. Der stirbt mit der späten Einsicht: *Es geschieht mir recht, da ich mit dem Bösen Mitleid hatte.* Der Dichter fügt dann die Lehre hinzu: *Die Fabel zeigt, dass sich das Böse nicht ändert, auch wenn man ihm mit dem größten Gutmenschentum begegnet.*

Der Mensch, Symbol für Bewusstsein, muss gegen den Diabolos, den Verleumder und Mörder des Menschen, den Kampf aufnehmen und sein Bewusstsein reinigen, wie die sechste Seligpreisung lehrt: *Selig die Reinen im Herzen; denn sie werden GOTT sehen.* GOTT schauen aber heißt: seine Widerspiegelung, sein Bild und Gleichnis sein.

16 Und zum Weibe sprach er:
Viel Mühsal und Seufzer schaffe ich dir,
mühselig sollst du Kinder gebären;
nach deinem Manne gehe deine Sehnsucht,
und er sei dein Herr.

17 Zum Menschen aber sprach er:
Weil du auf dein Weib gehört
und von dem Baume gegessen hast,
von dem ich dir geboten: Du sollst nicht davon essen:
Verflucht sei der Acker um deinetwillen,
mühselig sollst du dich von ihm ernähren,
solange du lebst.

18 Dorn und Distel lasse er dir wachsen,
und du musst dich nähren vom Kraut des Feldes.

19 Im Schweiß deines Angesichts
musst du dir Nahrung suchen,
bis zu zurückkehrst zum Acker;
denn von ihm bist du genommen.
Denn Staub bist du,

und zum Staub sollst du zurückkehren.

Und zum Weibe sprach er ...
Wir behalten im Gedächtnis: Die Paradies-Parabel ist eine Allegorie. Hier wird kein historisches Geschehen berichtet, als habe GOTT seine von ihm abgefallenen Geschöpfe tatsächlich zu Mühe und Schmerz verurteilt. Wir haben eine Allegorie vor uns, keine tatsächlichen Geschehnisse. Der gottgeschaffene Mensch ist niemals von seinem Schöpfer abgefallen, niemals hat ihm der Schöpfer seinen erteilten Segen in Fluch umgewandelt.

Am sechsten Schöpfungstag, dem Tag des Ideenbewusstseins, hatte Elohim dem Menschen *alles Samen bringende Kraut auf der ganzen Erde* gegeben: *Das sei eure Nahrung!* Nahrung des Menschen sollten die Samen tragenden Früchte der Erde sein.

Der »Same« ist Symbol für göttliche Ideen[43] und Auferstehung. Samen sind *die Kinder des Reiches* [GOTTES] (Mt 13, 38). Das Licht dieser Ideen soll den Menschen aus dem Adamstraum wecken und zum Auf(er)stehen bringen. Die göttlichen Ideen sind das »Brot des LEBENS«[44], die Früchte vom Baum des LEBENS.

Im Gebären seiner eigenen Ideen werden dem Menschen *Mühsal und Seufzer* vorhergesagt. Ihr Ertrag sind *Dorn und Distel*, Unkraut, denn sie werden nicht als *Kinder GOTTES*, sondern *aus dem Willen des Fleisches geboren* (Joh 1, 13). Adam muss sich nähren vom *Kraut des Feldes* wie die Tiere: von Unkraut. *Das Unkraut sind die Kinder* (Ideen) *des Bösen. Der Feind, der es sät, ist der Diabolos* (Mt 13, 38 f). Diese Ideen sind sterblich, vom Acker genommen wie Adam selbst. Daher führen sie nicht zum LEBEN, sondern zum Tod.

20 Und der Mensch nannte sein Weib Eva,
   denn sie ist die Mutter alles Lebendigen geworden.
21 Und Jahwe Elohim machte dem Menschen
   und seinem Weibe Kleider aus Fell und zog sie ihnen an.
22 Und Jahwe Elohim sprach;
   Nun ist der Mensch geworden wie einer von uns,
   dass er die Erkenntnis von Gut und Böse hat.

---

[43] Vgl. Exkurs Ideen
[44] Vgl.

Dass er jetzt nur nicht seine Hand ausstrecke
und auch von dem Baume des LEBENS nehme und esse
und dann für immer lebe!
23 Und Jahwe Elohim schickte ihn aus dem Garten Eden fort,
um den Acker zu bearbeiten, aus dem er genommen war.
24 Und er jagte den Menschen fort
und ließ im Osten des Gartens Eden die Cheruben lagern
und die Flamme des zuckenden Schwertes,
den Zugang zum Baum des LEBENS zu bewachen.

Und der Mensch nannte ...

Der Mensch glaubt nun, **er** sei der Schöpfer des Lebens. Damit
hat sich der Mensch endgültig den Baum des LEBENS verscherzt, dessen Samen tragende Früchte ihm ewiges LEBEN
geschenkt hätten. Mit dem Baum des LEBENS verschwindet nun
auch der Geistgott Elohim aus dem Drama und Es steht nur
noch Jahwe allein auf der Bühne.

Adam findet sich nun gekleidet in das Fell eines Tieres, dem am
sechsten Schöpfungstag *alles grüne Gras zur Nahrung* gegeben
war (1 Mos 1, 30). als solcher wird er am Ende der Szene aus der
Oase hinaus in die Steppe geschickt.

Aus dem Gilgamesch-Epos[45] kennen wir den Tiermenschen
Enkidu, *bedeckt mit Haar an seinem ganzen Leibe ... mit den
Gazellen nährt er sich von Gras*[46]. Nachdem er sieben Nächte mit
der Tempeldirne verbracht hat, *hatte er nun Wissen, er begriff ...
Da hub die Dirne an zu Enkidu: Klug bist du, Enkidu, nun wie ein
Gott.*

Adam nimmt die umgekehrte Entwicklung: Nachdem er vom
Baum der Erkenntnis des Guten und Bösen gegessen hat, ist er
auf die rein animalische Entwicklungsstufe des Bewusstseins
heruntergesunken und hält das Wissen um das menschlich
Gute und Böse für wahres Bewusstsein.

Statt für den Baum des LEBENS hat sich der Mensch für den
Baum der Erkenntnis des Guten und des Bösen entschieden. Er
hat sich so selbst aus der Oase mit all ihren Bäumen, *lieblich
anzusehen und gut zu essen,* und zugleich vom Baum des LEBENS
ausgeschlossen. Er wird in die Wüste gejagt.

---

[45] Vgl. Exkurs Gilgamesch-Epos
[46] Zitate aus: Schmökel, Gilgamesch

Ab jetzt lesen wir auch von Elohim nichts mehr, denn die Wüste ist „diese Welt", und von ihr wissen wir, *dass die gesamte Welt im Bereich des Bösen liegt* (1 Joh 5, 19). Hier ist der Acker verflucht: *Mühselig sollst du dich von ihm ernähren, solange du lebst.*

4, 1 Und der Mensch erkannte Eva, sein Weib,
　　 und sie ward schwanger und gebar den Kain und sprach:
　　 Ich habe einen Mann hervorgebracht mit Jahwe.
　2 Und sie gebar dann weiter seinen Bruder, den Abel,
　　 und Abel wurde ein Schafhirt,
　　 und Kain wurde ein Ackerbauer.
　3 Und nach Verlauf einiger Zeit brachte Kain
　　 von den Früchten des Ackers Jahwe eine Gabe dar.
　4 Und Abel brachte seinerseits von den Erstgeborenen
　　 seiner Schafe dar,
　　 und zwar von ihrem Fett.
　　 Und Jahwe schaute auf Abel und sein Opfer,
　5 aber auf Kain und sein Opfer schaute er nicht.
　　 Da wurde Kain sehr zornig,
　　 und es senkte sich sein Antlitz.
　6 Und Jahwe sprach zu Kain: Warum bist du zornig,
　　 und warum senkt sich dein Antlitz?
　7 Ist es nicht so: Wenn du recht handelst,
　　 trage dein Antlitz hoch.
　　 Handelst du aber nicht recht,
　　 so lauert die Sünde am Eingang,
　　 und nach dir steht ihr Begehr.
　　 Du aber musst über sie Herr werden.

Und der Mensch erkannte Eva ...
Eva gebiert den Kain. Sie hat vom Baum der Erkenntnis des Guten und des Bösen gegessen und weiß daher, dass es ein Kind Jahwes ist genau wie ihr zweiter Sohn Abel: der eine sündig, der andere gottgefällig. Warum aber wird das Opfer Kains verschmäht, das von Abel aber angenommen?
Kain senkt sein Antlitz nach unten, er schaut auf die Früchte, die der verfluchte Acker hervorbringt. Abel aber hütet seine Herde: Er wacht über seine Gedanken wie die Hirten von Bethlehem, die in der Finsternis der mentalen Nacht die Geburt

des Christus erleben (Lk 2, 8 f). Die Felder, auf denen für das LEBEN geerntet wird, sind oben: *Schaut nach oben und betrachtet die Felder: Sie sind weiß zur Ernte. Schon jetzt erhält seinen Lohn, wer erntet, und er fährt Frucht ein zum ewigen LEBEN* (Joh 4, 35 f), sagt Jesus der Christus.

Die Götter des Alten Orient brauchen die Opfergaben des Menschen, sie haben ihn zu diesem Zweck, zu Gottesdienst und Opfer, geschaffen. Das in seinem Fett brutzelnde Fleisch ist für die Götter ein Wohlgeruch. *Jahwe roch den lieblichen Geruch,* als ihm der aus der Sintflut gerettete Noah ein Brandopfer darbrachte (1 Mos 8, 20 f).

Auch dies hat sein Vorbild im Gilgamesch-Epos: Hier opfert der Sintflutheld Utnapischtim allerdings nur Weihrauch aus Süßrohr, Zeder und Myrte[47]:

> Die Götter aber rochen ihren Duft,
> sie rochen dieses Opfers süße Düfte.
> Es scharten sich alsbald den Fliegen gleich
> die hehren Götter um den Opferspender.

8 Und Kain sprach zu seinem Bruder Abel.
 Und als sie einmal auf dem Felde waren,
 erhob sich Kain wider seinen Bruder Abel
 und erschlug ihn.
9 Und Jahwe sprach zu Kain: Wo ist dein Bruder Abel?
 Er antwortete: Ich weiß nicht,
 bin ich meines Bruders Hüter?
10 Er aber sagte: Was hast du getan!
 Das Blut deines Bruders schreit zu mir vom Acker.
11 Und nun seiest du verflucht von dem Acker hinweg,
 der seinen Mund aufgetan,
 um das Blut deines Bruders von deiner Hand
 zu empfangen.
12 Wenn du den Acker bearbeitest,
 wird er dir nicht mehr seinen Ertrag geben.
 Unstet und flüchtig sollst du sein auf der Erde.
13 Da sprach Kain zu Jahwe:
 Meine Strafe ist zu groß, als dass ich sie tragen könnte.
14 Siehe, du verjagst mich jetzt von dem Ackerboden,

---

[47] Schmökel, Gilgamesch 103

und vor deinem Antlitz muss ich mich verbergen,
und ich muss unstet und flüchtig sein auf der Erde,
und jeder, der mich findet, kann mich totschlagen.
15 Aber Jahwe antwortete ihm:
Darum, wenn einer Kain totschlägt,
so wird das siebenmal gerächt.
Und Jahwe verlieh dem Kain ein Zeichen,
damit ihn nicht erschlagen könne jeder, der ihn finde.

Und Kain sprach ...
*Wenn jemand sagt, er liebe GOTT, hasst aber seinen Bruder, ist er ein
Lügner. Wenn einer seinen Bruder, den er vor Augen hat, nicht liebt,
dann kann er GOTT, den er nicht vor Augen hat, nicht lieben. Und
dieses Gebot haben wir von ihm: Wer GOTT liebt, liebt auch seinen
Bruder* (1 Joh 4, 20 f).
Oft fragen wir uns bei abscheulichen Verbrechen: Warum ließ
Gott dies zu? Warum hat Gott nicht eingegriffen? Wir haben
gesehen: Wenn der Mensch den Baum der Erkenntnis des
Guten und des Bösen gewählt und sich damit den *Zugang zum
Baum des LEBENS* verscherzt hat (3, 24), ist er auch vom Geistgott
Elohim abgeschnitten, er hat sich für den »Fürsten dieser Welt«
entschieden und unterliegt nun seinen Gesetzen. Vielleicht liegt
hier die Antwort auf die oben gestellten Fragen?
Erst Jesus der Christus wird mit seinem Ruf zur Metánoia, zum
Umdenken[48], wieder den Weg zum Baum des LEBENS zeigen.

Alle Kriege der Menschen sind Brudermord. Gibt es „gerechte
Kriege"? Der Sieger setzt sich immer ins Recht, denn er schreibt
ja die Geschichte. Phaedrus sagt am Ende seiner Fabel vom
Wolf und dem Lamm, dass sich seine Verse gegen die richten,
die mit erfundenen Vorwänden Unschuldige überwältigen.
Kain steht für das Böse, ihm steht Abel als das Moralische
gegenüber. Das Moralische, nämlich ein guter und gerechter
Mensch zu sein, bietet keinerlei Schutz in „dieser Welt". Da
stürzte z.B. in Jerusalem der Turm von Siloah ein und begrub
18 Menschen unter sich. Jesus sagte dazu: *Meint ihr, sie waren
schuldig vor allen anderen Menschen, die in Jerusalem wohnen?*

---

[48] Vgl. Benninger, Befreit Kap 4.8

Nein, sage ich euch, vielmehr werdet ihr alle, wenn ihr nicht umdenkt, genauso zugrunde gehen (Lk 13, 4 f). Und wenn noch das Moralische mit dem Bösartigen zusammentrifft, gilt das Recht des Stärkeren: *Was Gewalt und Schlechtigkeit in Angriff nehmen, ist dem Untergang geweiht* (Phaedrus).

Das Paradies ist eine Oase in der Wüste „dieser Welt". Hier hat der Mensch noch die Wahl zwischen dem Baum Elohims, dem Baum des LEBENS, und dem Baum der Erkenntnis des Guten und des Bösen, dem Baum des Demiurgen. Mit der Wahl dieses Baumes verlässt der Mensch die Oase, er hat die Wüste gewählt, wo der Diabolos und seine unreinen Geister herrschen. Es ist das Reich des »Fürsten dieser Welt«, wo Gewalt vor Recht geht.

Wer erkannt hat, dass die Kreuzigung Jesu kein Opfertod war, steht jetzt natürlich vor den Frage: Warum musste Jesus der Christus die Kreuzigung erleiden, wo doch Johannes sagt: *Wer aus GOTT geboren wurde, der orientiert sich an ihm, und der Böse bekommt ihn nicht zu fassen* (1 Joh 5, 18). Jesus war der Vollendete und er konnte von sich sagen: *Es kommt der Herrscher über diese Welt, doch in mir ist nichts, was ihm gehört* (Joh 14, 30).

Als er am Kreuz hing, wurde er von Vorübergehenden verhöhnt mit den Worten: *Andere hat er gerettet, sich selbst kann er nicht retten. Ist er ein König von Israel, dann soll er doch herabsteigen vom Kreuz, und wir wollen an ihn glauben* (Mt 27, 42). Für den katholischen Theologen Meinrad Limbeck war *Jesus wie viele andere gutmeinende Revolutionäre vor ihm. ... Es gibt keinen triftigen Grund, das Bild des Markusevangeliums abzuschwächen: Jesus war von Gott enttäuscht , als er starb* (Limbeck, Opfertod 66 f). (So tief ist die kirchliche Theologie inzwischen gesunken.) Jesus war der Vollendete, der Christus. Er war mit seinem Bewusstsein auf dem Gottesberg[49]. Wäre er dort geblieben, so wäre ihm, wie Johannes sagt, nichts geschehen. Aber er stieg herab und ging wieder in die Wüste „dieser Welt". Der Brief an die Hebräer sagt von Jesus: *Er hat anstelle der Freude, die er hätte haben können, die Schmach missachtet, das Kreuz ertragen und sich zur Rechten des Thrones GOTTES gesetzt* (Hebr 12, 2).

---

[49] Vgl. Exkurs Berg

Matthäus berichtet: *Und Jesus ging umher in allen Städten und Dörfern, lehrte in ihren Synagogen, verkündete die Botschaft vom Reich und heilte jede Krankheit und jedes Übel. Als er aber die Massen sah, empfand er Mitleid mit ihnen, denn sie waren erschöpft und zerstreut wie Schafe, die keinen Hirten haben* (Mt 9, 35 f). Jesus war bereit, aus Liebe zu denen, die er von ihren materiellen Fesseln loslösen wollte, um sie zu retten, sein Leben zu opfern: *Ich bin der gute Hirte. Der gute Hirte setzt sein Leben ein für seine Schafe. Wer nicht Hirte ist, sondern nur Lohnarbeiter, dem die Schafe nicht gehören, der sieht, wie der Wolf kommt, und er lässt die Schafe im Stich und flieht. Und der Wolf reißt und zerstreut sie* (Joh 10, 11 f). Jesus wusste: Wenn er wieder vom Gottesberg ins Reich des Bösen hinabstieg, setzte er sich wieder der Gewalt des »Fürsten dieser Welt« aus. Jesus nahm aus Mitleid für die Menschen seinen Tod in Kauf, darin besteht sein Opfertod. Er wusste aber auch: *Darum liebt mich mein Vater, weil ich mein Leben ablege, um es wieder zu bekommen. Niemand hat es mir weggenommen, sondern ich lege es von mir aus ab. Ich habe die Fähigkeit, es abzulegen, und die Fähigkeit, es wieder zu bekommen* (Joh 10, 17 f).

Auch als er zornig wurde und die Händler aus dem Tempel trieb (Joh 2, 13 ff), hatte er *das Haus des HERRN* (Ps 23, 6) verlassen.

Als Sokrates vor Gericht stand und das Todesurteil zu erwarten war, weil er nicht an die hergebrachten Götter glaube und mit seinen Lehren die Jugend verderbe, sah auch er sich vor die Frage gestellt, ob er denn nicht Ruhe geben und einfach schweigen könne. Sokrates gab zur Antwort, dies hieße Gott ungehorsam zu sein, das aber könne er nicht. Denn sich tagtäglich über Vollkommenheit Gedanken zu machen, das mache das Leben für den Menschen erst lebenswert (Pl Apol 37 e ff).

Sokrates stieg wie später Jesus wieder aus der Höhe der göttlichen Ideenwelt in die unterirdische Höhlenwelt hinab, um die Menschen aus ihrer Fesselung zu lösen und ihnen die Augen für die Wahrheit zu öffnen. Auch er büßte es mit dem Tode[50].

---

[50] Vgl. Exkurs Platons Höhlengleichnis

Am sechsten Schöpfungstag wird der Mensch von seinem Schöpfer, dem Geistgott Elohim, gesegnet (1 Mos 1, 28). Kain dagegen wird in diesem sechsten Akt von Jahwe verflucht. *Unstet - flüchtig - verjagt - unstet - flüchtig*: Die geistige Evolution erzwingt, falsche und veraltete Begriffe von WAHRHEIT und LIEBE aufzugeben und das neue Paradigma anzunehmen; ducunt volentem fata, nolentem trahunt (Seneca) – das Schicksal leitet den Willigen, den Unwilligen schleift es mit sich. WAHRHEIT toleriert einen irrigen Begriff von WAHRHEIT und LIEBE nicht neben sich und lässt ihn nicht in Ruhe, wie der es gerne hätte (Mt 8, 29 und 12, 43), sondern jagt ihn über die Erde, bis er sich selbst zugrunde richtet, d.h. sich selbst als das offenbart, was er in Wahrheit ist: ein Nichts: *Dieses Weltbild ist jetzt in der Krise, jetzt muss der Herrscher über diese Welt verbannt werden* (Joh 12, 31).

Kain darf nicht erschlagen werden: Nicht der Mensch ist das Böse, dem der Kopf zertreten werden müsste, sondern *es ist die alte Schlange, der Diabolus und Satan* (Off 20, 2). Die Tötung eines Menschen trifft das Opfer und nicht den eigentlich Schuldigen, und sie zieht 7-fache Blutrache nach sich. 7-fach: Sie verstößt gegen alle Ideen der 7 Synonyme für GOTT.

7. Akt: Die Umkehrung von LIEBE (1 Mos 4, 16 bis 24)

4, 16 Und Kain ging weg von Jahwes Antlitz.
     Und er ließ sich nieder im Lande Nod
     östlich von Eden.

Und Kain ging weg ...
Der letzte Akt des Dramas zeigt, wie die falsche Wahl des Adamsmenschen in die Katastrophe führt.
Östlich von Eden: Wenn im Osten die Sonne des göttlichen LOGOS aufgeht, bringt sie Licht ins mentale Dunkel, *und die Finsternis kann es nicht überwältigen* (Joh 1, 5). Der Prophet Hesekiel sieht Gott aus dem Osten kommen, um alle Gräuel des Götzendienstes zu vernichten: *Und siehe, die Herrlichkeit des Gottes Israels kam von Osten und brauste, wie ein großes Wasser braust, und es ward sehr licht auf der Erde von seiner Herrlichkeit.*

Und es war ganz so wie das Gesicht, das ich geschaut hatte, als der Herr kam, um die Stadt zu zerstören (Hes 43, 2 f; Luther 84).
Nach Elohim verlieren Kain und seine Nachkommen auch Jahwe aus den Augen. Kain will seinem unsteten und fluchtartigen Leben entkommen und lässt sich nieder im Lande Nod. Umsonst, auch hier kann er keine endgültige Ruhe finden, wie sie der 7. Schöpfungstag verheißt; denn Nod heißt: Ruhelosigkeit. Wie könnte Ziellosigkeit jemals zur Ruhe und zur Erfüllung des siebten Tages finden?

4, 17 Kain aber erkannte sein Weib, und sie ward schwanger
     und gebar den Henoch,
     und er wurde der Erbauer einer Stadt
     und nannte den Namen der Stadt
     nach dem Namen seines Sohnes Henoch.
  18 Und dem Henoch wurde Irad geboren,
     und Irad erzeugte den Mechujael,
     und Mechujael erzeugte den Metuschael,
     und Metuschael erzeugte den Lamech.
  19 Lamech nahm sich aber zwei Weiber,
     der Name der einen war Ada,
     und der Name der anderen Zilla.
  20 Ada gebar den Jabal;
     der ist der Vater derer, die in Nomadenzelten wohnen.
  21 Und der Name seines Bruders war Jubal;
     der ist der Vater aller, die Zither und Flöte spielen.
  22 Zilla aber gebar den Tubal-Kain;
     der ist der Vater aller, die Erz und Eisen hämmern.
     Und die Schwester Tubal-Kains war Naama.

Kain aber erkannte ...
Der Stammvater Kain erbaut eine Stadt (meist ist damit ein Stadtstaat gemeint). Stadt[51] ist auch ein Symbol für kollektives Bewusstsein. Denn das Überleben einer Stadt setzt ein gemeinsames Bewusstsein, gemeinsame Werte und Normen voraus. Nur ein gemeinsames Rechtsempfinden bewahrt sie vor dem Zerfall. So lehrt Jesus: *Jedes Reich, das mit sich selbst uneins wird,*

---

[51] Vgl. Exkurs Haus

wird verwüstet. Und jede Stadt oder jedes Haus wird keinen Bestand haben, wenn es mit sich uneins geworden ist (Mt 12, 25).
Zither und Flöte stehen für Musik, Kunst und Kultur, Erz und Eisen für das Handwerk. Nützliche Dinge „dieser Welt", die aber per se noch nicht zum ewigen LEBEN führen. So erzählte ja auch Adam seinem Sohne Set in der »Apokalypse des Adam«: *Nach jenen Tagen war fern von mir und deiner Mutter Eva die ewige Erkenntnis des wahren Gottes. Seit jener Zeit lernten wir über tote Dinge, wir Menschen.*

23 Und Lamech sprach zu seinen Weibern:
Ada und Zilla, hört meine Rede!
Ihr Weiber Lamechs, vernehmt meinen Spruch!
Einen Mann erschlage ich für meine Wunde
und einen Jüngling für meine Strieme.
24 Wenn Kain siebenmal gerächt wird,
so rächt sich Lamech siebenundsiebzigmal.

Und Lamech sprach ...
Das zweite Buch Mose ist älter als die Paradiesgeschichte, die ja erst vom Redaktor komponiert wurde. Dort war von Jahwe verfügt: *Entsteht ein dauernder Schaden, so sollst du geben Leben um Leben, Auge um Auge, Zahn um Zahn, Hand um Hand, Fuß um Fuß, Brandmal um Brandmal, Beule um Beule, Wunde um Wunde* (2 Mos 21, 23 ff; Luther 84). Bei Kain sollte sein Totschlag 7-fache Blutrache nach sich ziehen.
Lamech ist das 7. Glied, von Adam an gerechnet. Er prahlt vor seinen beiden Frauen: *Einen Mann erschlage ich für meine Wunde und einen Jüngling für meine Strieme. Wenn Kain siebenmal gerächt wird, so rächt sich Lamech 77 mal.* Die Blutrache hat also am Ende apokalyptische Ausmaße angenommen.
Karl R. Popper (1902-1994), der zu den bedeutendsten Philosophen des letzten Jahrhunderts zählt, sagte: *Das Grauen geht weiter: Die Flüchtlinge aus Vietnam; die Opfer von Pol Pot in Kambodscha; die Opfer der Revolution im Iran; die Flüchtlinge aus Afghanistan: Immer wieder werden Menschen, Kinder, Frauen und Männer, die Opfer von machttrunkenen Fanatikern. ... Warum glaube ich, dass wir, die Intellektuellen, helfen können? Einfach deshalb, weil wir, die Intellektuellen, seit Jahrtausenden den grässlichsten Schaden gestiftet haben. ... Der marxistische Kommunismus ist nur das*

schrecklichste Beispiel eines solchen Versuches, den Himmel auf Erden zu verwirklichen: Es ist ein Experiment, von dem wir lernen, wie leicht die, die sich anmaßen, den Himmel auf Erden zu verwirklichen, die Hölle verwirklichen können (Popper, Suche 214 und 240).

Wir sehen immer wieder, was geschieht, wenn Adam, der Mensch aus Erde, den Acker bearbeitet (2, 5) und dabei der Schlange Gehör schenkt (3, 6). Die Chaosschlange, die Summe alles Bösen, war zu Anfang noch eine Schlange, der Eva den Kopf hätte zertreten können, in der Apokalypse ist sie *ein großer roter Drache, der hatte 7 Häupter und zehn Hörner und auf seinen Häuptern 7 Kronen* (Off 12, 3).

In der Christlichen Bibel, dem Neuen Testament, belehrt Jesus den Petrus auf dessen Frage, wie oft man verzeihen müsse: *Nicht bis zu 7 mal, sondern bis zu 77 mal* (Mt 18, 22).

Wenn ein falsches Weltbild untergeht, nehmen seine Irrtümer immer monströsere Ausmaße an.

Wenn es Abend wird, sagt ihr:
Es gibt schönes Wetter; denn es ist Abendrot.
Und am Morgen: Heute gibt es ein Unwetter;
denn der Himmel ist rot und trübe.
Über die Wetteraussichten könnt ihr urteilen,
über die Zeichen der Gegenwart könnt ihr es nicht!

Mt 16, 2 f

✳✳✳

Nicht nur durch die Namensnennung Jahwe Elohim, auch sonst wird dem aufmerksamen Leser klar geworden sein, dass die Paradiesgeschichte, die ja auf sehr alten mündlichen und schriftlichen Quellen beruht, erst nach der Niederschrift der Sieben Schöpfungstage und im Blick auf sie redaktionell bearbeitet wurde, wahrscheinlich vom Verfasser der Priesterschrift selbst.

Die Schöpfungstage legen die Schöpfung des Geistgottes Elohim dar, die Paradies-Parabel hingegen, vorgegeben in den alten Texten Mesopotamiens, die materielle Schöpfung Jahwes, der von den Gnostikern der »Demiurg« genannt wird. Zwei Schöpfungen, die sich diametral widersprechen.

Der Widerspruch muss dem Endredaktor der Jüdischen Bibel bewusst gewesen sein. Warum aber stellte er sie beide nebeneinander?

Denken wir daran: Beide „Schöpfungsberichte" wollen trotz ihrer Erzählweise in der Vergangenheitsform keine historischen Geschehnisse wiedergeben – es war doch keiner dabei. Der Redaktor stellt zwei Weltbilder einander gegenüber in der platonischen Einsicht: *Sie beide zusammen zu begreifen ist unabdingbar: Die Unwahrheit zusammen mit der Wahrheit des gesamten Seins - unter Aufwand jeglicher Mühe und mit großem Zeitaufwand* (7. Brief 344 b).

Die Paradiesparabel könnte man auch als Mythos oder Fabel bezeichnen, in der Götter, Menschen und Tiere als Akteure auftreten. Fabel von lateinisch fabula: Erzählung, Sage, Theaterstück, Drama.

Der Mythos erzählt etwas, was nie geschehen ist, aber immer geschieht, ein Drama, bei dem wir selbst uns auf der Bühne wie ein Beobachter sehen können. Wenn wir aus dem Paradies-Mythos lernen wollen, müssen wir sehen: Adam heißt Mensch (aus Erde), und dieser Mensch sind wir, solange wir, als Person maskiert, an eine falsche Identität glauben.

Die Paradies-Parabel ist als ein Drama in 7 Akten komponiert, entsprechend den 7 Schöpfungstagen. Es spielt auf der Bühne dieser Welt (dieses Weltbildes). Jeder, der fleischlich in „diese Welt" hineingeboren wurde, hat während seines Erdenwandels das Problem des Dualismus zu lösen. Er kann sich für Elohim oder für Jahwe entscheiden, für den Baum des LEBENS oder für den Baum der Erkenntnis von Gut und Böse.

All die verlockenden Bäume, *gut zu essen*, sind für den Menschen sein Brot, doch: *Der Mensch lebt nicht vom Brot allein, sondern von jedem Wort, das aus dem Munde GOTTES kommt* (Mt 4, 4). GOTT spricht, äußert, offenbart sich durch seine geistige Ideenschöpfung. Und diese Ideen wachsen am Baum des LEBENS, ein Angebot Elohims.

Daneben steht der Baum der Erkenntnis des Guten und des Bösen. Er bietet die menschlichen Ideen, besser Idole, an. Die Früchte dieses Baumes werden von der Chaosschlange angepriesen. Auch wenn sie schön aussehen, das ewige LEBEN spenden sie nicht. Die Chaosschlange hat schon im Gilgamesch-

Epos dem König das ewige Leben geraubt. Das Leben, das sie spenden, ist unstet, ziellos und ohne Sinn. Wer sich wie Adam für das materielle Weltbild entschieden hat, hat sich auch den Gesetzen der Materie unterstellt. Dieses Leben endet im Nihilismus und im nächsten Tod, er inkarniert in einem neuen sterblichen Körper, der nur ein neues *Grab der Seele* ist.

Der „Ketzer" Markion[52] hat es richtig gesehen: Elohim ist nach der verkehrten Wahl zwar nun der »fremde GOTT«, doch in seiner *unbegreifbaren reinen LIEBE* ruft er uns zu sich, zur Auferstehung aus dem Todesschlaf des Adam-Traumes, damit wir *aus der grauenvollen Heimat, zu der wir gehören, in seine selige Fremde* aufbrechen. Wir sollen dieses irdische „Paradies" verlassen. Der Christus ruft dazu auf: *Dieses Weltbild ist jetzt in der Krise, jetzt muss der Herrscher über diese Welt verbannt werden. Und wenn ich aus dem irdischen Bereich hinaus erhöht werde, werde ich alle an mich ziehen* (Joh 12, 31 f). *Wacht auf, und lasst uns von hier aufbrechen!* (Joh 14, 31)

Dabei ist die Fremde, in die wir gerufen werden, *nahe* - es bedarf lediglich der platonischen Periagogé[53] beziehungsweise der Metánoia[54], die Jesus der Christus predigte:

Man muss es so sehen: Das Reich GOTTES
ist eine Sache des rechten Bewusstseins.   Lk 17, 20 f

---

[52] Vgl. Benninger, Befreit 217 ff
[53] Änderung der Sichtweise
[54] Umdenken

Kapitel 8

Glaubt nicht, ich sei gekommen,
um das Gesetz oder die Propheten außer Kraft zu setzen.
Ich bin nicht gekommen, um außer Kraft zu setzen,
sondern, um zu ergänzen.
Mt 5, 17

Die Theologie der Schöpfungstage und die christliche Botschaft

Die Sieben Schöpfungstage geben keinen „Bericht", wie GOTT die Welt etwa gar in sieben Tagen geschaffen hätte; denn das Göttliche kennt weder Raum noch Zeit. Sie bedeuten sieben Erleuchtungen für ein noch unterbelichtetes menschliches Bewusstsein, damit wir *Kinder des Lichtes werden* (Joh 12, 36).
Betrachten wir nun die Schöpfungstage (1 Mos 1, 1 bis 2, 4) und vergleichen wir diese Erhellungen mit den Aussagen der Christus-Botschaft.

1. Tagwerdung: LOGOS

Im Anfang schuf Elohim Himmel und Erde. ... und der Geist Elohims *schwebte über den Wassern.*
Das Urprinzip der Welt ist der Geistgott Elohim. Er ist der alleinige Schöpfer des Universums. Was er nicht schafft, hat keine Wirklichkeit.

✳

Im Anfang schuf GOTT ... eine veraltete Ausdrucksweise, für uns nicht wörtlich zu nehmen. GOTT **hat** nicht geschaffen, GOTT **war** kein Schöpfer, vielmehr **ist** er der zeitlose, ewige schöpferische GEIST allen Seins. Jesus erklärte: *Mein Vater ist bis heute am Wirken, und ich wirke auch* (Joh 5, 17). Und das göttliche Wirken bewirkt nur Gutes und Vollkommenes. Jesus stellte bei dem, was „Wunder" genannt wird, die scheinbar gestörte Gesundheit, Harmonie und Freiheit der Kinder GOTTES wieder her.

Unser Vater, du bist im Himmel.

GOTT ist GEIST, und die ihn verehren,
müssen ihn in GEIST und WAHRHEIT anbeten.

Joh 4, 24

Jesus sagte: Wer nicht seinen Vater ablehnt
und seine Mutter, wird nicht mein Jünger sein können. ...

Log 55

Nennt auf der Erde niemand euren Vater,
denn nur einer ist euer Vater: der himmlische.

Mt 23, 9

Wenn einer nicht von oben gezeugt worden ist,
kann er das Reich GOTTES nicht sehen.   Joh 3, 3

✳

Und Elohim sprach: Es werde Licht*! ... Und Elohim schied das* Licht
von der Finsternis.
GOTT bringt Licht zur Orientierung in das Chaos der mentalen
Finsternis. Das Licht wird Tag genannt, die Finsternis Nacht.

✳

Am Anfang war[55] der LOGOS,
und der LOGOS war bei GOTT, und der LOGOS war GOTT.
...
In ihm war LEBEN,
und das LEBEN war für die Menschen das Licht.
Das Licht erleuchtet in der Finsternis,
und die Finsternis kann es nicht überwältigen.   Joh 1, 4 f

Jakobus nennt GOTT den »Vater der **Lichter**« (Jak 1, 17). Der
Vater, der Schöpfer des Lichtes, ist die Lichtquelle, aus der die
Lichter kommen. Diese Lichter sind die Ideen GOTTES, seine In-
formationen.

---

[55] Das griechische Wort für *war* ist definierendes Imperfekt.

In seinem Mythos von der Geburt des Christus berichtet Lukas
von Hirten, die in der Nacht bei ihren Herden Wache hielten:
Da trat ein Engel des Herrn zu ihnen,
und die Herrlichkeit des Herrn leuchtete rings um sie.
Und sie gerieten in großen Schrecken.   Joh 2, 9

Jesus beginnt mit der Verkündigung seiner Lehre nach der
Verhaftung Johannes des Täufers. Das Matthäus-Evangelium
zitiert an dieser Stelle aus dem Propheten Jesaja (9, 1):
Das Volk, das in der Finsternis saß,
hat ein großes Licht erblickt.
Und denen, die im Land des Todesschattens saßen,
ihnen ist ein Licht aufgegangen.   Mt 4, 16

Im Johannes-Evangelium spricht der Christus mehrmals davon,
dass er das »Licht der Welt« sei:
Ich bin für die Welt das Licht.
Wer sich mir anschließt, wird nicht in der Finsternis
wandeln, sondern er wird das Licht des LEBENS haben.
                    Joh 8, 12

Ich bin als Licht in die Welt gekommen, damit,
wer an mich glaubt, nicht in der Finsternis bleibt. Joh 12, 46

Jesus sagte: Wenn man zu euch sagt:
"Woher seid ihr gekommen?", sagt zu ihnen:
"Wir sind aus dem Licht gekommen,
dem Ort, wo das Licht durch sich selbst geworden ist." ...
Wenn man zu euch sagt: "Wer seid ihr?", sagt:
"Wir sind seine Söhne
und wir sind die Auserwählten des lebendigen Vaters".
                    Log 50

2. Tagwerdung: GEIST

An diesem 2. Tag wird die Feste, das Firmament, geschaffen. *Sie bilde eine Scheidewand zwischen den Wassern! Und es geschah so.* Die Elemente oben sind die göttlichen Ideen oder absoluten Konstanten, das *lebendige Wasser.* Psalm 23 sagt unter dem Ton von GEIST: *Er führet mich zum frischen Wasser* (23, 2). Auf diese Wasser spielt auch Jesus an, wenn er zu der Frau aus Samaria sagt: *Wer von dem Wasser trinkt, das ich ihm geben werde, den wird nicht dürsten in Ewigkeit, vielmehr wird das Wasser, das ich ihm geben werde, für ihn zu einem Quell von Wasser werden, das ins ewige LEBEN sprudelt* (Joh 4, 14).
Wenn ihr also mit dem Christus aufgewacht seid, sucht die Dinge oben, wo der Christus ist, der zur Rechten GOTTES sitzt. Richtet die Sinne auf die Dinge oben, nicht auf die der Erde, schreibt Paulus an eine Gemeinde in Phrygien (Kol 3, 1 f).

Die Elemente unten sind die Bausteine des materiellen Denkens. Beide Elemente werden strikt getrennt, sodass sie sich nicht vermischen können.
Die Feste wird Himmel genannt.

✳

GOTT ist GEIST, und die ihn verehren,
müssen ihn in GEIST und WAHRHEIT anbeten.   Joh 4, 24

Die »Feste« ist das Verständnis, das die oberen, göttlichen Elemente von den sterblichen Gedanken oder Illusionen zu scheiden weiß. Dabei bedeuten die Wasser unter der Feste »diese Welt«[56] mit ihren materiellen Gesetzen. Johannes schreibt:
Wir wissen, dass ... die gesamte Welt
im Bereich des Bösen liegt.   1 Joh 5, 19

Und Paulus weist darauf hin:
Was ein Mensch sät, das wird er auch ernten.
Was immer der Säende auf seine Materie sät:

---

[56] Vgl.

Er wird von der Materie das Sterben ernten.

Gal 6, 7 f

Niemand wird leugnen, dass in diesem Bereich das Böse erfahren wird. Die christliche Lehre rät hier zu Friedfertigkeit und Gewaltlosigkeit:
Soweit es an euch liegt, haltet Frieden mit allen Menschen.
Nehmt nicht selber Rache,
sondern überlasst sie dem Zorn [GOTTES].   Röm 12, 17

Denn unser Kampf ist kein Kampf gegen Fleisch und Blut,
sondern gegen die Machtbereiche,
gegen die Herrschaftsansprüche,
gegen die Weltherrscher dieser Finsternis,
gegen die bösartigen mentalen
Mächte unter dem Himmel.   Eph 6, 12

Der »Zorn GOTTES« ist das kybernetische Gesetz[57], wonach sich das Widergöttliche bis in die Selbstvernichtung hineinsteigern muss.

Dein Name soll geheiligt werden.

Der Bereich des Göttlichen wird als heilig bezeichnet. Er ist durch die »Feste« von profanen Bereich »dieser Welt« abgetrennt. Im heutigen Verständnis: die Welt des GEISTES ist multidimensional, sie kennt die Gesetze der physischen Welt von Raum und Zeit nicht:
(GEIST und Materie) sind Gegensätze.
Wenn euch aber der GEIST leitet, seid ihr nicht unter
dem Gesetz [der Materie].   Gal 5, 17 f

Denn was hat die Gerechtigkeit
mit der Gesetzlosigkeit zu schaffen?
Oder welche Gemeinschaft gibt es für das Licht mit der
Finsternis?   2 Kor 6, 14

Wer wird hinaufsteigen auf den Berg des Herrn,

---

57 Vgl.

und wer wird seinen heiligen Ort betreten?
Wer schuldlos ist an seinen Händen
und rein in seinem Herzen,
Wer sein Bewusstsein nicht vom Wahnhaften
genommen hat. Ps 24, 3 f

GOTT wird seit alters mit dem für das menschliche Auge unsichtbaren weißen Licht verglichen:
Der Selige und allein Mächtige,
der König der Regierenden und HERR der Herrschenden.
Er hat allein Unsterblichkeit
und wohnt in unzugänglichem Licht.
Ihn hat keiner von den Menschen je gesehen,
noch ist er befähigt, ihn zu schauen.
Ihm ist Ehre und ewige Macht eigen. 1 Tim 6, 15 f

Wer den GEIST der WAHRHEIT leugnet, begeht nach christlicher
Lehre eine Todsünde: *Was immer der Säende auf seine Materie sät:
Er wird von der Materie das Sterben ernten. Wer aber auf den GEIST
sät, der wird vom GEIST das ewige LEBEN ernten* (Gal 6, 8). Sie ist
unverzeihlich, solange sie nicht korrigiert wird:
Jeder Verstoß und jede Schmähung
wird den Menschen vergeben werden,
aber die Schmähung gegen den GEIST
wird keine Vergebung finden. ...
Jeder aber, der gegen den heiligen GEIST redet,
der wird keine Vergebung finden,
weder in dieser Welt noch in der künftigen. Mt 12, 31 f

Niemand schafft es, **zwei** Herren zu dienen.
Entweder wird er einen ablehnen und den anderen lieben,
oder er wird sich an einen halten
und den anderen abweisen.
Ihr könnt nicht GOTT dienen **und** dem Materiellen.
Mt 6, 24

Jesus der Christus sah seine Mission darin, das Bild von einem
persönlichen Gott und einem materiellen Menschen zu
zerstören. Johannes der Täufer sagt über den Christus vorher:
Ich taufe euch im Wasser zur Umkehr.

Der aber nach mir kommt, hat mehr Kraft als ich. ...
Er wird euch im heiligen GEIST und im Feuer taufen.

Mt 3, 11

GOTT, GEIST, ist *ein verzehrendes Feuer* (Hebr 12, 29).

Im Brief an Titus heißt es:
[GOTT] hat er uns gerettet durch das Bad der
Wiedergeburt und Erneuerung des heiligen GEISTES,
den er reichlich auf uns gegossen hat
durch Jesus Christus, unseren Retter.

Tit 3, 5 f

Entsprechendes aus dem Mund von Jesus dem Christus:
GEIST ist es, was lebendig macht, das Materielle ist nutzlos.

Joh 6, 63

Glaubt ja nicht, ich sei gekommen, um Frieden auf die
Erde zu werfen, ich bin nicht gekommen, um Frieden auf
die Erde zu werfen, sondern das Schwert.

Mt 4, 34

Wer mir nahe ist, der ist dem Feuer nahe.
Und wer mir fern ist, ist dem Königreich fern.

Log 82

Feuer auf die Erde zu werfen, dazu bin ich gekommen;
und was wollte ich lieber, als dass es schon entfacht ist?

Lk 12, 49

Ich habe Feuer über die Welt geworfen,
und siehe, ich hüte es, bis sie brennt.

Log 10

3. Tagwerdung: SEELE

Die Wasser unter der Feste müssen abfließen, damit das
Trockene sichtbar wird. Das Trockene ist das, was konkret
geworden ist, eine gesicherte Identität angenommen hat. Es
wird **Erde** genannt, die abgeflossenen Wasser Meer.
Aus der Erde kommen Pflanzen, die Samen tragen, Samen, die
immer wieder Pflanzen *in ihren Arten* hervorbringen sollen.

[In den ägyptischen Schriften beginnt die Schöpfung damit, dass der »Urhügel« aus dem Urschlamm heraussteigt. In Babylonien formte man für den Bau der Tempeltürme aus Lehm Backsteine, denen in der Sonne das Wasser entzogen wurde, sodass sie Festigkeit und bleibende Form bekamen. In der Jüdischen Bibel ist der »Horeb« der Gottesberg. Horeb bedeutet trocken. Der »Same« ist in Ägypten Symbol für Auferstehung.]

✳

In der Offenbarung sieht Johannes, wie nach vielen Plagen, die das alte materielle Weltbild zerstören müssen, ein neues Weltbild Wirklichkeit wird:
> Und ich sah einen neuen Himmel und eine neue **Erde**;
> denn die ursprüngliche Vorstellung von Himmel
> und das ursprüngliche Weltbild
> gehört der Vergangenheit an,
> und das Meer gibt es nicht mehr.   Off 21, 1

Das Chaoswasser wird also endgültig verschwinden, und die wahre Identität der **Erde** wird offenbar sein. Jesus beginnt sein öffentliches Lehren mit den Worten:
> Ändert euer Weltbild; denn das Himmelreich ist nahe.
>   Mt 4, 17

Was bedeutet dieses *nahe*? Steht das Kommen des Himmelreiches zeitlich nahe bevor? Oder ist es zum Greifen nahe?
Da der Vater/Schöpfer GEIST ist, müssen wir auch seine Schöpfung, seine Selbstoffenbarung, als rein geistig verstehen, und GEIST ist allgegenwärtig:
> Das Reich des Vaters ist ausgebreitet über die **Erde**,
> und doch sehen es die Menschen nicht.   Log 113

Der Meister muss die eigenen Schüler tadeln, weil sie als Juden auf ein weltliches Reich GOTTES warten. Der Meister will aber etwas ganz anderes sagen:
> Merkt ihr es immer noch nicht
> und versteht ihr es immer noch nicht?
> Habt ihr noch immer ein verschlossenes Herz?
> Ihr habt Augen und seht nicht,
> ihr habt Ohren und hört nicht.   Mk 8, 17 f

Das Reich GOTTES ist bereits da. Es ist nicht mit den physischen Augen zu sehen, sondern nur mit dem Auge des Geistes[58] zu begreifen, es ist eine Sache des rechten Bewusstseins:
Man wird auch nicht sagen: Schau dahin! Schau dorthin!
Man muss es so sehen:
Das Reich GOTTES ist in eurem Innern.   Lk 17, 20 f

Was der Mensch Wunder nennt, geschieht mit der *Kraft des GEISTES* (Lk 4, 14). Was ist das, die *Kraft des GEISTES*? Es ist die Vollmacht, die GOTT, GEIST, seinem Bild und Gleichnis, dem Menschen des sechsten Schöpfungstages überträgt, die Vollmacht über die gesamte Schöpfung: *Macht euch die Erde untertan und herrschet über die Fische des Meeres und über die Vögel der Himmel und über alles Getier, das sich auf der Erde bewegt!* (1 Mos, 1,28)
Jesus wusste mit dieser Kraft die physischen Gesetze außer Kraft zu setzen und lehrte seine Schüler, selbst diese Kraft hic et nunc einzusetzen:
Wenn ich in GEIST, GOTT, die dämonischen Mächte austreibe, dann ist doch das Reich GOTTES
schon bei euch angekommen.   Mt 12, 28

Macht eure Augen auf und betrachtet die Felder:
Sie sind weiß zur Ernte. Schon jetzt erhält seinen Lohn, wer erntet, und er fährt Frucht ein zum ewigen LEBEN.
Joh 4, 35 f

Das »Trockene« bedeutet Identität, göttliche Identität, denn der HERR wohnt auf dem Berg Horeb (trocken). Auch der »Same« bedeutet Identität, allerdings in noch weitergehenderem Sinne: Aus der vom Baum gefallenen Eichel wird wieder eine Eiche mit vielen Eicheln; aus dem in die Erde gefallenen Weizenkorn wächst wieder Weizen mit vielen Weizenkörnern, *jedes nach seiner Art.* Same steht also für Auferstehung und dauernder Wahrung der Individualität.

Außerdem ist der »Same« auch Symbol für Auferstehung. Am dritten Tag stieg der Urhügel der Schöpfung aus den unteren

---

[58] Vgl. Exkurs GEIST und Geist

Wassern, das »Trockene«, von GOTT »Erde« genannt. Die Erde aber ist, wie wir oben gesehen haben, das Reich GOTTES, das Ideenreich.

Nach der Taufe durch Johannes steigt Jesus aus dem Wasser hinauf ans Trockene, und er wird von GOTT als sein Sohn identifiziert. Jesus ist also der Auferstandene, der Christus:

> Und sofort stieg er aus dem Wasser heraus,
> und er sah, wie sich der Himmel teilte
> und der GEIST wie eine Taube auf ihn herabstieg.
> Und eine Stimme aus dem Himmel sagte:
> Du bist der Sohn meiner LIEBE,
> an dir habe ich mein Wohlgefallen gefunden.   Mk 1, 10 f

Die »Taube« soll an die Taube erinnern, die dem Mose nach der Sintflut verkündet, dass die Wasser verlaufen sind und *die Erde ganz trocken* war (1 Mos 8, 13 f).

Was aber bedeutet Auferstehung?[59] Soll sich das Materielle vergeistigen? Jesus gibt die Antwort: *Was aus Materie entstanden ist, das ist Materie* (Joh 3, 6). Aus Materie wird also nichts Geistiges:

> Noch keiner hat den Aufstieg in den Himmel geschafft
> außer dem, der aus dem Himmel herabgestiegen ist:
> die Idee Mensch, die (immer) im Himmel **ist**.   Joh 3, 13

Die Lösung finden wir bei Matthäus (16, 25), besser noch als bei ihm aber bei Johannes, weil Johannes die Feinheiten des Griechischen besser beherrscht. Johannes greift auch das Bild vom »Samen« auf:

> Wenn das Getreidekorn nicht in den Boden fällt und stirbt,
> dann bleibt es allein.
> Wenn es aber stirbt, bringt es viel Frucht.
> Wer sein Leben (psyché) liebt, richtet es zugrunde.
> Und wer sein Leben (psyché) in dieser Welt geringschätzt,
> der wird es ins ewige LEBEN (zoé) hinüberretten.
>   Joh 12, 24 f

---

[59] Ausführlich dargelegt in: Benninger, Befreit 166 ff

Johannes weiß zu unterscheiden zwischen psyché = biologisches Leben und zoé = geistiges, ewiges LEBEN, das GOTT ist. Auferstehung ist Absterben des materiellen Ego, der Schöpfung der menschlichen Psyche, und Aufstieg zum wahren Selbst, der ewigen Identität des Menschen: *Ich* [Christus] *bin die Auferstehung und das LEBEN* (Joh 11, 25).

Die Auferstehung muss in diesem Erdenleben stattfinden:
Selig und heilig ist, wer teilnimmt
an der ersten Auferstehung;
über sie hat der weitere Tod keine Macht.

Off 20, 6

In der dritten Seligpreisung heißt es: *Aussätzige werden rein.* Die scheinbar entstellte Identität des Menschen wird wieder hergestellt. Das wahre Selbst des Menschen ist ewig gewahrt und unverlierbar, sie ist das Bild und Gleichnis GOTTES, Christus genannt. Bei Johannes spricht der Christus von seiner *Herrlichkeit, die ich hatte, bevor es die Welt gab* (Joh 17, 5). Ein andermal sagt er von sich: *Wahrlich, wahrlich, ich sage euch: Ich bin schon, bevor es Abraham gegeben hat* (Joh 8, 58).

4. Tagwerdung: PRINZIP

Das große holarchische System der Himmelsleuchten. Die große Sonne für den Tag, der kleinere Mond für die Nacht, dazu die Sterne, geordnet zu den 12 großen Sternbildern. Sie sind am Firmament befestigt: Jedem menschlichen Zugriff entzogen. Sie teilen alles ein in Jahre, Jahreszeiten, Monate und Tage; eine große verlässliche Uhr der Lichter, *um die Erde zu erleuchten:* Sie sind die Fixpunkte zur Orientierung der Schifffahrt bei Nacht: Universelle ethische Konstanten zur Lenkung des Lebensschiffleins.
Die Erde hatte 4 Ecken, 4 Winde (z.B. Off 7, 1) gaben die Himmelsrichtungen vor: Nach ihnen richteten sich die Fundamente der Tempeltürme und der Pyramiden. Beliebt war die Anordnung: Norden, Osten, Süden, Westen (Hesekiel 47, 17 ff; 48, 30 ff). Im Norden steht unverrückbar der helle Polarstern, um ihn drehen sich die Zirkumpolarsterne, in Ägypten die

Unsterblichen genannt, weil sie, von dort aus gesehen, niemals untergehen: ein ewiges zyklisches Geschehen.

Besonders wichtig für die Landwirtschaft war die Berechnung der Jahreszeiten. Damit begann die Geometrie, die Mathematik und die Wissenschaft überhaupt. Aus der Astrologie, die den Willen der Götter erkundete, entwickelte sich die Astronomie. Aus Aussaat, Wachstum, Reife, Ernte entstanden erste Einsichten in das Gesetz der Kybernetik.

∗

Das griechische Wort arché bedeutet Anfang, Ursprung, Herrschaft. Prinzip bedeutet wie arché den Ausgangspunkt, von dem alles ausgeht und jeder Maßstab zu nehmen ist: das Grund-Prinzip eines Systems.

Was als »Reich GOTTES« bezeichnet wird, heißt wörtlich eigentlich »Königreich GOTTES«. Und dieses Reich ist über die Erde ausgebreitet. Es gibt also nicht zwei Bereiche: einen göttlichen und einen menschlichen, vielmehr ist alles Herrschaftsgebiet des Göttlichen. Darum sagt Jesus im Vaterunser:

**Dein Wille soll, wie im Himmel,
so auch auf der Erde geschehen!**

Entsprechend verkündet Paulus in Athen: *GOTT, der Schöpfer der Welt und von allem, was in ihr ist, ist der HERR über Himmel und Erde. Er ... hat doch allen Leben und Atem und alles gegeben. ... Er hat genaue Jahreszeiten festgelegt und die Grenzen ihres Wohnens. Sie sollen GOTT suchen, ob sie ihn fassen und ihn finden können, ihn, der ja nicht weit entfernt von jedem einzelnen von uns ist. Denn in ihm leben wir, in ihm bewegen wir uns, und in ihm haben wir unser Dasein* (Apg 17, 24 ff).

Die Schöpfungstage sprachen davon, dass die Leuchten am Himmel dazu da sind, *um die Erde zu erleuchten.* Wie wir oben sahen, spricht Platon von einem großen kosmischen Regelsystem einer göttlichen Ordnung, in die sich der Mensch einreihen muss. Handelt er entgegen diesen Gesetzen, so droht ihm das Scheitern.

Entsprechend lehrt auch Jesus der Christus:

Wahrlich, ich sage euch: Der Sohn ist nicht in der Lage,
irgend etwas von sich aus zu tun,
wovon er nicht sieht, dass es das Wirken des Vaters ist;
denn was immer jener tut,
das tut der Sohn in gleicher Weise.
Denn der Vater liebt den Sohn
und zeigt ihm alles, was er selbst tut.   Joh 5, 19 f

Beachten wir: Der **Sohn** handelt wie der Vater. Der Sohn
GOTTES ist jeder, der zu seiner wahren Identität gefunden hat
und zum Christus geworden ist. Die Sterblichen handeln
freilich oft so, wie es ihnen ihr Ego eingibt, darum liegt ja auch
die gesamte Welt im Bereich des Bösen (1 Joh 5, 19) und ihr
widergöttliches Handeln der Menschen nimmt stets ein böses
Ende. *Wir wissen, dass es für jeden, der aus GOTT stammt, kein
Abweichen gibt, sondern wer aus GOTT geboren wurde, der orientiert
sich an ihm, und der Böse bekommt ihn nicht zu fassen* (1 Joh 5, 18).

Noch einmal betont Jesus, dass der Sohn nur tun kann, was sein
Schöpfer tut:
der Vater liebt den Sohn und zeigt ihm alles,
was er selbst tut,
und er wird ihm noch größere Werke als diese zeigen,
dass ihr euch wundern werdet.   Joh 5, 20

Aber hier kommt noch ein neuer Gedanke dazu: Dieses
Himmelssystem ist ja in kreisender Bewegung, doch nicht in
ewig gleichen Kreisen. Es werden ja immer wieder die
Jahreszeiten betont, das große kybernetische Gesetz, das zu
mehr Wachstum führt. Wer sich also einreiht und sich führen
lässt vom göttlichen Willen: *nicht wie ich will, sondern wie du
willst* (Mt 26, 39), der wird zu immer höheren Erkenntnissen und
zu immer erstaunlicheren Demonstrationen geführt. Damit
wird der Gedanke weitergeführt, hin zum nächsten Thema:
LEBEN.

5. Tagwerdung: LEBEN

Das große Gewimmel von lebenden Wesen. Die Fische mit
ihren zahllosen Eiern sind Symbol für unendliche Vermehrung.

Die himmelan fliegenden Vögel, das zweite Symbol dieses
Tages, zeigen, dass die Evolution ein geistiges Wachstum will,
das aus den Wassern aufsteigt hin zum *Vater im Himmel,* der
GEIST ist und ewiges LEBEN.

✳

Wie der Vater das LEBEN in sich selber hat,
so hat er auch dem Sohn gegeben,
das LEBEN in sich selber zu haben.   Joh 5, 26

Im Vaterunser gibt Jesus den Hinweis, wie man beten soll:
Unser tägliches Brot gib uns heute.

Hier ist aber mehr gemeint als die Nahrung, die der Körper
zum Leben braucht:
Verschafft euch nicht Nahrung, die vergänglich ist,
sondern Nahrung, die bleibt ins ewige LEBEN. ...
Denn es ist das Brot GOTTES,
das heruntersteigt aus dem Himmel
und der Welt das LEBEN gibt. ...
Ich [Christus] bin das Brot des LEBENS. ...
Ich bin das lebendige Brot,
das aus dem Himmel herabgestiegen ist;
wenn einer davon isst, wird er leben in Ewigkeit.
Und das Brot, das ich geben werde,
ist mein Fleisch für das LEBEN der Welt.   Joh 6, 27 ff

Was ist gemeint mit diesem »Fleisch«? Dieses Fleisch meint sein
physisches Leben, das er aufgibt, um der Welt den Weg zum
ewigen LEBEN, zu GOTT, zu weisen. Noch einmal zu einer
bereits zitierten Stelle zurück:
Wer sein Leben liebt, richtet es zugrunde.
Und wer sein Leben in dieser Welt geringschätzt,
der wird es ins ewige LEBEN hinüberretten. Joh 12, 25

Darum liebt mich mein Vater,
weil ich mein Leben ablege, um es wieder zu bekommen.
Niemand hat es mir weggenommen,
sondern ich lege es von mir aus ab.

Ich habe die Fähigkeit, es abzulegen,
und die Fähigkeit, es wieder zu bekommen. Joh 10, 17 f

Unter den Beweisen, die Jesus dem Täufer dafür nennt, dass er der Christus ist, lesen wir auch: *Tote stehen auf* (Mt 11, 5). Mit diesen Toten, die für unsere Wahrnehmung gestorben sind, für Jesus aber nur schlafen, sind auch die gemeint, die noch im biologischen Leben sind, die noch *im finsteren Tal, in der Todschattenschlucht* (Ps 23) wandeln:

Ein andermal sagte Jesus zu ihnen:
Ich bin für die Welt das Licht. Wer sich mir anschließt,
wird nicht in der Finsternis wandeln,
sondern er wird das Licht des LEBENS haben.   Joh 8, 12

6. Tagwerdung: WAHRHEIT

Das erste Symbol des sechsten Schöpfungstages sind die Tiere. Tiere sind schon in den ältesten Tierfabeln Sinnbilder oder Verkörperungen von Eigenschaften; so die Schlange für Klugheit, List; Hinterlist (1 Mos 3, 1; Mt 10, 16, die Taube für Arglosigkeit (Mt 10, 16), das Schwein für Unreinheit (3 Mos 11, 7; Mt 8, 30), der Wolf für Gewalttat (Mt 7, 15; 10, 16; Apg 20, 29), das Lamm steht für Sanftmut und Gewaltlosigkeit (Äsop, Fabel vom Wolf und dem Lamm; Lk 10, 3; Joh 1, 29).

Da in den Schöpfungstagen nur die Eigenschaften GOTTES zum Ausdruck kommen, ist in unserem Text nur von guten Eigenschaften die Rede; denn es heißt ja: *Und Elohim sah, dass es gut war.*

Die ganze Schöpfung GOTTES ist gut und nichts ist verwerflich, was mit Dankbarkeit entgegengenommen wird, denn es wird geheiligt durch das Wort GOTTES und durch Gebet (1 Tim 4, 4).

Das zweite Symbol ist der Mensch. Er wird Bild und Gleichnis GOTTES genannt, und dieser GOTT ist GEIST. Der Mensch des sechsten Schöpfungstages ist also nicht der Erdling Adam von der 200 Jahre älteren Paradiesgeschichte. Dieses neue Menschenbild vom sechsten Schöpfungstag ist das Kind GOTTES, des GEISTES, sein qualitativ gleicher Ausdruck. Der Schöpfer bezeichnet ihn als *sehr gut*, segnet ihn und setzt ihn ein zum

Herrn über die gesamte Schöpfung. Er ist also der gesalbte König, der Messias, griechisch Christus (Psalm 2 und 110).

✳

Der wahre Mensch als das Bild und Gleichnis GOTTES wird in der Christlichen Bibel der »Christus«, die Ausstrahlung oder Offenbarwerdung des göttlichen Lichtes genannt (Hebr 1, 3). Zum Christus geworden, sagt Jesus von sich: *Ich und der Vater bilden eine Einheit* (Joh 10, 30), und: *Wer mich sieht, der sieht den Vater* (Joh 14, 9). Eindeutiger kann eine Bezugnahme kaum sein.

Jener GEIST der WAHRHEIT ... wird euch in die gesamte WAHRHEIT einführen. Joh 16, 13

Bein Verhör durch Pilatus ergibt sich folgendes Gespräch:
(Jesus:) Mein Reich ist nicht von dieser Welt ...
Nun sprach Pilatus zu ihm: Bist du nun ein König?
Jesus antwortete ihm: Du sagst es, ich bin ein König.
Ich bin dazu geboren und dazu in die Welt gekommen,
damit ich für die WAHRHEIT den Beweis liefere.
Jeder, der aus der WAHRHEIT ist, hört auf meine Stimme.
Da sagte Pilatus zu ihm: Was ist Wahrheit?
Und nach diesen Worten ging er wieder hinaus
zu den Juden ... Joh 18, 36 ff

Der Christus gehört nicht zu „dieser Welt", er gehört „jener Welt"[60], einer höheren Bewusstseinsstufe an. Er ist der »Mensch« des sechsten Schöpfungstage, dem die Herrschaft über die gesamte Schöpfung gegeben ist (1 Mos 1, 28). Weil Jesus dieses Christus-Bewusstsein erreicht hat, kann er die WAHRHEIT durch sein heilendes Wirken beweisen.

Pilatus geht weg mit der spöttischen Frage: *Was ist Wahrheit?* Auch er hat Recht: In „dieser Welt" halten uns die materiellen Sinne der Psyche viele Wahrheiten hin, aber nicht die eine WAHRHEIT. *Jeder, der aus der WAHRHEIT ist, hört auf meine Stimme:* Menschen auf verschiedenen Bewusstseinsstufen reden aneinander vorbei. Nur die auf gleicher Bewusstseinsstufe

---

[60] Vgl.

102

können einander verstehen: *Denn wer hat, dem wird gegeben werden und er wird im Überfluss haben. Wer aber nicht hat, dem wird auch das, was er hat, weggenommen werden. Darum rede ich zu ihnen in Gleichnissen; denn sie sehen und sehen doch nicht, sie hören und hören doch nicht, und sie verstehen nicht* (Mt 13, 12 f). Auch sonst rät Jesus: *Gebt das Heilige nicht den Hunden, werft eure Perlen nicht vor die Säue, dass sie sie nicht zertreten zwischen ihren Klauen, aggressiv werden und euch zerreißen* (Mt 7, 6).

Jesus der Christus verkündete ein Menschenbild, das zu dem seiner Zeit in krassem Gegensatz stand. Er betonte dabei, dass er damit nicht das Gesetz und die Propheten außer Kraft setzen wolle (Mt 5, 17). Tatsächlich findet sich ja das von ihm verkündete Menschenbild an erster Stelle der Thora, nämlich in den Schöpfungstagen. Nur hatte sich eben im Judentum das Bild vom Adam-Menschen durchgesetzt. Und dieses Bild vom sündigen, gottverfluchten Menschen bekämpft Jesus. Die Schuld daran sieht Jesus bei den Theologen, den Schriftgelehrten, die diese Last den Menschen aufgeladen haben. Daher sein Weheruf über sie:
Weh euch, ihr Theologen!
Denn ihr habt den Schlüssel der Erkenntnis
fortgenommen.
Selbst seid ihr nicht eingetreten,
und die eintreten wollten, habt ihr daran gehindert.
Lk 11, 52

Bei Matthäus (Mt 15, 9 und 14) tadelt Jesus die Pharisäer und Schriftgelehrten mit den Worten des Propheten Jesaja: *„Sie dienen mir vergeblich, denn sie verkünden Lehren, die nichts als menschengemachte Gebote sind". Sie sind blinde Blindenführer. Wenn aber ein Blinder einen Blinden führt, fallen sie beide in die Grube.* Und blind muss ja der sein, der nicht sieht, dass im Gesetz das richtige Menschenbild an vorderster Stelle steht.

Den Adam des Mythos hat es nie gegeben. Der Mensch, den Jesus verkündet, ist der Christus. Er stand nie unter dem Fluch Jahwes, sondern steht unter dem Segen des GEIST-GOTTES Elohim und entspricht der WAHRHEIT:
Denn die Thora (Gesetz) wurde durch Mose gegeben,

die Gnade und WAHRHEIT
ist durch Jesus Christus zuteil geworden.   Joh 1, 17

Christus nämlich bedeutet das Ende des Gesetzes,
wer an ihn glaubt, der ist gerecht.   Röm 10, 4

Als Jesus in seine Heimatstadt Nazareth kam, ließ er sich in der
Synagoge die Thora-Rolle reichen, schlug das 61. Kapitel bei
Jesaja auf und las:
Der GEIST des Herrn ruht auf mir,
deshalb hat er mich gesalbt,
damit ich den Bettlern gute Kunde bringe.
Er hat mich abgesandt,
den Gefangenen die Freiheit zu verkünden,
den Blinden das Augenlicht,
die Gebrochenen freizugeben und
zu verkünden das Erlassjahr des Herrn.

Es heißt dann weiter: *Er schloss die Buchrolle, gab sie dem Diener
und setzte sich. Und aller Augen in der Synagoge waren auf ihn
gerichtet. Und er begann zu ihnen zu sprechen:*
Heute ist diese Schriftstelle erfüllt in euren Ohren.
Lk 4, 17-21

Es folgte allgemeine Empörung. Sollte etwa alles falsch sein,
was bisher über den sündigen Menschen gelehrt und geglaubt
wurde?
Jesus hatte erkannt: Nicht GOTT belastet uns mit Sündenschuld,
sondern die Sterblichen belasten sich gegenseitig mit Schuld-
gefühlen, um ihre Mitmenschen in Knechtschaft zu halten.
Darum lehrt Jesus im Vaterunser:
Erlass uns unsere Schuld so,
wie auch wir sie unseren Schuldnern erlassen haben!

Bei Johannes sagt der Christus:
Ihr werdet die WAHRHEIT erkennen,
und die WAHRHEIT wird euch frei machen.   Joh 8, 32

Was ist WAHRHEIT? GOTT offenbart sich als WAHRHEIT,
Gewahrsein, Bewusstsein: als Christus, sein Bild und Gleichnis,

als sein Spiegelbild: *Keiner hat* GOTT *jemals gesehen. Der einzige Sohn, im Schoß des Vaters, er hat ihn uns offenbart*(Joh 1,18). *Ich und der Vater bilden eine Einheit* (Joh 10, 30). *Wer mich gesehen hat, hat den Vater gesehen* (Joh 14, 9). Und in der sechsten Seligpreisung heißt es: *Gesegnet sind die Reinen im Herzen; denn sie werden* GOTT *sehen* (Mt 5, 8).

Der Widersacher sitzt im Herzen, in der sterblichen Psyche. Er ist es, der uns vor Gericht schleppen will (Mt 5, 25). Die WAHRHEIT aber, das ist der wahre, gottgeschaffene, gesegnete und für *sehr gut* befundene Mensch des 6. Schöpfungstages. Dieses unser einzig wahres Selbst befreit uns von Adam, von Erbsünde und allem, was dieses falsche Menschenbild im Schlepptau nach sich zieht.

Paulus verkündet im Brief an die Gemeinde in Korinth das neue Menschenbild:
Das erste Menschenbild aus Erde ist Staub[61],
das zweite Menschenbild ist aus Himmel.   1 Kor 15, 47

Wie im Adam-Menschen alle sterben,
so werden auch in Christus alle lebendig gemacht.
1Kor 15, 22

Ihr werdet die WAHRHEIT *erkennen, und die* WAHRHEIT *wird euch frei machen.* Der blinde Glaube bringt nicht weiter. Er muss zunächst der Glaubensüberzeugung weichen und schließlich dem **geistigen Verständnis** Platz machen:
Legt den alten Menschen
mit seinem früheren Verhalten ab,
in seiner Gier nach Täuschung
richtet er sich selbst zugrunde.
Werdet ein neuer Mensch durch **geistiges Verständnis**
und zieht den neuen Menschen an,
der der göttlichen Schöpfung entspricht
in der Gerechtigkeit und Heiligkeit der WAHRHEIT.
Eph 4, 22 ff

---

[61] Staub ist Symbol für ein Nichts.

Und an die Kolosser schreibt Paulus: *Ihr habt den alten Menschen abgelegt mit seinen Verhaltensweisen. Ihr habt das neue Menschenbild angezogen, das neu wird in dem Ausmaß, wie wir die Idee dessen erkennen, der es geschaffen hat* (Kol 3, 9 f).

7. Tagwerdung: LIEBE

Dieser Tag hat keine Bildsymbole. Seine Ideen oder Informationen, durch die der Schöpfer sich präsentiert, sind: Vollendung, Vollkommenheit, Ruhe, Friede, Segen, Heiligkeit.

✳

GOTT ist LIEBE.   1 Joh 4, 8

Ruhe: Ruht der Schöpfer jetzt? Ist er mit seinem Wirken zum Ende gekommen und zum *deus otiosus* geworden, der seine Schöpfung sich selbst überlässt, wie der Deismus glaubt? Ist der Schöpfer kein Schöpfer mehr?
Jesus widerlegt diesen Gedanken, wo er sagt: *Mein Vater ist bis heute am Wirken, und ich wirke auch* (Joh 5, 17). Untätigkeit würde auch GOTT als LEBEN widersprechen, dem *Gewimmel*, dem gebotenen Wachstum (1Mos 1, 1, 28) und dem Höhenflug der Vögel. Auch der Hebräerbrief bestätigt: *Also steht die Sabbatruhe für das Volk GOTTES noch aus* (Hebr 4, 9).
Bezeichnenderweise heilt Jesus bevorzugt gerade am siebten Tag, dem Sabbat. Er tat dies nicht, um bewusst die Sabbatruhe, die den Juden heilig war, zu verletzen, vielmehr wollte er damit zeigen: *Der Sabbat ist um des Menschen willen gemacht ... und so ist die Idee Mensch auch Herr über den Sabbat* Mk 2, 27 f). Und   sofort heilte er wieder einen Menschen *mit einer verdorren Hand*, entsprechend seiner Lehre: *Ihr sollt vollkommen sein, wie euer himmlischer Vater vollkommen ist* (Mt 5, 48).

Das Thomas-Evangelium lässt Jesus sagen:
Wenn man zu euch sagt: "Wer seid ihr?",
sagt: "Wir sind seine Söhne
und wir sind die Auserwählten des lebendigen Vaters".
Wenn man euch fragt:
"Was ist das Zeichen eures Vaters in euch?",

Der Schöpfer ist also LEBEN, und er ist *Bewegung* und *Ruhe*. Wie passt das zusammen? Schon Heraklit hatte erkannt, dass alles ewig im Fluss ist. Es kann keinen Stillstand geben, denn der wäre das Gegenteil von LEBEN, nämlich Tod.
Vollkommenheit, Vollendung – Was ist denn da zu einem Ende gekommen? Vollkommenheit und Vollendung bedeuten: Die Schöpfung GOTTES, des GEISTES, ist schon vollendet, ihr ist nichts hinzuzufügen. Sie ist so alt wie der ewige GOTT, ohne Anfang, ohne Ende; modern ausgedrückt: Die Ideen GOTTES, das sind die ewig gültigen, absoluten und universalen Konstanten, die ewig unveränderlichen Werte des Seins.
Was antworten wir einem Emanuele Severino, wenn er sagt: *Das zeitgenössische Denken* [ist] *das Bewusstsein, dass es keine Wahrheit geben kann, die unterschieden ist vom Werden, und das ist nichts anderes als sie Umwälzung jeglicher Wahrheit. ... Wenn aber der Tod der Wahrheit oder des Gottes der abendländischen Tradition unausweichlich ist, dann bedeutet dies auch den Tod jeder absoluten Fundierung der Ethik* (Martini-Ecco 101 f)?
Die geistige Evolution ist die stete Entfaltung des menschlichen Bewusstseins. Die 7 Schöpfungstage sind 7 Tagwerdungen, 7 Stufen wachsender Erkenntnis bis hin zu der Einsicht in das, was von Ewigkeit war, ist und immer unverändert Bestand haben wird.

Die 7. Seligpreisung spricht vom **Frieden**:
Selig die, die Frieden schaffen;
denn sie werden Söhne GOTTES genannt werden.

Mt 5, 9

Die Seligpreisung spricht vom Frieden mit GOTT, aber auch mit allen Menschen:
Jagt dem Frieden mit allen nach und der Heiligung.
Ohne sie [die Heiligung] wird keiner den Herrn sehen.

Hebr 12, 14

Wie beim Frieden: Der Friede mit GOTT ist nicht möglich ohne Friede mit den Menschen: *Dieses Gebot haben wir von ihm: Wer GOTT liebt, dass der auch seinen Bruder liebt* (1 Joh 4, 21).

Meine Lieben, schon jetzt sind wir Kinder GOTTES.
Und doch ist das, was wir sein *werden*, noch nicht voll zum
Ausdruck gebracht worden. ...
Und jeder, der diese Aussichten hat, zu ihm zu gelangen,
der macht sich genau so **heilig**, so wie GOTT **heilig** ist.

1 Joh 3, 2 f

Heiligung erreichen wir nur durch die Feuertaufe des heiligen
GEISTES. Bei Matthäus prophezeit der Täufer über Jesus: *Er wird
euch im heiligen GEIST und im Feuer taufen* (Mt 3, 11). Die
Schöpfung ist wie der Schöpfer selbst, der heilige GEIST, heilig;
d.h. dem Profanen, Materiellen und Sinnlichen entzogen.
Darum ist Heiligkeit eng mit **Reinheit** verbunden:
Wer wird hinaufsteigen auf den Berg des Herrn,
und wer wird seinen heiligen Ort betreten?
Wer schuldlos ist an seinen Händen
und rein in seinem Herzen,
wer sein Bewusstsein nicht vom Wahnhaften
genommen hat.

Ps 24, 3 f

Den menschlichen Worten geht immer der Gedanke voran:
Was aus dem Mund herausgeht,
das kommt aus dem Herzen,
und das macht den Menschen unrein.

Mt 15, 18

Und in den Seligpreisungen sagt Jesus:
Selig die Reinen im Herzen; denn sie werden GOTT sehen.

Mt 5, 8

Der Gedanke der Reinheit ist eng mit dem Fasten verbunden.
Dies führt uns zur letzten Bitte im Vaterunser.

Führe uns in der Versuchung und erlöse uns vom Bösen!

Die Betonung liegt hier auf der **Erlösung**.

Nachdem sich über Jesus nach seiner Taufe der Himmel
geöffnet hatte und ihn eine Stimme zu GOTTES geliebtem Sohn
erklärt hatte, *da wurde Jesus vom GEIST in die Wüste geführt, um
vom Teufel versucht zu werden* (Mt 4, 1). Die »Wüste« ist „diese

Welt", das Reich des Bösen (1 Joh 5, 19), weil hier der »Fürst dieser Welt« regiert.

Wer mit dem Feuer des GEISTES taufen soll, der muss zunächst selbst durch Bewährung in „dieser Welt" die Feuertaufe erhalten: *Setzt das Wort auch in die Tat um und hört es nicht nur, indem ihr euch selbst betrügt* (Jak 1, 22). *So ist es auch mit dem Glauben, wenn er keine Auswirkungen hat, ist er an sich tot* (Jak 2, 17).

Jeder Mensch ist jetzt schon im Kern das Kind GOTTES (1 Joh 3, 1), *und doch ist das, was wir sein werden, noch nicht voll zum Ausdruck gebracht worden.* Man muss es durch Reinigung und Heiligung erst beweisen. Dies vollzog Jesus in 40 Tagen in der Wüste. Die Zahl 40[62] bedeutet eine völlige Umwandlung. Nach seiner Bewährung in der Wüste begann Jesus damit, seine Lehre zu verkünden und deren Richtigkeit durch Krankenheilungen zu beweisen (Mt 4, 23).

In den 40 Tagen der Wüstenerfahrung heißt es von Jesus, dass er „fastete". Auch der Täufer hatte in der Wüste gefastet und sich von Heuschrecken und wildem Honig ernährt (Mt 3, 4). Von Jesus lesen wir nichts dergleichen. Wir wissen aber, dass er sich an das rituelle Fasten der Juden nicht hielt und auch seine Schüler nicht dazu anhielt (Mt 9, 14 ff), ja diesem Fasten sehr skeptisch gegenüber stand (Mt 6, 16).

Auch im Thomas-Evangelium ist ein Jesuswort dazu überliefert: *Wenn ihr fastet, werdet ihr euch ein Vergehen zuziehen, und wenn ihr betet, werdet ihr verurteilt werden. ... Denn was in euren Mund hineingeht, wird euch nicht verunreinigen. Was aber aus dem Mund herausgeht, das wird euch unrein machen* (Log 14).

Das Fasten, so wie es Jesus versteht[63], ist nicht dem Fasten gleichzusetzen, wie es die Juden praktizierten. Seine Lehre passt nicht ins alte Denkschema. Er bringt dazu den Vergleich, dass niemand ein altes Kleidungsstück mit neuem Stoff flickt und auch keiner neuen Wein in alte Schläuche füllt (Mt 9, 16 f), weil sonst beides verdirbt. Das Fasten von Jesus ist so zu verstehen: Er aß nicht vom »Baum der Erkenntnis des Guten

---

62 Vgl. Exkurs Kybernetischer Regelkreis
63 Vgl. Exkurs Fasten

und des Bösen«, dessen Früchte verboten sind. Entsprechend lehrt er auch im Thomas-Evangelium:

Jesus sprach: Wenn ihr nicht fastet der Welt gegenüber, werdet ihr das Reich nicht finden.
Wenn ihr nicht den Sabbat zum Sabbat macht, werdet ihr den Vater nicht sehen.   Log 27

Der Welt gegenüber fasten heißt: „Diese Welt" der materiellen Sinne nicht für die Welt GOTTES halten. Wir sollen die Welt mit GOTTES Augen sehen, und GOTT hat seine Schöpfung für *sehr gut* erklärt, und bei der siebten Tagwerdung hatten wir ihre Vollkommenheit erkennen sollen, erkennen, dass alles schon zur Vollendung gekommen und nichts mehr daran zu verbessern ist als unsere Sicht.

Mit dieser Sichtweise hat Jesus der Christus die Kranken von ihrem Leid erlöst; denn am Sabbat werden die Leidenden von der *Fessel gelöst werden*, mit der sie der Satan gebunden hat (Lk 13, 16).

Seid nicht nur Hörer des Wortes,
sondern setzt es auch in die Tat um,
sonst betrügt ihr euch selbst.
Jak 1, 22

Kapitel 9

Gesegnet sind die Augen, die sehen, was ihr seht.
Denn ich sage euch:
Viele Propheten und Könige wollten sehen, was ihr seht,
und sie haben es nicht gesehen,
und wollten hören, was ihr hört,
und sie haben es nicht gehört.
Lk 10, 23 f

Der Kern der christlichen Lehre

Die Jüdische Bibel (Altes Testament), wie wir sie in ihrer heutigen Zusammenstellung der Schriften kennen, Kanon genannt, lag zur Zeit von Jesus noch nicht vor. Jesus spricht

vom *Gesetz und den Propheten*, von der *Schrift* oder den *Schriften*.
Mit dem *Gesetz* ist die Thora gemeint, die 5 Bücher Mose.
Jesus versichert in der Bergpredigt: *Glaubt nicht, ich sei gekommen, um das Gesetz oder die Propheten außer Kraft zu setzen. Ich bin nicht gekommen, um sie außer Kraft zu setzen, sondern, um sie zu ergänzen* (Mt 5, 17).
Wie aber erklärt es sich, dass er wenige Verse später mit den Worten: *Ihr habt gehört ..., ich aber sage euch ...* die Schrift teils aufhebt, teils aber auch verschärft? So heilt Jesus trotz Verbot im Gesetz am Sabbat (2 Mos 20, 8 ff). Und als eine Ehebrecherin, die nach dem Gesetz gesteinigt werden musste (3 Mos 20, 1; 5 Mos 22, 22), zu ihm gebracht wurde, schrieb er ihre Sünde in den Staub und gab sie frei (Joh 8, 5 ff). Andererseits gilt für Jesus beim Ehebruch nicht erst die Tat, sondern schon die Begierde danach als Sünde (Mt 5, 28). Unter ergänzen verstand Jesus offensichtlich, dass das bisherige Gottesbild der Pharisäer und Schriftgelehrten dem neuen Verständnis, der zeitgemäßen Stufe der geistigen Evolution angepasst werden musste.

Wir müssen uns immer wieder klar vor Augen halten: Die Jüdische Bibel beginnt mit zwei Schöpfungsgeschichten, die unterschiedlicher, widersprüchlicher, ja gegensätzlicher kaum sein könnten.
Die Jüdische Bibel beginnt mit den Sieben Schöpfungstagen (1 Mos 1, 1 bis 2, 4). Darin wird die Schöpfung des GEIST-GOTTES Elohim dargelegt. Von jeder Schöpfung wird betont, dass sie „gut", ja „sehr gut", ferner, dass sie vollkommen und abgeschlossen sei. GOTTES Schöpfung bedarf also keiner Evolution. Das Verständnis der Sterblichen allerdings bedarf weiterer Erhellung und fortschreitender geistiger Entfaltung. Der Mensch, die Schöpfung des sechsten Tages, die Idee Mensch, ist „sehr gut" und er ist das Bild und Gleichnis seines Schöpfers. Er wird zum Beherrscher der göttlichen Schöpfung eingesetzt. Er ist also der Gesalbte Gottes, auf griechisch »Christus«.
Die zweite Schöpfungsgeschichte (1 Mos 2, 4 bis 4, 16), die Paradiesgeschichte, beginnt mit: *Es war zu der Zeit, da Gott der HERR Erde und Himmel machte*, dabei wird betont, dass noch nichts auf der Erde war.

In dieser Schöpfung begegnet uns ein völlig anderes Bild vom Menschen. Hier wird der Mensch aus Erde gebildet und von seinem Schöpfer »Adam« (Erdling) gerufen. Er muss den Garten bebauen und bewahren. Dieser Mensch fühlt sich von vornherein unvollständig, er verstößt gegen die Gebote seines Schöpfers Jahwe, wird aus dem Garten gejagt und verflucht. Bald danach versucht der Schöpfer sogar seine ganze Schöpfung durch eine Große Flut von der Erde zu vertilgen.

Die Schriftgelehrten oder Theologen deuten die Abfolge dieser zwei Berichte so, als sei der ursprünglich vollkommen geschaffene Mensch durch seinen späteren Sündenfall schuldig und so aus seinem ursprünglich paradiesischen Zustand gejagt worden. Diese Ursünde werde nun auf alle Nachkommen weitervererbt und müsse von den Menschen mit Sühnopfern und schließlich noch mit dem Tode gebüßt werden.

Diese Deutung dient zwar der Religion, sie ist jedoch wissenschaftlich nicht zu halten. Jesus kritisiert an seiner jüdischen Gegenwart, an den Sadduzäern und den Pharisäern, dass sie am veralteten mesopotamischen Weltbild der Paradiesgeschichte festhalten. Klar: Religion bevorzugt das Bild von einem *ganz und gar in Sünden geborenen* (Joh 9, 34) Menschen; denn der lässt sich leichter beherrschen.

Die Sieben Schöpfungstage sind, obwohl sie am Anfang stehen, 200 Jahre jünger als die Paradiesgeschichte, die auf noch viel ältere Quellenschriften zurückgeht. Überdies kommt der Paradiesgeschichte keinerlei Historizität zu, sie ist lediglich eine Parabel, eine lehrhafte Fabel. In den christlichen Evangelien stellt Jesus keinen Zusammenhang zwischen den beiden Texten her.

Wie im folgenden darzulegen sein wird, verkündete Jesus kein völlig neues Gottesbild, vielmehr griff er das Gottesbild der Sieben Schöpfungstage, die als Auftakt am Anfang der Jüdischen Bibel stehen, auf, bewies die Richtigkeit dieses Gottesbildes durch seine Heilungen (Wunder) und zog daraus seine Anweisungen zu ethischem Handeln.

Der Verfasser dieser Schöpfungstage ist unbekannt. Wir sehen aber, dass er mit den Gotteserkenntnissen und der Symbolik des Monotheisten Zarathustra wohl vertraut ist. Er war wahrscheinlich in Babylonien mit im Exil, kennt das auf sieben

Tafeln aufgezeichnete Babylonische Schöpfungslied Enuma elisch (Als droben ...) , und die Sieben Schöpfungstage sind gebaut nach dem Vorbild des 7-stufigen Tempelturms von Babylon. Aus den 7 Stufen hinauf bis zur Berührung mit dem Göttlichen werden bei ihm 7 Erleuchtungen bis hinauf zur Erkenntnis der Vollkommenheit der Schöpfung GOTTES, des GEISTES. Der Verfasser ist wohl nach dem Jahr 538 vor nach Jerusalem zurückgekehrt und hat dort sein theologisches Werk von den sieben Stufen der Erleuchtung niedergeschrieben.

Evangelium heißt »Frohe Botschaft«.

Öffnet man einem Vogel die Tür seines Käfigs, so fliegt er sofort in die Freiheit. Anders der Mensch: Ihn hält seine Psyche mit der Geisel Religion in seinem Gefängnis zurück.
Als Jesus der Christus die Theologen seiner Zeit tadelte mit den Worten: *Weh euch Theologen! Denn ihr ladet den Menschen Lasten auf, die kaum zu tragen sind. Und ihr selbst rührt sie mit keinem Finger an. ... Weh euch Theologen! Denn ihr habt den Schlüssel der Erkenntnis fortgenommen. Selbst seid ihr nicht eingetreten, und die eintreten wollten, habt ihr daran gehindert* (Mt 11 46 und 52), und in der Synagoge von Nazareth seine Lehre von der Freiheit des Menschen verkündete, wie war da die Reaktion? *Alle Zuhörer in der Synagoge wurden von Wut erfüllt. Sie standen auf, warfen ihn aus der Stadt, führten ihn zum Abhang des Berges, auf dem ihre Stadt erbaut war, um ihn hinabzustürzen* (Lk 4, 28). Matthäus berichtet von derselben Predigt in Nazareth: *Und sie empfanden ihn als Skandal* (Mt 13, 57). Dasselbe bestätigt Markus (Mk 6, 3). Jesus meinte dazu:
Selig ist, wer mich [und meine Lehre vom Christus] nicht als Skandal empfindet. Mt 11, 6

Paulus, vor seiner Bekehrung ein wutschnaubender Kämpfer für das altüberkommene Paradigma (Apg 8, 3; 9, 1 f; 22, 3 ff; 26, 9), schreibt an die Galater: *Zur Freiheit hat uns der Christus frei gemacht. Steht also fest und lasst euch nicht wieder mit dem Joch der Sklaverei belasten!* (Gal 5, 1)
Weil es für das Verständnis der Botschaft von Jesus von eminenter Bedeutung ist, sei an dieser Stelle noch einmal daran erinnert: Wenn Jesus - und dies gilt besonders für das Johannes-

Evangelium - von »Ich« spricht, spricht er nicht vom Zimmermannssohn, sondern von seiner geistigen Identität, der einzigen WAHRHEIT über den Menschen, und die lautet: Der Mensch ist nicht der sündige Sterbliche, den uns die Sinne der sterblichen Psyche wie einen Nebel vor die Augen halten (Joh 8, 44). Von einem solchen Menschenbild, das dem Menschen das ewige LEBEN raubt, gilt es sich zu reinigen. *Wie der Vater das LEBEN in sich selber hat, so hat er auch dem Sohn gegeben, das LEBEN in sich selber zu haben* (Joh 5, 26). GOTT, der Schöpfer oder Vater, ist GEIST (1 Mos 1, 2; Joh 4, 24). *Was von GEIST geboren ist, das ist geistig.* Daher ist eine geistige Neugeburt von oben erforderlich (Joh 3, 6 f).

Betet also so: Unser Vater, du bist im Himmel. Dein Name soll geheiligt werden (Mt 6, 9). Die Identität des Vaters ist GEIST. *Nennt auf der Erde niemand euren Vater, denn nur einer ist euer Vater: der himmlische* (Mt 23, 9). Der gottgeschaffene Mensch ist kein Sterblicher, der zu GOTT aufsteigen müsste. Er **ist** bereits im Himmel[64] (Joh 3, 13). GOTT **hat** den Menschen nicht geschaffen, er schafft ihn sekündlich, wie eine ewige Lichtquelle ihr immerwährendes Licht aussendet. Wir brauchen eine höhere Auffassung vom Menschen, das richtige Menschenbild. Das ist die wahre Auferstehung und das ewige LEBEN (Joh 11, 25 f).

Diese Botschaft erging vor 2000 Jahren.

Jesus hat sich zum Christus gemacht und wollte die Menschen erlösen vom falschen Menschenbild der Paradiesgeschichte, die sich inhaltlich so bei vielen Völkern findet. Und er hat ihnen ihre wahre, heile Identität gezeigt und durch seine „Wunder" bewiesen. Diese Identität ist geistig und unsterblich, sie hat also das ewige LEBEN schon (Joh 3, 16 f). Der Christus, der ewige Ausdruck des Schöpfers gibt das ewige LEBEN (Joh 10, 28). *Das aber bedeutet ewiges LEBEN: Dich zu erkennen, den einen wahren GOTT, und Jesus Christus, den du gesandt hast* (Joh 17, 3).

Gesandt: Gott sendet die Christus-Idee schon seit ewigen Zeiten, der historische Jesus von Nazareth hat diese Idee voll erfasst und an sich verwirklicht.

---

[64] Findet sich nicht in allen Handschriften.

Zurück zur Predigt in Nazareth. Da das, was von GEIST geboren ist, geistig ist (Joh 3, 6), kennt GOTT nur sein vollkommenes Bild und Gleichnis, den Christus. Demnach ist es ein falsches Menschenbild, sind es die Sterblichen, die sich gegenseitig schuldig sprechen. An sie geht die Warnung von Jesus: *Wenn ihr den Menschen ihre Fehler verziehen habt, wird euer himmlischer Vater auch euch verzeihen. Wenn ihr aber den Menschen nicht verziehen habt, dann wird euer Vater auch euch eure Fehler nicht verzeihen* (Mt 6, 14 f). Es ist nicht GOTT, der Sündenschuld zurechnet, es sind die Sterblichen.

Die Menschen müssen sich gegenseitig nicht 7 mal verzeihen, sondern 77 mal, d.h. immer (Mt 18, 22). Dies könnte eine Anspielung sein auf Lamech[65], der sich 77-fach rächt (1 Mos 4, 24).

Und Jesus schließt ein Gleichnis an von einen Herrn, der seinem Knecht alle Schulden erlassen hatte. Als nun dieser Knecht seinem Mitknecht dessen Schulden nicht ebenfalls erließ, da *überließ ihn sein Herr erzürnt den Folterknechten, bis er ihm seine gesamte Schuldsumme zurückgezahlt hätte. Genau so wird auch mein himmlischer Vater mit euch verfahren, wenn nicht jeder seinem Bruder von Herzen verzeiht* (Mt 18, 34 f).

Jesus wurde auch gefragt, was das wichtigste Gebot im Gesetz sei, und er gab zur Antwort: *Du sollst den Herrn deinen GOTT lieben aus deinem ganzen Herzen, aus deiner ganzen Seele und aus völliger Überzeugung. Dies ist das wichtigste und erste Gebot. Ein zweites ist ihm gleich: Du sollst deinen Nächsten lieben wie dein Selbst* (Mt 22, 37 ff). Was soll das heißen: *Wie dein Selbst?* Wir sind dazu aufgerufen, unser falsches Selbst, den Glauben und das Festhalten an dem persönlichen Ego, das wir hochhalten und bei dem wir uns freuen, wenn es von anderen gelobt wird, aufzugeben, um unser wahres Selbst, das gottgeschaffene Bild und Gleichnis, den Christus, wie ein Gewand anzuziehen. Denn nur dieses wahre, göttliche Selbst hebt uns heraus aus dem von der Psyche vorgespiegelten falschen Ego mit all seinen Mängeln und Leiden und hebt uns heraus aus Sünde, Krankheit und Tod. Dieses Herausschlüpfen aus der Ver-kleidung meint Jesus der Christus, wenn er sagt: *Wenn jemand*

---

[65] Vgl. Paradiesparabel

mir nachfolgen will, soll er sein [materielles] *Selbst verneinen* (Mt 16, 24). Verleugnen des persönlichen Ego heißt Selbsttranszendenz.

Aber auch unser Feind ist unser Nächster: *Ihr habt gehört, dass gesagt worden ist: Du sollst deinen Nächsten lieben, deinen Feind aber hassen. Aber ich sage euch: Liebt eure Feinde, segnet die, die euch verfluchen, tut Gutes denen, die euch hassen und betet für die, die euch verfolgen, damit ihr Söhne eures Vaters im Himmel werdet. Denn der lässt seine Sonne aufgehen über Böse und Gute und spendet Regen für Gerechte wie Ungerechte* (Mt 5, 43 ff).
Alle sind GOTTES Kinder, alle sind miteinander unterwegs zur Vollkommenheit: *Vertrage dich mit deinem Gegner, solange du mit ihm noch auf dem Weg bist ...* (Mt 5, 25).[66]

Das Evangelium des Matthäus und das des Markus lassen die Lehr- und Heiltätigkeit Jesu beginnen mit seinem Aufruf:
Denkt um, denn das Himmelreich ist nahe.   Mt 4, 17

Johannes der Täufer hatte zur Buße aufgerufen und zur Umkehr zum Gott der Väter[67], hatte aber prophezeit: *Ich taufe euch im Wasser zur Umkehr. Der aber nach mir kommt, hat mehr Kraft als ich; ich bin nicht fähig, seine Sandalen zu tragen.* **Er wird euch im heiligen GEIST und im Feuer taufen** (Mt 3 11).

Der Frau aus Samaria wird Jesus am Jakobsbrunnen erklären, dass GOTT nicht auf diesem oder jenem Berg wohnt und dort verehrt sein will, vielmehr *kommt die Zeit und sie ist eigentlich schon da, dass die wahren Anbeter den Vater in GEIST und WAHRHEIT anbeten werden. Denn auch der Vater wünscht sich solche Anbeter,*
GOTT ist GEIST, und die ihn verehren,
müssen ihn in GEIST und WAHRHEIT anbeten.   Joh 4, 23 f

Der Vater, der Schöpfer, ist also GEIST, und *was aus GEIST entstanden ist, ist GEIST* (Joh 3, 6). Darum lehrt auch Jesus im Thomas-Evangelium: *Wenn man zu euch sagt: "Woher seid ihr gekommen?", sagt zu ihnen: "Wir sind aus dem Licht gekommen,*

---

[66] Ausführlich: K. Benninger, Befreites Christentum Kap 4, 7 Feindesliebe
[67] Lapide, Bibel 117

dem Ort, wo das Licht durch sich selbst geworden ist. ... Wenn man zu euch sagt: "Wer seid ihr?", sagt: "Wir sind seine Söhne und wir sind die Auserwählten des lebendigen Vaters" (Log 50).

Über unsere Nähe zu GOTT, GEIST, sagt Paulus: *Er ist ja nicht weit entfernt von jedem einzelnen von uns. Denn in ihm leben wir, in ihm bewegen wir uns, und in ihm haben wir unser Dasein* (Apg 17, 27 f). Wenn aber GOTT, GEIST, *in allem alles* (Eph 1, 23) ist und wir in ihm leben, wir also gar nicht außerhalb von ihm sein **können**, dann muss alles GEIST sein und die Materie eine Illusion, ein Nichts. *Begreife es, wer es erfassen kann* (Mt 19, 12).

Wir haben oben gesehen, was Vergebung heißt: LEBEN heißt sich höher entwickeln, aussteigen und aufsteigen wie der Schmetterling aus seinem Kokon[68]. Für den, der höher steigt, sind alle früheren Denkfehler und Regelverstöße vergeben.
Nur ein einziger falscher Denkansatz, der jede Rechnung von vornherein fehlschlagen lässt, ist unverzeihlich:

Jeder Verstoß und jede Schmähung
wird den Menschen vergeben werden,
aber die Schmähung gegen den GEIST
wird keine Vergebung finden.
Wer immer ein Wort sagt gegen die Idee Mensch,
er wird Vergebung finden.
Jeder aber, der gegen den heiligen GEIST redet,
der wird keine Vergebung finden,
weder in dieser Zeit noch in der künftigen.   Mt 12, 31

Bei Markus heißt es:
Wer aber lästert gegen den heiligen GEIST,
hat keine Vergebung in Ewigkeit,
sondern er ist ewiger Sünde verfallen.   Mk 3, 29

Für die materielle Welt gibt es keinen Frieden, denn sie ist das Reich, das mit sich selbst uneins ist (Mt 12, 25): *Glaubt ja nicht, ich sei gekommen, Frieden auf die Erde zu werfen; ich bin nicht gekommen, Friede auf die Erde zu werfen, sondern das Schwert* (Mt 10, 34). Denn die Welt kann *den GEIST der WAHRHEIT ... nicht erfassen,*

---

[68] fünfter Schöpfungstag

weil sie ihn nicht mit Augen sieht und wahrnimmt (Joh 14, 17). Im Thomas-Evangelium sagt der Christus:
> Wer mir nahe ist, ist dem Feuer nahe.
> Und wer mir fern ist, ist dem Königreich fern.   Log 82

> Ich habe Feuer über die Welt geworfen,
> und siehe, ich hüte es, bis sie brennt.   Log 10

Das ist die Feuertaufe des GEISTES, von der Johannes der Täufer spricht (Mt 3, 11), dass sie mit Jesus dem Christus kommen werde.

> GEIST ist es, was lebendig macht,
> die Materie ist nutzlos.   Joh 6, 63

Ja, GEIST und Materie sind unvereinbare Gegenteile: *Die Gelüste der Materie richten sich gegen den GEIST, die des GEISTES gegen die Materie; denn die letzten beiden sind Gegensätze. Wenn euch aber der GEIST leitet, seid ihr nicht unter dem Gesetz* [der Materie]. *Die Auswirkungen der Materie sind bekannt: Sexismus, Korruption, Suchterscheinungen, Satanismus, Manipulation, politische Feindschaften, Zerstrittensein, religiöser Wahn, Emotionen, Prozesse, Parteiungen, Rassismus, Neid, Alkoholismus, Konsumzwang und dergleichen* (Gal 5, 17 ff).

Friede mit GOTT, GEIST, schafft nur ein Umdenken: die Annahme des neuen Menschenbildes, der das vollkommene Bild und Gleichnis GOTTES, des GEISTES, immer war und ist:
> Ich [Christus] bin als der Wendepunkt
> in diese Welt gekommen,
> damit die, die nicht sehen, sehen,
> und die, die sehen, blind werden.   Joh 9, 39

Jesus der Christus hat denen, die auf ihn hörten, die Augen für die geistige Sicht geöffnet und sie gelehrt, dem materiellen Geschehen keinerlei Wirklichkeit beizumessen.
Und der Christus sagt weiter: *Ich hinterlasse euch Frieden, meinen Frieden gebe ich euch; keinen Frieden, wie ihn die Welt gibt, gebe ich euch* (Joh 14, 27). Und er fordert dazu auf, dieses materielle

Weltbild zu verlassen: *Wacht[69] auf, und lasst uns von hier aufbrechen!* (Joh 14, 31)
Das Aufwachen aus dem Adamstraum, das Abstreifen der Fesseln der materiellen Gesetze der Höhle, das Weggehen aus „dieser Welt", das ist die andauernde Auferstehung zum Christus-Bewusstsein.

Das Vaterunser[70]

Euer Vater weiß, was ihr braucht, noch bevor ihr ihn darum bittet (Mt 6, 8). *Alles was ihr betet und bittet, glaubt, dass ihr es empfangen habt, so wird es euch zuteil werden* (Mk 11, 24). Gebet ist Meditation und Versenkung in dem Wunsch, dass uns das zu Bewusstsein kommt, was seit Ewigkeit einzige Gegenwart ist.

Unser Vater, du bist im Himmel.

Nennt niemand auf der Erde euren Vater, denn nur einer ist euer Vater: der himmlische (Mt 23, 9). *Was aus GEIST entstanden ist, das ist GEIST* (Joh 3, 6).
Wenn man euch fragt: "Was ist eure Herkunft?", sagt zu ihnen: "Wir sind aus dem Licht gekommen, dem Ort, wo das Licht durch sich selbst geworden ist. ... Wenn man zu euch sagt: "Wer seid ihr?", sagt: "Wir sind seine Söhne und wir sind die Auserwählten des lebendigen Vaters" (Log 50).
Wenn ihr euch erkennt, dann werdet ihr erkannt werden, und ihr werdet wissen, dass ihr die Söhne des lebendigen Vaters seid (Log 3).

---

[69] egeíro – auf(er)wecken aus dem Schlaf und vom Tod Röm 4, 24; Gal 1,1; Mt 10, 8 u.a.
egeíromai – aufwachen, auf(er)stehen z.B. Mk 6, 14 und Lk 9, 7 vom Täufer; Joh 21, 14 von Jesus
[70] Ausführliche Erklärung in: Benninger, Befreit 148 ff

Dein Name soll geheiligt werden.

*Meine Lieben, wir sind schon jetzt Kinder GOTTES ... Und jeder, der
diese Aussichten hat, zu ihm zu gelangen, der macht sich genau so
heilig, so wie GOTT heilig ist* (1 Joh 3, 2 f).
*Jagt dem Frieden mit allen nach und der Heiligung. Ohne sie [die
Heiligung] wird keiner den Herrn sehen* (Hebr 12, 14).
*Wer gegen den heiligen GEIST lästert, hat keine Vergebung in
Ewigkeit* (Mk 3, 29).

Dein Reich soll kommen.

*Das Reich des Vaters ist ausgebreitet über die Erde, und doch sehen es
die Menschen nicht* (Log 113). *Man muss es so sehen: Das Reich
GOTTES ist in eurem Bewusstsein* (Lk 17, 20 f). *Das Reich ist vielmehr
in euch drinnen und es ist außerhalb von euch* (Log 3).

Dein Wille soll, wie im Himmel, so auch
auf der Erde geschehen.

*Wahrlich, ich sage euch: Der Sohn ist nicht in der Lage, irgend etwas
von sich aus zu tun, wovon er nicht sieht, dass es das Wirken des
Vaters ist; denn was immer jener tut, das tut der Sohn in gleicher
Weise* (Joh 5, 19).
*Wer den Willen meines Vaters im Himmel tut, der ist mein Bruder,
meine Schwester und meine Mutter* (Mt 12, 50).
*So soll euer Licht leuchten vor den Menschen, damit sie euer positives
Wirken sehen und euren Vater in den Himmeln verherrlichen* (Mt 5,
16).

Unser tägliches Brot gib uns heute.

*Ich [Christus] bin das lebendige Brot, das aus dem Himmel herab-
gestiegen ist; wenn einer davon isst, wird er leben in Ewigkeit* (Joh 6,
51).

Erlass uns unsere Schuld so, wie auch wir sie unseren Schuldnern erlassen haben.

Wenn ihr den Menschen ihre Fehler verziehen habt, wird euer himmlischer Vater auch euch verzeihen. Wenn ihr aber den Menschen nicht verziehen habt, dann wird euer Vater auch euch eure Fehler nicht verzeihen (Mt 6, 14 f).

Führe uns in der Versuchung und erlöse uns von dem Bösen.

Selig der Mann, der in der Versuchung standhält, denn nach seiner Bewährung wird er die Krone des LEBENS empfangen, die er denen verheißen hat, die ihn lieben. Keiner soll in der Versuchung sagen: Von GOTT werde ich versucht. Denn GOTT kann nicht versucht werden zum Bösen, und GOTT selbst versucht niemanden. Jeder, der versucht wird, wird es, weil er sich von seiner eigenen Begierde fortreißen und ködern lässt (Jak 1, 12 ff).
Wir wissen, dass es für jeden, der aus GOTT stammt, kein Abweichen gibt, sondern wer aus GOTT geboren wurde, der orientiert sich an ihm, und der Böse bekommt ihn nicht zu fassen (1 Joh 5, 18).

Kapitel 10

Schafft den alten Sauerteig weg,
damit ihr ein neuer Teig seid!
1 Kor 5, 7

Fremd- und Trubstoffe in der christlichen Lehre

Jacob Neusner, ordinierter Rabbiner sowie Professor für Religionswissenschaft, geb. 1932, schreibt, *dass Judentum und Christentum gänzlich unabhängig voneinander zu sehen sind. Das Christentum ist nicht die „Tochterreligion", und es gibt keine gemeinsame fortlaufende „jüdisch-christliche Tradition". Ferner, dass es zwischen Judentum und Christentum keinerlei Überschneidungen gibt, nicht einmal bei der gemeinsamen Lektüre der Bibel.* (12)

Vieles was (im Evangelium) zur Erfüllung der Thora vorgebracht wird, verfälscht ... die klare Lehre und die Absicht der Thora. (165)[71]

Der alte Sauerteig geriet schon mit den Paulusbriefen, die ja älter sind als die Evangelien, in den neuen Teig. Jesus hatte diese Gefahr schon vorausgesehen und davor gewarnt. Sie lag darin, dass Inhalte der jüdischen Religion in das völlig neue Bild von GOTT und Mensch übernommen wurden. Jesus verglich seine Lehre vom Reich GOTTES mit einem Sauerteig, der wie eine Hefe einen Teig aufgehen lässt und völlig umwandelt (Lk 13, 21). Darum warnt er vor dem jüdischen Sauerteig (Mt 16, 6). Ebenso darf man frisch gekelterten Wein nicht in alte Schläuche abzufüllen, weil der Wein sonst verschüttet wird (Mt 9, 17). Immer wieder warnt er vor den Lehren der jüdischen Theologen. Sein Vorwurf: *Weh euch, ihr Schriftgelehrten und Pharisäer, ihr Schauspieler! Ihr schließt das Himmelreich vor den Menschen zu. Ihr selbst geht ja nicht hinein, und die hineingehen wollen, die hindert ihr am Betreten* (Mt 23, 13). Er nennt sie außer Heuchler noch Narren und Blinde, verblendete Führer.

Auch Paulus betont immer wieder das Neue an der christlichen Botschaft. Der Brief an die Hebräer spricht von einem *neuen und lebendigen Weg* (Hebr 10, 20). Paulus betont: *Wenn folglich einer in Christus ist, ist er eine Neuschöpfung. Die archaischen Vorstellungen sind Vergangenheit. Etwas Neues ist da* (2 Kor 5, 17). An die Epheser schreibt er: *Legt den alten Menschen mit seinem früheren Verhalten ab ... Werdet ein neuer Mensch durch geistiges Verständnis und zieht den neuen Menschen an, der der göttlichen Schöpfung entspricht in der Gerechtigkeit und Heiligkeit der WAHRHEIT* (Eph 4, 22;24). Und an die Kolosser: *Ihr habt den neuen Menschen(begriff) angezogen, der neu wird in dem Ausmaß, wie wir die Idee dessen erkennen, der ihn geschaffen hat* (Kol 3, 10).

Welches ist nun der alte Sauerteig, der den neuen Teig verfälschte und den neuen Wein verschüttete? Es sind vor allem drei Ingredienzien:
Da ist zunächst die **Bußtaufe** zu nennen. *Was Johannes der Täufer* (Mt 3, 2) *... den jüdischen Volksmengen predigte, war*

---

[71] Neusner, Rabbi 12 und 165

»SCHUWU!« - *ein Aufruf, der im Grunde der Botschaft aller Propheten gleichkommt. Gemeint ist hiermit eine Abkehr vom falschen Kult, vom Nachhuren nach den Abgöttern der Götzendiener, auf die eine* **Rückkehr zum Gott der Väter**[72] *folgt, als Heimkehr zu den religiösen Ursprüngen des alten Israel* (Lapide, Bibel). Im Gegensatz dazu rief Jesus nicht dazu auf, für vergangene Sünden Buße zu tun. Seine Forderung hieß: Umdenken, das neue Bild von GOTT und Mensch annehmen, *das Himmelreich wird nicht kommen, indem man darauf wartet. ... Das Reich des Vaters ist vielmehr ausgebreitet über die Erde, und doch sehen es die Menschen nicht* (Log 113). *Macht eure Augen auf und betrachtet die Felder: Sie sind weiß zur Ernte. Schon jetzt erhält seinen Lohn, wer erntet, und er fährt Frucht ein zum ewigen* LEBEN (Joh 4, 35 f) .

Ferner ist es das „**stellvertretende Leiden des Gottesknechtes**", ein Leiden, um die Schuld des Menschengeschlechtes zu tilgen. Dieser leidende Gottesknecht findet sich bei dem Propheten Jesaja (53, 4 bis 10): *Fürwahr, er trug unsere Krankheit und lud auf sich unsere Schmerzen. Wir aber hielten ihn für den, der geplagt und von Gott geschlagen und gemartert wäre. Aber er ist um unser Missetat willen verwundet und um unserer Sünde willen zerschlagen. Die Strafe liegt auf ihm, auf dass wir Frieden hätten, und durch seine Wunden sind wir geheilt. ... Als er gemartert ward, litt er doch willig und tat seinen Mund nicht auf wie ein Lamm, das zur Schlachtbank geführt wird ... und man gab ihm sein Grab bei Gottlosen und Übeltätern, als er gestorben war, wiewohl er niemandem Unrecht getan hat und kein Betrug in seinem Munde gewesen ist. So wollte ihn der* HERR *zerschlagen mit Krankheit.*[73]

Jesus hat nicht für eine Urschuld der Menschheit gebüßt, *Er hat anstelle der Freude, die er hätte haben können, die Schmach missachtet, das Kreuz ertragen* (Hebr 12, 2) aus Liebe zu den Menschen. Obwohl er wusste, dass seine Lehre Empörung hervorrief und ihm der Tod drohte, verkündete er dennoch seine neue erlösende Lehre und nahm den Tod dafür in Kauf: *Das ist mein Gebot, dass ihr euch untereinander liebt, wie ich euch liebe.*

---

[72] Hervorhebung durch den Autor
[73] Wenn Sie eine gute Bibelausgabe haben, werden sie dort angegeben finden, wie oft und wo diese Verse in der Christlichen Bibel zitiert werden.

Niemand hat größere Liebe als die, dass er sein Leben lässt für seine Freunde (Joh 15, 12 f).

Die geschmacklose und widersinnige **Lehre von der leiblichen Auferstehung der Toten aus ihren Gräbern** geht auf eine Schau des Propheten Hesekiel (37, 1 ff) zurück: *Des HERRN Hand kam über mich, und er führte mich hinaus im Geist des HERRN und stellte mich mitten auf ein weites Feld; das lag voller Totengebeine. Und er führte mich überall hindurch. Und siehe, es lagen sehr viele Gebeine über das Feld hin, und siehe, sie waren ganz verdorrt. ... So spricht Gott der HERR zu diesen Gebeinen: Siehe, ich will Odem in euch bringen, dass ihr wieder lebendig werdet. ... und siehe es regte sich, und die Gebeine rückten zusammen, Gebein zu Gebein. Und ich sah, und siehe, es wuchsen Sehnen und Fleisch darauf, und sie wurden mit Haut überzogen; es war aber noch kein Odem in ihnen. ... Da kam der Odem in sie und sie wurden wieder lebendig und stellten sich auf ihre Füße, ein überaus großes Heer. ... So spricht Gott der HERR: Siehe ich will eure Gräber auftun und hole euch, mein Volk, aus euren Gräbern herauf und bringe euch ins Land Israels. Und ihr sollt erfahren, dass ich der HERR bin, wenn ich eure Gräber öffne und euch, mein Volk, aus euren Gräbern heraufhole. Und ich will meinen Odem in euch geben, dass ihr wieder leben sollt.*[74]

Wie kam es nun zu dieser unbeabsichtigten Verfälschung? Genau wie Jesus zunächst glaubte, seine Botschaft sei nur für die Juden bestimmt (Mt 15, 24), so führten die Missionsreisen Paulus zunächst zu den jüdischen Gemeinden im Mittelmeerraum. Diese Juden sollten davon überzeugt werden, dass der verheißene und erwartete Messias mit Jesus dem Christus gekommen sei. Als Belege dienten ihm dabei Messiasverheißungen aus dem jüdischen Schriften.

---

[74] Text aus Luther 84

Kapitel 11

Weh euch Theologen!
Denn ihr ladet den Menschen Lasten auf,
die kaum zu tragen sind.
Und ihr selbst rührt sie mit keinem Finger an.
Lk 11, 52

Der Schlüssel zur Vergebung

Buße tun und büßen, Bußgeld, die Androhung: *Das wirst du mir büßen!* – all das bringen wir mit Strafe und Rache in Verbindung. Doch ist das auch in der christlichen Lehre so gemeint und steht es so in der Christlichen Bibel? Sind wir denn die Kinder Adams und *ganz und gar in Sünde geboren* nach jüdischem Glauben (Joh 9, 34) und werden wir von unserem Schöpfer für unsere Fehler mit grausamer Rache verfolgt, wie es der HERR den Kindern Israel angedroht hat? (5 Mos 28, 15 ff)

Nach der Luther-Übersetzung[75] heißt es:
Seit der Zeit fing Jesus an zu predigen:
Tut Buße, denn das Himmelreich
ist nahe herbeigekommen! Mt 4, 17

Im Kapitel zuvor stand über Johannes den Täufer zu lesen:
In jenen Tagen trat Johannes der Täufer auf
und verkündete in der Wüste von Judäa:
Tut Buße, denn das Himmelreich ist nahe. Mt 3, 1 f

Der jüdische Gelehrte Pinchas Lapide schrieb dazu: *Was Johannes der Täufer (Mt 3, 2) und später auch Jesus (Mt 4, 17) den jüdischen Volksmengen predigte, war »SCHUWU!«* - *ein Aufruf, der im Grunde der Botschaft aller Propheten gleichkommt. Gemeint ist hiermit eine Abkehr vom falschen Kult, vom Nachhuren nach den Abgöttern der Götzendiener, auf die eine Rückkehr zum Gott der Väter folgt, als Heimkehr zu den religiösen Ursprüngen des alten Israel.*

---

[75] Vgl. Luther 84

Doch stimmt das auch? Das Matthäus-Evangelium unter- streicht eigentlich deutlich genug, dass es da einen großen Unterschied gibt zwischen dem Aufruf des Täufers und dem von Jesus dem Christus, indem es den Täufer sagen lässt: *Ich taufe euch mit Wasser zur Umkehr. Der aber nach mir kommt, hat mehr Kraft als ich; ich bin nicht fähig, seine Sandalen zu tragen. Er wird euch im Heiligen GEIST und im Feuer taufen* (Mt 3, 11).

Nach dem Johannes-Evangelium taufte Jesus überhaupt nicht mit Wasser (Joh 4, 2). Im Unterschied zur Wassertaufe des Johannes zur Reinigung von den Sünden wird bei Jesus seine Taufe mit dem heiligen GEIST betont (Joh 1, 33). Die Taufe Jesu war eine geistige Taufe. Und diese Taufe bewirkte eine Neu- geburt aus dem GEIST:

> Wenn einer nicht von oben geboren worden ist,
> kann er das Reich GOTTES nicht sehen. ...
> Wenn einer nicht aus dem Wasser
> **und** dem GEIST geboren worden ist,
> kann er nicht ins Reich GOTTES hineinkommen.
> Was aus Materie entstanden ist, ist Materie,
> was aus GEIST entstanden ist, ist GEIST.   Joh 3, 3-5

Das Wasser hat hier die Bedeutung von Reinigung; Reinheit ist eine der Ideen von GEIST.

„Aber in der Bibel steht doch das Wort Buße", könnte jemand einwenden. Keineswegs. Im original-griechischen Text steht das Wort μετανοεῖτε und μετάνοια (metanoeîte und metánoia). Metánoia ist nicht die griechische Übersetzung von »SCHUWU!«, was »Umkehr« und »Rückkehr« bedeutet. Metánoia meint ganz im Gegenteil eine Abkehr vom alten Denken: »Umdenken«, »Sinneswandel«.
Wie kommt nun der Begriff »Buße« in die Christliche Bibel? Ab 382 nach entstand die auf Hieronymus zurückgehende Übersetzung des Alten und Neuen Testamentes aus dem Grie- chischen ins Lateinische. Diese Übersetzung ist die VULGATA, „die allgemein im Volk verbreitete". Diese Übersetzung übertrug die beiden griechischen Worte mit »poenitemini« und »in poenitentiam«. Aus dem spätlateinischen poenitentia hört man aber außer »Reue« auch das Wort poena für »Strafe«

heraus, woraus dann »Buße« mit all den eingangs genannten Assoziationen wurde.

Anno 1546 erklärte das Konzil von Trient die VULGATA für authentisch und verbindlich für die Bibelauslegung. Und so kam es dann zu all den Bußritualen.

Wir halten also fest: das Wort metanoia aus dem griechischen Urtext bedeutet: Umdenken, Sinneswandel. Die richtige Übersetzung aus den Evangelien muss also heißen:
Denkt um und vertraut auf die Gute Botschaft.

Mk 1, 15

Die gute Botschaft des Evangeliums aber ist das radikal neue Bild von GOTT und Mensch: der Mensch ist nicht *ganz in Sünden geboren* (Joh 9, 34), er ist das geistige Geschöpf des GEISTES, und seine wahre Identität ist das »Bild und Gleichnis GOTTES«.

Wir haben gesehen: Johannes taufte mit Wasser zur Reinigung und Vergebung der begangenen Sünden (Mk 1, 4). Er forderte, wie der jüdische Gelehrte Lapide betont, Schuwu – Rückkehr zum Gott(esbild) der Väter. Die Taufe durch Jesus den Christus ist eine Taufe mit dem heiligen Geist und mit Feuer (Lk 3, 16). Das Feuer soll das alte Paradigma zunichte machen und durch einen Sinneswandel, durch ein Umdenken ein neues Paradigma einführen. Durch eine Neugeburt aus dem GEIST soll sich der Mensch als GOTTES vollkommenes Bild und Gleichnis verstehen:
Das Reich GOTTES ist [dem Bewusstsein] nahe.
Denkt um und glaubt an die Gute Botschaft.

Mk 1, 11-15

Glauben heißt: das neue Paradigma akzeptieren und alle gegenteiligen Vorstellungen aufgeben (Feuer). Wer die neue Lehre nicht glaubt, sie nicht akzeptiert, an dem kann sie sich nicht erlösend auswirken (Mt 13, 58).
Zu einem Gelähmten sagte Jesus:
Sei zuversichtlich, Kind, deine Sünden sind erlassen.

Mt 9, 2

Und als die jüdischen Theologen seine Worte für gotteslästerlich hielten, fügte er hinzu:

Damit ihr aber wisst, dass der Sohn des Menschen
die Macht hat, auf Erden Sünden zu vergeben:
Steht auf, sagte er zu dem Gelähmten,
nimm dein Bett und geh nach Hause.   Mt 9, 6

Dem Bewusstsein, das dieses neue Paradigma annimmt, dem
Menschen des sechsten Schöpfungstages, dem Christus, ist
diese Vollmacht von GOTT gegeben (1 Mos 1, 28).

Nach dem Lukas-Evangelium, dessen Urfassung nach neuesten
Erkenntnissen als das älteste Evangelium gilt, las Jesus bei
seinem ersten öffentlichen Auftreten aus der Prophezeiung des
Jesaja: *Der GEIST GOTTES ruht auf mir, deshalb hat er mich gesalbt,
damit ich den Bettlern gute Kunde bringe. Er hat mich abgesandt, den
Gefangenen die Freilassung zu verkünden, den Blinden das Augen-
licht, die Gebrochenen freizugeben und zu verkünden das Erlass-
jahr GOTTES.* Er schloss das Buch und fügte hinzu:
Heute ist diese Schriftstelle erfüllt in euren Ohren.
Lk 4, 17 ff

Einen Gelähmten heilte er mit den Worten: *Mensch, deine
Sündenschuld ist dir erlassen* (Lk 5, 20). Zu einer Sünderin, die
Tränen der Reue vergoss, sagt er dasselbe (Lk 7, 47). Beide Male
verwendet der Grieche Lukas das Wort aphéontai – eine
Perfektform mit präsentischer Bedeutung: Die Sündenschuld
ist dem Menschen schon erlassen, das Erlassjahr GOTTES ist
schon eingetreten. Das griechische Wort aphíemi bedeutet: frei-
lassen, freisprechen, entlassen, loslassen. Die Freilassung –
áphesis – bei Jesaja, die Jesus zitiert, gehört zu demselben
Wortstamm. Nach christlicher Lehre nahm GOTT den Menschen
niemals in Schuldhaft, er nimmt die Sünde überhaupt nicht
wahr, für ihn gibt es nur seine vollkommene Schöpfung in
ewiger Gegenwart. Von einer Frau mit verkrümmtem Rücken
sagt Jesus, dass der Satan sie gefesselt habe (Lk 13, 16). Wo aber
steckt der Satan oder Diabolos? Bei Unachtsamkeit und
mangelndem Bewusstsein um die WAHRHEIT nistet er sich in
der Psyche der Sterblichen ein (Mt 12, 43 ff). Die Sterblichen sind
es, die einander in Schuldhaft und Sklaverei nehmen. *Jeder, der
eine Sünde begeht, der ist ein Sklave seiner Sünde. Der Sklave bleibt
nicht immer im Haus; der Sohn jedoch bleibt für immer darin* (Joh 8,

34 f). Es gibt nur eine Sünde, nur einen Denkfehler, der, solange er nicht korrigiert wird, das Tor zum ewigen LEBEN verschließt: *Jeder Verstoß und jede Schmähung wird den Menschen vergeben werden, aber die Schmähung gegen den GEIST wird keine Vergebung finden. ... Jeder, der gegen den Heiligen GEIST redet, der wird keine Vergebung finden, weder in dieser Zeit noch in der künftigen* (Mt 12, 31 f). GEIST ist GOTT, der Sünder gegen GEIST ist in der Gottesferne. Findet er ins Haus (Bewusstsein) des Vaters zurück, ist er der unbelastete Sohn, wie Jesus im Gleichnis vom verlorenen Sohn[76] lehrt (Lk 15, 11 ff).

Als eine Ehebrecherin vor ihn gebracht und er zur Stellung-nahme aufgefordert wird, was er zu ihrer Bestrafung meine, bückt sich Jesus und schreibt ihre Verfehlung in den Sand. Der englische Dichter John Keats (1795-1821) ließ in Rom auf seinen frühen Grabstein schreiben: *Hier liegt einer, dessen Name ins Wasser geschrieben war.* Was man in Sand oder Wasser schreibt, ist in den Wind geschrieben.

Darum fügte Jesus auch hinzu, dass er über die Frau nicht richte. Zu den Pharisäern sagte er: *Ihr richtet nach dem Fleisch, ich richte niemand* (Joh 8, 5). Generell gibt Jesus die Regel: *Richtet nicht, damit ihr nicht gerichtet werdet! Denn mit den Kriterien, unter denen ihr richtet, werdet ihr gerichtet werden; und der Maßstab, den ihr anlegt, wird an euch angelegt werden* (Mt 7, 1 f).

Es sind die Menschen, die über andere zu Gericht sitzen, sie in Schuldhaft nehmen und Sühne einfordern. Aber so kann man nach christlicher Lehre nicht in den Himmel kommen. Zu Petrus, der in Jesus richtig den Christus identifiziert hat, sagt Jesus: *Ich will dir die Schlüssel zum Himmelreich geben* – ich will dir sagen, welches der Weg in die ewige Seligkeit ist: *Was immer du gebunden hast auf der Erde, wird im Himmel gebunden sein. Und was immer du losgebunden hast auf der Erde, wird im Himmel losgebunden sein.* (Mt 16, 19). Denn: *Wenn ihr den Menschen ihre Fehler verziehen habt, wird euer himmlischer Vater auch euch ver-zeihen. Wenn ihr aber den Menschen nicht verziehen habt, dann wird euer Vater auch euch eure Fehler nicht verzeihen* (Mt 6, 14 f). Die Worte, die Jesus an Petrus richtete, sind an uns alle gerichtet; die Schlüssel zum Himmelreich sind an uns alle gegeben.

---

[76] Vgl. Benninger, Befreit 135 ff

Wer seinem Bruder 77 mal verzeihen will (Mt 18, 22), der muss, ehe er dies kann, auch sich selber zu verzeihen lernen. Wie kann einer seinen Bruder lieben, wenn er sich selber hasst? Es ist das eigene göttliche Selbst, dem wir Geburtshilfe leisten müssen. Das ist die Neugeburt aus dem GEIST (Joh 3, 3-5), von der Jesus spricht, schön versinnbildlicht in der Jungfrau, die an Weihnachten den Christus zur Welt bringt.

Ein junger Mann fragte Jesus, was er tun müsse, um das ewige LEBEN zu erlangen. Jesus antwortete unter anderem: *Du sollst deinen Nächsten lieben als dein Selbst* (Mt 19, 19). Den Nächsten lieben heißt jedem Mitmenschen das gleiche göttliche Selbst zusprechen wie sich selbst.

Kapitel 12

Ewiges Leben?

In der ganzen Alten Welt von den Sumerern in Mesopotamien im 3. Jahrtausend vor bis zu den Griechen herrschte der Glaube an ein Weiterleben nach dem Tode. Was sich da vom vergänglichen Körper trennte, um in einer finsteren Unterwelt, dem »Land ohne Wiederkehr« als Schatten seines ehemaligen Ego weiterzuleben, nannten die Griechen Seele (psyché). Frevler gegen die Götter wurden hier im Reich des Hades hart bestraft, so Tantalos, Sisyphos und Ixion. Durch Blut konnten diese Seelen für kurze Zeit neu aufleben[77], das Schattenreich jedoch konnten sie nie mehr verlassen.

Im Gilgamesch-Epos[78], dessen Vorformen bis ins Jahr 2700 vor zurückreichen, zieht König Gilgamesch aus auf der Suche nach Unsterblichkeit. Er will nicht sterben, er will auch kein Fortleben in diesem grausigen Schattenreich: seine lebende Seele soll den Körper erst gar nicht verlassen.

Bis in die Zeit der griechischen Aufklärung im 6. Jahrhundert vor, als der Logos seinen Kampf gegen den Mythos aufnahm,

---

[77] Odyssee XI
[78] Vgl. Benninger, Alternatives Christentum 20 f

blieben diese Vorstellungen unangefochten. Denn auf Schuldgefühl und Höllenangst beruht die Macht der Religion: Der Mensch entkommt seiner Strafe durch die Götter nicht, er kann sich ihr auch nicht durch den Tod entziehen. Erst der Physiker und Philosoph Epikur (341 - 270) versuchte mit seiner Argumentation aus der Physik diesem religiösen Glauben die Grundlage zu entziehen. Er führte die Vorstellung von einem Weiterlebenwollen nach dem Tode auf die Unersättlichkeit des Menschen zurück. Nach seiner Lehre zerfällt die Seele nach dem Tod des Menschen wieder in ihre Atome. Bläst man eine brennende Kerze aus, so geht die Flamme, ihre Lebensenergie, nicht irgendwo hin, sie erlischt, wobei ihr Energie zwar erhalten bleibt aber doch zerstiebt und in ihre Atome zerfällt, ihre alte Identität aber keineswegs behält.

»Leben« und »Seele« bleiben lange undifferenziert, so als handele es sich bei diesen beiden Begriffen um Synonyme für ein und dieselbe Wesenheit. Noch bei Platon (428-347) vermissen wir eine klare Definition, in der er Leben und Seele klar von einander abgrenzt. Berühmt ist sein Beweis: psyché pasa athánatos (Phaidr 245 c). Die jeweilige Übersetzung ins Deutsche entspricht dem Verständnis und der Interpretation des Übersetzers. Die gängigen Übersetzungsvorschläge sind folgende: »jede Seele ...«, »Seele insgesamt ...«, »alles, was Seele ist, ...« und »die All-Seele ist unsterblich«. Sicher ist, dass Platon mit diesem Satz psyché nicht in Einzelseelen aufteilt, deren jede in einem Körper wie in einem Grab eingeschlossen ist. Vielmehr ist sie Eines und durchwaltet den ganzen Kosmos, verschiedentlich in verschiedenen Gestalten sich zeigend (Phaidr 246 b). Sie ist das Prinzip des Lebens: *Diejenigen, welche die **Psyche**, Seele, so benannten, haben sich dieses dabei gedacht, dass sie, wenn sie sich bei, oder wie man sonst sagte, selb dem Leibe hält, die **Ursache** ist, dass er lebt, weil sie ihm das Vermögen des Atmens mitteilt, und ihn dadurch als ein Selbst hält und erfrischt, anapsychon, sobald aber dieses selbige fehlt, kommt der Leib um und stirbt, deshalb, glaube ich, haben sie sie Seele genannt* (Platon, Kratylos 399e). Die psyché haucht also einem Körper das Leben ein. Unter psyché finden wir in den Lexika folgende Bedeutungen:

1. Hauch, Atem, Lebenskraft, Leben
2. Seele

Das griechische Verb psychein bedeutet: hauchen, blasen. Wenn die psyché das Leben einhaucht oder einbläst, wie könnte sie das tun, wenn sie nicht selber Leben in sich hätte oder selbst Leben wäre? Und was bliebe von der pyché übrig, nähme man ihr das Leben weg? Könnte sie noch *über alles Unbeseelte walten und den Himmel durchziehen?*

Betrachten wir zunächst, wie Platon den Beweis für die Unsterblichkeit der Seele (psyché) führt:

Seele insgesamt ist unsterblich. Denn was sich selbst bewegt, ist unsterblich. Was aber ein anderes in Bewegung setzt, weil es von etwas anderem in Bewegung gesetzt wird, was also ein Ende seiner Bewegung hat, das hat auch ein Ende seines Lebens.

Also nur das, was sich selbst bewegt, hält, da es sich nicht im Stich lässt, niemals in der Bewegung inne, sondern es ist auch für alles andere, was sich bewegt, Urquell der Bewegung. Der Urimpuls aber hat keine Entstehung. Denn jedes Ding, das entsteht, muss aus einem Urimpuls entstehen. Der Urimpuls aber darf aus gar nichts entstehen. Denn wenn Anfang aus etwas entstünde, so käme Werden nicht aus einem Urimpuls.

Da der Urimpuls aber etwas Ungewordenes ist, muss er auch unvergänglich sein. Denn nach dem Untergang des Urimpulses könnte weder es selbst jemals aus etwas anderem, noch etwas anderes aus ihm entstehen, wenn doch alles aus einem Urimpuls entstehen muss.

So also ist das, was sich selbst bewegt, der Urimpuls. Dieser kann unmöglich vergehen noch entstehen, sonst müsste der ganze Himmel und die ganze Schöpfung zusammenfallen und stehen bleiben, und sie hätten nie wieder einen Punkt, von dem aus sie Impuls und Entstehung hätten.

Da aber das, was sich selbst bewegt, als unsterblich erwiesen ist, wird man ohne Scheu dieses als das Wesen und die Definition von Seele bezeichnen.

Denn jeder Körper, dem der Bewegungsimpuls von außen kommt, ist unbeseelt. Der aber, der den Bewegungsimpuls aus dem eigenen Innern hat, der ist beseelt, weil dies das Wesen von Seele ist.

Wenn es aber so ist, dass das, was sich selbst bewegt, nichts anderes ist als die Seele, dann muss doch wohl Seele ungeworden und unsterblich sein (Phaidr 245 c-e).

Und wenn wir nun psyché nicht mit »Seele«, sondern mit »Leben« übersetzen, was ja die Grundbedeutung von psyché ist? Dann liest sich die Stelle so und gibt genau so viel Sinn:
Leben insgesamt ist unsterblich. Denn was sich selbst bewegt, ist unsterblich. Was aber ein anderes in Bewegung setzt, weil es von etwas anderem in Bewegung gesetzt wird, was also ein Ende seiner Bewegung hat, das hat auch ein Ende seines Lebens. .... Da aber das, was sich selbst bewegt, als unsterblich erwiesen ist, wird man ohne Scheu dieses als das Wesen und die Definition von Leben bezeichnen.
Denn jeder Körper, dem der Bewegungsimpuls von außen kommt, ist unbelebt. Der aber, der den Bewegungsimpuls aus dem eigenen Innern hat, der ist belebt, weil dies das Wesen von Leben ist.
Wenn es aber so ist, dass das, was sich selbst bewegt, nichts anderes ist als das Leben, dann muss doch wohl Leben ungeworden und unsterblich sein.
Seele ist also das, was einem stofflichen Körper Leben verleiht. Demnach muss Seele das Leben in sich haben. Seele und Leben können also nicht zwei getrennt zu denkende Wesenheiten sein, vielmehr wohnt Leben der Seele untrennbar inne, sodass nach Platons Beweisführung Leben (zoé) ebenso wie Seele unsterblich sein muss. Unsterblich aber ist nur das Göttliche.

Unmittelbar im Anschluss findet sich das Bild von der menschlichen Seele als einem Pferdegespann mit Wagenlenker. Hier ist bei der Seele der Sterblichen eines der beiden Pferde mangelhaft. Unsterbliches aber muss nach Platon fehlerfrei und in allen Teilen vollkommen sein. Demnach kann die menschliche Seele, besser: die menschliche Psyche, nicht unsterblich sein, weswegen ja auch die Menschen die »Sterblichen« und nur die Götter die »Unsterblichen« heißen.

✳

Eine klare Unterscheidung und eindeutige Abgrenzung der beiden Begriffe »Seele« und »Leben« vermissen wir zunächst auch in der Christlichen Bibel. So lesen wir bei Matthäus 10, 39:

> Wer sein Leben (psyché) gefunden hat, wird es verlieren;
> wer sein Leben (psyché) verloren hat um meinetwillen,
> der wird es finden.

Eine ganz und gar rätselhafte und unverständliche Aussage. Auf eine Stelle vergleichbaren Inhalts stoßen wir bei Matthäus 16, 25 f. Interessanterweise ergeben diese Verse nur Sinn, wenn psyché in Vers 25 mit »Leben«, in Vers 26 dagegen mit »Seele« übersetzt wird, was alle Übersetzer auch tun:

> 25 Wer sein Leben (psyché) erhalten will,
> wird es verlieren.
> Wer aber sein Leben (psyché) aufgegeben hat
> um meinetwillen, der wird es finden.
> 26 Denn welchen Nutzen kann ein Mensch davon haben,
> wenn er die ganze Welt gewinnt,
> an seiner Seele (psyché) aber Schaden nimmt?
> Oder welchen Gegenwert kann ein Mensch
> für seine Seele (psyché) aufbringen?

Wir erkennen auch hier wieder, wie schwer »Leben« und »Seele« zu trennen sind, zugleich aber erhalten wir bei Matthäus wiederum keine klare Antwort darauf, welches Leben *erhalten* werden will, und welches Leben *aufgegeben* werden soll.

Wenden wir uns nun einer Stelle mit gleicher Thematik im Lukas-Evangelium (17, 33) zu. Dort heißt es in der Luther-Übersetzung 1984:

> Wer sein Leben zu erhalten sucht,
> der wird es verlieren;
> und wer es verlieren wird,
> der wird es gewinnen.

Rätselhaft und unverständlich. Dabei hieß es in der alten Luther-Übersetzung noch viel klarer und dem griechischen Urtext näher:

> Wer da sucht, seine Seele zu erhalten,

der wird sie verlieren.
Und wer sie verlieren wird,
der wird ihr zum Leben helfen.

Diese alte Übersetzung steht dem griechischen Text näher und trifft den Sinn besser, heißt es doch im griechischen Text: ζωο-γονήσει. In diesem Verb steckt das griechische Substantiv zoé (ζωή), das lediglich »Leben« bedeutet. Die richtige Übersetzung der Lukas-Stelle muss also lauten:

Wer sein Leben (psyché) zu erhalten sucht,
wird es verlieren, und wer es verliert,
der wird es zum Leben (zoé) machen.

Endgültige Klarheit für das rechte Verständnis der Lehre von Jesus schafft uns das zeitlich späte Johannes-Evangelium:

Wer sein Leben (psyché) liebt, der richtet es zugrunde.
Und wer sein Leben (psyché) in dieser Welt geringschätzt,
der wird es ins ewige LEBEN (zoé) hinüberretten.

Joh 12, 25

Hier wird endlich eindeutig definiert:
psyché bedeutet: das *Leben in dieser Welt*,
zoé bedeutet: das *ewige LEBEN*.

Psyché ist das biologische Leben, das der materiellen menschlichen Psyche innewohnt, von ihr unterhalten wird und im Tode endet.
Zoé ist das geistige LEBEN, das GOTT ist, immateriell und ewig; ohne Anfang und Ende.

✳

Der Selige und allein Mächtige,
der König der Regierenden und Herr der Herrschenden.
Er allein hat Unsterblichkeit
und wohnt in unzugänglichem Licht.   1 Tim 6, 15 f

Das unsterbliche, todlose LEBEN gehört GOTT allein. Auch das Johannes-Evangelium betont, dass *der Vater das LEBEN in sich selber hat* (Joh 5, 26).

GOTT ist der Ursprung von allem, die einzige Ursache, er hat alles geschaffen, betont der erste Schöpfungstag gleich zu Anfang. Alles, was GOTT, GEIST, schafft, ist sein Abglanz, die Ausstrahlung seines Lichtes (Hebr 1, 3):

GOTT ist nicht ein GOTT von Toten,
sondern von Lebenden,
denn für ihn sind alle am LEBEN.   Lk 20, 38

Und da GOTT Alles-in-allem ist und wir in ihm leben, uns in ihm bewegen und in ihm unsere Existenz haben (Apg 17, 28), gibt es nur dieses eine LEBEN. Jesus hat gefordert: *Nennt auf der Erde niemand euren Vater, denn nur einer ist euer Vater: der himmlische* (Mt 23, 9). Denn der irdische Vater gibt uns den Tod mit als Erbe, nur der himmlische hat das LEBEN in sich. Wenn aber Gott das LEBEN in sich hat und das ewige LEBEN ist, dann müssen es naturgemäß alle haben, da wir in ihm leben, wie Paulus sagt (Apg 17, 28).

Das materielle Leben, das in Sterben und Tod endet, ist demnach lediglich eine Illusion, die überwindbar ist. Dieses Überwinden ist der Sinn unseres irdischen Daseins.

*

Das irdische Leben in einem sterblichen Leib bezeichneten schon die Pythagoreer als ein Begrabensein. Der junge Scipio erfährt von seinem verstorbenen Großvater in einem Traumgesicht: *Diejenigen leben, die aus den Fesseln ihrer Leiber wie aus einem Käfig entflogen sind. Euer sogenanntes Leben aber ist der Tod* (Cicero de rep III 8).

Schon in der Paradies-Parabel erlebten wir mit, dass Adam und Eva, nachdem sie vom Baum der Erkenntnis des Guten und des Bösen gegessen hatten, keineswegs tot umfielen, wie Jahwe Elohim es ihnen angedroht hatte. Aber sie waren nackt wie die Bewohner des mesopotamischen Totenreiches.

Auch in der Christlichen Bibel bedeutet Tod »Sterblichkeit«: ein Leben, das immer im Tode endet, ein Wandeln in Finsternis und Unwissenheit (Joh 8, 12). Einer, der sich als Schüler Jesus anschließen wollte, bat den Meister noch um Aufschub, weil sein alter Vater noch lebe, *Aber Jesus sprach zu ihm: Folge mir und lass die Toten ihre Toten begraben!* (Mt 8, 22) Diese Schlafenden oder Toten ruft Jesus der Christus zum Aufwachen und Auf(er)stehen aus ihrem Begrabensein in der Materie: *Wirklich, es kommt die Stunde, ja sie ist schon da, zu der die Toten die Stimme des Sohnes GOTTES hören werden, und die sie vernommen haben, werden leben* (Joh 5, 25). So war Lazarus, für seine Umgebung gestorben und begraben, für Jesus lediglich ein Schlafender, der aufgeweckt werden musste (Joh 11, 11). Dementsprechend ging Jesus denn auch an das Grab des Lazarus und rief: *Lazarus, komm heraus!* (Joh 11, 43)

Das Reich GOTTES, auf das gewartet wird, ist also als die einzige Gegenwart jetzt schon erlebbar: *Wenn ich in GEIST, GOTT, die dämonischen Mächte austreibe, dann ist doch das Reich GOTTES schon bei euch angekommen* (Mt 12, 28).

✳

Matthäus berichtet, dass Jesus, nachdem Johannes der Täufer verhaftet worden war, seine Heimatstadt Nazareth verließ und mit der Verkündung seiner Botschaft begann. Dabei zitiert Matthäus eine Prophezeiung aus Jesaja, die nun in Erfüllung gehen solle:

Das Volk, das in der Finsternis saß,
hat ein großes Licht erblickt.
Und denen, die im Land des Todesschattens saßen,
ihnen ist ein Licht aufgegangen.   Mt 4, 16

Das Reich der Finsternis und des Todesschattens ist also kein unterirdisches Reich der Verstorbenen, sondern nur eine niedere Bewusstseinsebene, auf der noch gestorben wird und die des Lichtes der WAHRHEIT oder des Christus noch bedarf, denn in ihm, dem LOGOS, der geistigen Idee GOTTES, *war das LEBEN, und das LEBEN war für die Menschen das Licht* Joh 1, 4).

Der zweite Brief an Timotheus spricht, ähnlich wie Markion, vom heiligen Ruf und der Gnade GOTTES, *die uns jetzt offenbart wurde durch das Erscheinen unseres Retters Christus Jesus, der dem Tod die Macht nahm und das LEBEN ans Licht brachte und die Unsterblichkeit durch seine gute Botschaft* (2 Tim 1, 10).

Im Johannes-Evangelium sagte der Christus:

Ich bin gekommen, damit sie das LEBEN haben,
etwas, das über alle Vorstellungen hinausgeht.   Joh 10, 10

Und an anderer Stelle:
Es ist wahr, wenn ich euch sage:
Wer mein Wort hört und dem glaubt,
der mich gesandt hat, hat das ewige LEBEN
und kommt nicht ins Gericht,
sondern hat den Schritt aus dem Tod ins LEBEN gemacht.
Wirklich, es kommt die Stunde, ja sie ist schon da,
zu der die Toten die Stimme des Sohnes GOTTES hören,
und die sie vernommen haben, werden leben.   Joh 5, 24 f

Denn:
Wie der Vater das LEBEN in sich selber hat,
so hat er auch dem Sohn gegeben,
das LEBEN in sich selber zu haben.   Joh 5, 26

Mit dem Sohn aber ist nicht etwa die Person Jesus gemeint, sondern der Christus, der Mensch des sechsten Schöpfungstages, den wir als unsere wahre und einzige Identität in Anspruch nehmen müssen.
Schon bei seinem ersten Auftreten hatte Jesus nicht etwa zur Buße aufgerufen, auch wenn es bis heute in den kirchlichen Übersetzungen so zu lesen ist, sondern zum radikalen Umdenken[79] über Zeit, GOTT und seine Schöpfung. Er forderte das völlig neue Bewusstsein, dass der Mensch nicht der sündige Adam ist, sondern das Bild und Gleichnis seines Schöpfers, der es als *sehr gut* beurteilte. Paulus hat dies in einem trefflichen Bild erläutert:
Legt den alten Menschen mit seinem früheren Verhalten
ab, ... werdet ein neuer Mensch durch geistiges
Verständnis und zieht den neuen Menschen an,
der der göttlichen Schöpfung entspricht
in der Gerechtigkeit und Heiligkeit der WAHRHEIT.
Eph 4, 22 ff

---

[79] ausführlich in: Benninger, Befreit S. 81 ff

Kapitel 13

Reinkarnation und Wiedergeburt aus dem GEIST

Als Paulus im Jahr 47/48 seine Missionsreisen durch Kleinasien und Griechenland begann, war dieses Gebiet seit 300 Jahren schon bis hin nach Mesopotamien hellenistischer Kulturraum[80]. Die Amts- und Verkehrssprache war die griechische Koiné. In dieses Griechisch wurde auch die Jüdische Bibel, das Alte Testament, übersetzt, und auch die Christliche Bibel, das Neue Testament, wurde in dieser Sprache verfasst. Griechische Wissenschaft, Technologie, Kunst und Literatur, nicht zuletzt Religion und Philosophie waren weiten Kreisen der Bevölkerung vertraut.

Durch die Pythagoreer hielt auch die Lehre der »Seelenwanderung« (Metempsychose), sowie durch den Platonismus[81] die von der »Wiedergeburt« (Palingenese, Reinkarnation) Einzug in die gebildeten Bevölkerungsschichten. In der Gnosis, einer religionsübergreifenden, geistigen Strömung, die hauptsächlich von Platon inspiriert war, ist die Reinkarnation ein integrativer Bestandteil.

Insbesondere die gnostische Bewegung fand Eingang in iranisches, jüdisches und namentlich auch in christliches Denken. Hier war vor allem der herausragende Kirchenlehrer Origenes[82] (185-254) ein entschiedener Vertreter der Reinkarnationslehre. Er wurde wegen seines glasklaren und scharfen Verstandes der »Diamantene« genannt. Sein Einfluss auf die christlichen Theologen war groß. Origenes lehrte, dass die Liebe GOTTES letzten Endes alle erlösen und keinen einer ewigen Verdammnis anheimfallen lassen werde. Die Kirche dagegen setzte und setzt auch heute noch auf die Wiederkunft von Jesus Christus als historisches Endereignis und das damit verbundene letzte, das Jüngste Gericht (Michelangelos Gemälde in der Sixtinischen Kapelle).

---

[80] Vgl. Benninger, Befreit: Exkurs Hellenismus und Gnosis – griechischer Geist im Alten Orient
[81] Vgl. Benninger, Alternatives Christentum S. 84 ff
[82] Vgl. Exkurs Origenes

Ferner vertritt die Kirche eine Auferstehungslehre, bei der die Leiber der Toten mit Posaunen aus dem Grab gerufen und mit ihrer Seele wieder vereinigt werden, eine Ansicht, die schon der Platoniker Kelsos[83] mit Häme karikiert hatte.
So wurde denn 543 vom christlichen Kaiser Justinian I. - er hatte schon 529 die platonische Akademie in Athen schließen lassen - über Origenes und seine Lehre der Bannfluch verhängt.

In der Christlichen Bibel taucht das Wort Wiedergeburt (Palingenese) zweimal auf. Einmal bei Matthäus (19, 28), wo Jesus den Jüngern prophezeit, dass sie bei der Wiedergeburt auf 12 Thronen sitzen und die 12 Stämme Israels richten würden. Eine vergleichbare Aussage findet sich nirgendwo sonst weder als Parallele noch als Reminiszenz. Zum anderen findet sich die Palingenese noch einmal in dem Brief an Titus (3, 5), der aber nicht aus der Feder des Paulus stammt. Hier ist vom *Bad der Wiedergeburt und Erneuerung des heiligen GEISTES* die Rede. Eine Parallele dazu findet sich bei Johannes (3, 5). Hier spricht Jesus von der Neugeburt aus *Wasser und GEIST*. Dieser Gedanke hat aber nichts mit Reinkarnation zu tun, vielmehr spricht Jesus vom entscheidenden »Umdenken«, zu dem er gleich zu Beginn seines öffentlichen Auftretens auffordert. Das Wasser steht für Reinigung vom alten Adamsdenken, der GEIST für die Herleitung des Menschen von GEIST, GOTT.

Es sieht also ganz danach aus, als sei Wiedergeburt oder Reinkarnation kein Faktor in der christlichen Lehre. Vielleicht gehört sie aber doch zur christlichen Botschaft und spielt lediglich für die Erlösung keine Rolle.
Doch sehen wir zunächst einmal, was bei nüchterner Betrachtung eher mit der Lehre, die Jesus der Christus verkündete, vereinbar ist: die Lehre der Kirche oder die des verfemten Origenes. *Treue gegenüber Gott und dem eigenen Gewissen wurde jedoch stets als Ungehorsam gegen die Kirche aufgefasst, wofür der Ketzer zur Strafe aus ihrer Mitte ausgestoßen wurde. Alle Häretiker sind Gekennzeichnete, die als Geächtete aus der Reihe der gewöhnlichen Menschen. entfernt wurden. ... Für die Wahrheit Gottes haben diese Verfemten oft unsagbare Lasten auf sich*

---

[83] Vgl. Benninger, Befreit S. 48

genommen. Und an anderer Stelle: *Es sind die Besiegten, welche auf der Walstatt liegen geblieben sind. ... Keineswegs darf der Sieg mit der Wahrheit identifiziert werden* (Walter Nigg).

Als Beweis für die Wiedergeburt werden manchmal zwei Stellen, eine bei Markus und eine bei Matthäus herangezogen. Markus (9, 13) lässt Jesus sagen, die Wiederkunft des Propheten Elias sei bereits geschehen; bei Matthäus (11, 13 f) sagt Jesus, mit Johannes dem Täufer sei der angekündigte Elias bereits gekommen. Jesus fügt aber hinzu: *Wenn ihr es so hinnehmen wollt* - wenn man es also so sehen wolle.

Im Evangelium des Johannes wiederum, auf das sich unsere folgende Argumentation in der Hauptsache stützen wird, beantwortet der Täufer die Anfrage der Priester und Leviten, ob er Elias sei, mit einem glatten Nein: *Ich bin es nicht* (Joh 1, 21).

✳

Passt es denn zu einem GOTT, der die reine LIEBE und dessen Gebot das ewige LEBEN ist (Joh 12, 50), dass er den einen Teil der Menschen in einen feurigen Pfuhl werfen ließe, und das für alle Ewigkeit? Kann es überhaupt in Ewigkeit einen gottfernen Ort geben, wenn GOTT Alles-in-allem ist (1 Kor 15, 28) und wir in ihm leben (Apg 17, 28), wo doch der Psalmist schon feststellt:

> Wohin soll ich gehen vor deinem Geist
> und wohin soll ich fliehen vor deinem Angesicht?
> Führe ich gen Himmel, so bist du da;
> bettete ich mich bei den Toten, siehe, so bist du auch da.
>
> Ps 139, 7 f

Und der andere Teil der Menschen, der soll in vollkommener Freude leben für alle Ewigkeit? Voll zum Ausdruck gekommene Seligkeit kann aber nicht mehr weiter gesteigert werden, sie ist an ihrem Höhe- und Endpunkt, in ewiger Ruhe, angelangt. Es gibt kein erstrebenswertes Ziel mehr, nie mehr das Glück, in seinem Streben vorangekommen zu sein. Wie wollen die, die solches lehren, widerlegen, dass diese gleichbleibende Glückseligkeit eher Langeweile genannt werden müsste?

Suchen wir also nach Hinweisen auf Wieder- oder Neugeburt in den Schriften der Christlichen Bibel! Zur Zeit, als Jesus lehrte, war die Vorstellung von einer Wiedergeburt in jüdischen Kreisen bekannt. Dies beweist vor allem das Gespräch, das Nikodemus mit Jesus führte (Joh 3, 1-21). Nikodemus war, wie sein griechischer Name verrät, ein hellenisierter Jude. Er gehörte zur Partei der Pharisäer, war Schriftgelehrter und Mitglied des Hohen Rates, wo er sich für Jesus einsetzte. Später half er bei der Kreuzabnahme.

Im Gespräch erklärt ihm Jesus, das Reich GOTTES, das die Juden zu sehen hofften, könne nur der sehen, der *von oben*[84] *geboren* worden sei. Nikodemus versteht zunächst nicht und fragt, ob dies durch Reinkarnation aus dem Mutterleib geschehe, worauf ihm Jesus erklärt, dass dies nicht der Weg zu GOTT und dem ewigen LEBEN sei, denn *was aus Materie entstanden ist, ist Materie*[85], *was aus GEIST entstanden ist, das ist GEIST.* Auf diese Weise hat noch *keiner den Aufstieg in den Himmel geschafft außer dem, der aus dem Himmel herabgestiegen ist: die Idee Mensch, die im Himmel ist.* Um zu GOTT, dem ewigen LEBEN, zu gelangen, bedarf es der metánoia, der Taufe *aus Wasser und GEIST* – der Reinigung des Bewusstseins vom alten Denken und der Schaffung eines neuen Bewusstseins: *Nennt auf der Erde niemand euren Vater, denn nur einer ist euer Vater: der himmlische* (Mt 23, 9). und dieser Vater ist GEIST (Joh 4, 24). Ein Verstoß gegen dieses Denken ist unverzeihlich: *Jeder Verstoß und jede Schmähung wird den Menschen vergeben werden, aber die Schmähung gegen den GEIST wird keine Vergebung finden. ... Jeder, der gegen den heiligen GEIST redet, der wird keine Vergebung finden, weder in dieser Zeit noch in der künftigen* (Mt 12 31 f). Die Auffassung vom Menschen als Schöpfung Jahwes muss einer höheren Auffassung weichen, nämlich dem Menschenbild des sechsten Schöpfungstages. Der Mensch des Geistgottes Elohim **ist** schon im Himmel, wie denn auch der erste Brief des Johannes noch einmal bekräftigen wird: *Meine Lieben, schon jetzt sind wir Kinder GOTTES. Und doch hat sich das, was wir sein werden, noch nicht voll entfaltet. So viel jedoch wissen wir: Wenn unsere Identität zu Tage getreten ist, werden wir ihm qualitativ gleich sein, und wir werden ihn so sehen, wie er ist.*

---

[84] Nicht *von neuem*, wie es in Luther 84 steht.
[85] Vgl. Joh 6, 63

Und jeder, der diese Aussichten hat, zu ihm zu gelangen, der macht sich genau so heilig, so wie GOTT *heilig ist* (1 Joh 3, 2 f). Heilig aber ist der heilige GEIST.

GOTT sendet in seiner LIEBE mit seinem Christus das neue Menschenbild in diese Welt, *damit jeder, der darauf vertraut, nicht verdirbt, sondern das ewige* LEBEN *hat* (Joh 3, 16).

Das spätere Verhalten des Nikodemus legt nahe, dass ihn diese Darlegung überzeugte. Gleichwohl erging es ihm wie den meisten Menschen: Aus Furcht vor gesellschaftlicher Ächtung und Verfolgung[86] wagte er es nicht, sich zu dieser Überzeugung öffentlich zu bekennen.

GOTT ist ewiges LEBEN.

Schon bei Platon sahen wir, dass er da, wo er der Seele Unsterblichkeit zuspricht, Seele eher als Leben versteht. Das Thomas-Evangelium bezeichnet GOTT als den *lebendigen Vater* (Log 50) und meint damit dasselbe, was auch Johannes den Christus sagen lässt, nämlich dass *der Vater das* LEBEN *in sich selber hat* (Joh 5, 26). Im ersten Brief an Timotheus lesen wir:

Der Selige und allein Mächtige,
der König der Regierenden und Herr der Herrschenden,
er hat allein Unsterblichkeit. 1 Tim 6, 15 f

Ewiges LEBEN und Unsterblichkeit sind zwei Worte, die in dieselbe Richtung weisen: LEBEN ohne Ende muss auch ein LEBEN ohne Anfang sein, denn ein Anfang wäre ja, rückwärts betrachtet, auch ein Ende.

Schon in der Lehre Zarathustras ist die einzige Gottheit das »Anfanglose, Unendliche Licht« und das »Anfanglose Leuchten«[87].

---

[86] Joh 15, 18 ff u. a. O.
[87] Vgl. Benninger, Christentum S. 38 ff

Es gibt keinen Tod.

GOTT ist LEBEN und *sein Gebot ist das ewige LEBEN* (Joh 12, 50). Im Gegensatz zum alten Paradigma: *Es kommt alles von Gott: Glück und Unglück, Leben und Tod, Armut und Reichtum* (Sirach 11, 14), kennt das Gottesbild der christliche Lehre keinen Tod. Wie könnte es auch anders sein, wenn GOTT, LEBEN und Alles-in-allem[88] ist? So lehrt der Jakobusbrief: *Jede gute Gabe und jedes vollkommene Geschenk stammt von oben; es kommt herab vom Vater der Lichter, bei dem es keine Veränderung gibt noch Verschattung im Wechsel* (Jak 1, 17). GOTT *ist Licht und in ihm ist keinerlei Finsternis,* sagt Johannes in seinem ersten Lehrbrief (1 Joh 1, 5).

Neben der Allgegenwart von GOTT, LEBEN, kann es den Tod, sein Gegenteil, nicht geben. Es gibt nur das ewige LEBEN, und das ist geistig, weil GOTT, der Allschöpfer, GEIST ist. GOTT, GEIST, kennt „diese Welt", die Welt des Fleisches, nicht, denn *das Reich des Vaters ist ausgebreitet über die Erde, und doch sehen es die Menschen nicht* (Log 113). „Diese Welt", das fleischliche oder materielle Weltbild, ist nur eine Illusion der Sterblichen: GOTT *ist aber nicht ein GOTT von Toten, sondern von Lebenden; denn für ihn sind alle am LEBEN* (Lk 20, 38).

Und weil das materielle Weltbild mit seinem paradiesischen Lustgarten eine bloße Illusion ist, ist es vergänglich: *Denn alles in der Welt, die Begierde des Fleisches, die Begierde der Augen und die Prahlerei des Lebens, stammt nicht vom Vater, sondern von der Welt. Die Welt und ihre Begierde vergeht* (1 Joh 2, 16 f). Wenn aber das neue, das wahre Weltbild *von GOTT aus dem Himmel herabkommt,* dann *wird es keinen Tod mehr geben* (Off 21, 4).

Die Ursache des Sterbens

Als Ursache von Sterben und Tod gilt in der christlichen Lehre die Sünde[89]. Was im Deutschen als Sünde wiedergegeben wird, bedeutet dem griechischen Wortsinn nach ein Verfehlen des Richtigen und Verstoß gegen ein Gebot GOTTES (religiös ausgedrückt). Auf mehr Aufmerksamkeit und Interesse, ein besseres Verständnis und größere Akzeptanz würden diese

---

[88] 1 Kor 15, 28 u.a.O.
[89] vgl. Exkurse Sünde und Schlange

„Gebote GOTTES" stoßen, wenn wir nicht mehr wie vor 2000 Jahren von Geboten GOTTES sprächen, sondern von **Gesetzen des Seins**. *Der Lohn für die Sünde ist der Tod*, sagt Paulus im Römerbrief (Röm 6, 23). Und im ersten Brief an die Korinther: *Der Stachel des Todes aber ist die Sünde* (1 Kor 15, 56). Mit dem Stachel des Todes hat er den Skorpion vor Augen. Ein anderes Bild wäre der Giftzahn der Schlange, die ja der Inbegriff des Bösen an sich ist.

Der Jakobus-Brief lehrt: *GOTT selbst versucht niemanden. Jeder, der versucht wird, wird es, weil er sich von seiner eigenen Begierde fortreißen und ködern lässt. Wenn die Begierde dann empfangen hat, gebiert sie die Sünde. Und ist die Sünde dann an ihr Zielgelangt, gebiert sie den Tod* (Jak 1, 13-15). Die Frucht der Sünde also ist der Tod. Jakobus denkt dabei an den Garten Eden, wo der Mensch gewissermaßen wie Herakles am Scheideweg steht. Der Mensch hat die Wahl, ob er sich vom Baum des LEBENS nährt oder sich von den Früchten des Baums der Erkenntnis des Guten und des Bösen ködern lässt. Vom letzteren Baum sagt Jahwe Elohim: *Vom Baum der Erkenntnis von Gut und Böse darfst du nicht essen; denn sobald du davon issest, musst du sterben* (1 Mos 2, 17).
Auch Jesus stand vor dieser Wahl: Ein Leben in „dieser Welt" unter der Herrschaft des »Fürsten dieser Welt« oder ein LEBEN in der Welt GOTTES, des GEISTES. Er lehrte ja auch: *Wer sein Leben liebt, richtet es zugrunde. Und wer sein Leben in dieser Welt geringschätzt, der wird es ins ewige LEBEN hinüberretten* (Joh 12, 25).
In seiner Wüstenerfahrung, und Eden heißt ja nichts anderes als Wüste, entschied sich Jesus für GOTT, GEIST, und ließ sich nicht *von seiner eigenen Begierde fortreißen und ködern.*
Das Matthäus-Evangelium sagt denn auch, was die Folge war: *Und siehe, Engel[90] traten herzu und dienten ihm* (Mt 4, 11). Engel aber sind göttliche Ideen, das Brot des LEBENS.

Wer ist der Schöpfer des Menschen?

Paulus lehrt: *Eine materielle Daseinsauffassung bedeutet Tod, eine geistige Auffassung vom Dasein LEBEN und Friede. Deshalb ist eine*

---

[90] Vgl. Exkurs Engel

materielle Auffassung Gegnerschaft gegen GOTT; denn sie findet keinen Platz unter dem göttlichen Gesetz, kann es gar nicht finden. Wer aber in der Materie ist, kann kein Gefallen finden vor GOTT. ... Wenn ihr nach dem Fleisch lebt, werdet ihr sterben (Röm 8, 6-8. 13). Für welches Menschenbild entscheiden wir uns: für den sterblichen Adam oder für Christus, den Sohn GOTTES, den Jesus verwirklicht hatte und den er lehrte?

Paulus schreibt weiter: *Wie durch ein Menschenbild das falsche Verständnis (von Mensch) in die Welt gekommen ist, und durch das falsche Verständnis der Tod, so hat auch alle Menschen der Tod ereilt, weil sie alle die falsche Auffassung teilten* (Röm 5, 12).

Jesus betont es mehrfach, woran wir sehen, dass es ihm besonders wichtig war: *Nennt auf der Erde niemand euren Vater, denn nur einer ist euer Vater: der himmlische* (Mt 23, 9). Beim Gebet, besser Meditation, die er lehrte, steht gleich zu Beginn: *Unser Vater, du bist im Himmel* (Mt 6, 9). Als wessen Schöpfung bezeichnen wir uns also? Im ersten Johannes-Brief heißt es: *Meine Lieben, schon jetzt sind wir Kinder GOTTES* (1 Joh 3, 2). Paulus sagt: *Ihr alle seid Söhne des Lichts und Söhne des Tages, nicht der Nacht und nicht der Finsternis* (1 Thess 5, 5). Im Thomas-Evangelium sagt Jesus zu seinen Schülern: *Wenn man zu euch sagt: "Woher seid ihr gekommen?", sagt zu ihnen: "Wir sind aus dem Licht gekommen. ... Wir sind seine Söhne und wir sind die Auserwählten des lebendigen Vaters"* (Log 50).

Denn wen wir als Vater anerkennen, für dessen Erbschaft, für dessen Erbanlagen entscheiden wir uns: *Wenn einer nicht aus dem Wasser und dem GEIST geboren worden ist, kann er nicht ins Reich GOTTES hineinkommen. Was aus Materie entstanden ist, ist Materie[91], was aus GEIST entstanden ist, das ist GEIST* (Joh 3, 5 f). *Die Wirkungen der Materie sind bekannt: Sexismus, Korruption, Suchterscheinungen, Satanismus, Manipulation, politische Feindschaften, Zerstrittensein, religiöser Wahn, Emotionen, Prozesse, Parteiungen, Rassismus, Neid, Alkoholismus, Konsumzwang und dergleichen ... Die Früchte des GEISTES sind Liebe, Freude, Friede, Geduld, Anstand, Güte, Treue, Sanftmut und Selbstbeherrschung* (Gal 5, 19 ff). *Eine materielle Daseinsauffassung bedeutet Tod, eine geistige Auffassung vom Dasein LEBEN und Friede* (Röm 8, 6).

---

[91] Vgl. Joh 6, 63

In einem Streitgespräch sagt Jesus zu den Juden: *Ihr stammt väterlicherseits vom Diabolos ab, und was euer Vater begehrt, das wollt ihr tun. Der Diabolos war schon immer ein Mörder des Menschen vom Ursprung her* (Joh 8, 44). Diabolos heißt Verleumder, Lügner. Er ist die Schlange in Eden, die die Begierde nach den Früchten vom Baum der Erkenntnis des Guten und des Bösen anheizt mit der Lüge: *Mitnichten werdet ihr sterben!* *Vielmehr weiß Elohim wohl, dass, sobald ihr davon esst, dass dann eure Augen aufgetan werden und ihr sein werdet wie Elohim, die Erkenntnis von Gut und Böse habend* (1 Mos 3, 4 f). Doch *ist die Sünde dann an ihr Zielgelangt, gebiert sie den Tod* (Jak 1, 15). *Da wurden ihrer beiden Augen aufgetan, und sie erkannten, dass sie nackend waren* (1 Mos 3, 7). Nackt aber sind die Bewohner des Totenreiches.

Das Sterben ist also keine Strafe GOTTES, wie es die Religion noch immer lehrt, vielmehr straft sich die Sünde selbst. Das Sterben ist nichts anderes als das Nichtaufgehen einer Lebensrechnung, weil der Ansatz falsch war.

Reinkarnation als weiterer Tod

In einem Lehrbrief schreibt Johannes:
Meine Lieben, schon jetzt sind wir Kinder GOTTES.
Und doch hat sich das, was wir sein **werden,**
noch nicht voll entfaltet.
So viel jedoch wissen wir:
Wenn unsere Identität zu Tage getreten ist,
werden wir IHM qualitativ gleich sein,
und wir werden ihn so sehen, wie er ist.
Und jeder, der diese Aussichten hat, zu ihm zu gelangen,
der macht sich genau so heilig, so wie GOTT heilig ist.
1 Joh 3, 2-3

GOTT kennt nur seine eigene Schöpfung, weil sie die einzige Wirklichkeit ist, und von ihr sagt er, sie sei *sehr gut*. Wenn aber GOTT, LEBEN, Alles-in-allem ist und wenn *für ihn alle am LEBEN sind* (Lk 20, 38) und er das Gegenteil von sich selbst, den Tod, nicht kennt, dann heißt das, dass wir das ewige LEBEN jetzt schon haben.

Auch wenn wir zu sterben scheinen, bleibt uns immer unsere Identität als *seine Söhne* und als *Kinder des Lichtes* erhalten (Log 50 und 1 Thess 5, 5). LEBEN stirbt nicht. Wir scheinen zu sterben, weil wir in diesem Leben noch nicht die Vollkommenheit erreicht haben, die, wie Johannes lehrt, nur durch Heiligung erreicht wird. Wer ist heilig? Nicht wer sich so nennt, sondern wer sein Bewusstsein von allen irrigen und materiellen Bewusstseinsinhalten gereinigt hat: *Selig die Reinen im Herzen; denn sie werden GOTT sehen* (Mt 5, 8). In der Bergpredigt fordert Jesus der Christus:

> Ihr sollt also vollkommen sein,
> wie euer himmlischer Vater vollkommen ist.
>
> Mt 5, 48

Paulus sagt es der Christengemeinde in Korinth klipp und klar: *Das sage ich euch aber, Brüder: Fleisch und Blut können das Reich GOTTES nicht als ihr Erbe bekommen, und auch das bloße Sterben wird nicht die Unvergänglichkeit als Erbe erhalten* (1 Kor 15, 50).

Was aber geschieht mit uns, wenn wir in Unvollkommenheit gestorben sind? Schon von den Pythagoreern und Platon wurde der Körper als Grab der Seele bezeichnet, und von Jesus wurde das Leben in und von der Materie Tod genannt. So sagte er zu einem jungen Mann, der noch seinen Vater versorgen wollte, ehe er sich ihm anschloss: *Folge mir und lass die Toten ihre Toten begraben!* (Mt 8, 22)
Die göttliche LIEBE aber überlässt diese Toten nicht ihrem Grab. Sie will alle erlösen:

> Wundert euch nicht, dass die Stunde kommt,
> in der alle in den Gräbern seine Stimme hören werden,
> und die Gutes getan haben,
> werden herauskommen zur Auferstehung des LEBENS,
> die Übeltäter zur Auferstehung des Gerichts.
>
> Joh 5, 28 f

Dieses Gericht ist aber für keinen eine endgültige, ewige Verdammnis, ein Fortleben unter der Macht des Teufels. Das sind Schreckensbilder, zum Angstmachen für die Gläubigen an die Wand gemalt. Wo soll denn dieser Ort sein bei GOTTES Allgegenwart?

Wohl fallen die, die noch nicht genug geheiligt und gereinigt sind und die Vollkommenheit noch nicht erreicht haben, wieder ins Fleisch zurück: zurück in „diese Welt", in den paradiesischen Garten der Lüste und Versuchungen, wo der Diabolus[92] der »Fürst« ist (Joh 12, 31). Dies geht wohl so lange, bis jeder wie Jesus der Christus von sich sagen kann:

Es kommt der Herrscher über die Welt,

doch in mir ist nichts, was ihm gehört.   Joh 14, 30

Der Offenbarer sieht in seiner Vision *die Seelen derer, ... die das Tier[93] nicht angebetet hatten und auch nicht sein Bild noch sein Zeichen auf ihrer Stirn und ihrer Hand hingenommen hatten ... Dies ist die erste Auferstehung* (Off 20, 4 f).

Was Auferstehung ist, schildert Platon im Höhlengleichnis[94]. Die christliche Lehre von der Auferstehung wurde anderenorts[95] ausführlich dargelegt.

Selig ist und heilig, wer teilhat an der ersten Auferstehung. Über sie hat der weitere Tod keine Macht, sondern sie werden Priester GOTTES und des Christus sein (Off 20, 6). Was ist dieser **weitere Tod**? Er ist nichts anderes als der nächste Tod: die noch nicht von verkehrten Bewusstseinsinhalten gereinigte sterbliche Psyche bildet einen neuen Körper, sie reinkarniert – fällt wieder ins Fleisch. Damit ist sie wieder in das Grab gefallen, mit dem sie den nächsten Tod erleiden muss und erlebt eine neuerliche Geburt und damit den nächsten Tod, bis sie auf die Stimme des Christus hören, die die Toten allezeit zur Auferstehung ruft: *Wirklich, es kommt die Stunde, ja sie ist schon da, zu der die Toten die Stimme des Sohnes GOTTES hören werden, und die sie vernommen haben, werden leben. Wie der Vater das LEBEN in sich selber hat, so*

---

[92] Vgl. Exkurs Teufel
[93] Der Offenbarer beschreibt (13, 1 ff) 2 Tiere, deren ersteres aus dem Meer steigt und ein tödlich verwundetes Horn hat, das aber heilt. Manche Interpreten deuten dieses Tier als die Medizin. Auch sonst weisen nach ihrer Ansicht viele dieser Bilder in die heutige Zeit, in der ebenfalls ein(e) Welt(bild) unterzugehen scheint.
[94] Vgl. Exkurs Platons Höhlengleichnis
[95] Vgl. Benninger, Befreit 166-194

hat er auch dem Sohn gegeben, das LEBEN *in sich selber zu haben* (Joh 5, 25 f).

Den jungen Rheginus belehrt sein Lehrer: *Die Lebenden werden sterben. Wie leben sie doch in einer Illusion! Die Reichen wurden arm, und die Könige wurden gestürzt. Alles pflegt sich zu ändern: eine Illusion ist die Welt – um die Dinge nicht noch mehr herabzusetzen. Aber mit der Auferstehung verhält es sich nicht so: Denn sie ist die Wahrheit, das Feststehende, und sie ist die Offenbarwerdung dessen, was ist, und der Wandel der Dinge und der Übergang zu einem neuen Sein. Denn die Unvergänglichkeit [kommt] herab auf das Vergängliche, und das Licht überströmt die Finsternis, indem es sie verschlingt* (Rheginus-Brief 45; aus: Lüdemann, Ketzer).

> Seine Schüler sprachen zu ihm:
> An welchem Tag werden die Toten zur Ruhe kommen?
> Und an welchem Tag wird die neue Welt kommen?
> Er sagte ihnen: Jener Tag, auf den ihr wartet,
> ist schon gekommen,
> aber ihr nehmt ihn nicht zur Kenntnis.   Log 51

Wer die Toten sind, das wissen wir jetzt. Die erwartete Ruhe ist die Ruhe des siebten Schöpfungstages: Vollendung, Vollkommenheit, Erlösung. Und die Zeit, damit zu beginnen, ist jetzt:

> Seht, jetzt ist der günstige Zeitpunkt,
> der Tag der Erlösung ist jetzt!
> 2 Kor 6, 2

Der Sieg über den Tod

Wo Matthäus das erste öffentliche Auftreten von Jesus schildert, zitiert er aus dem Propheten Jesaja:

> Das Volk, das in der Finsternis saß,
> hat ein großes Licht erblickt.
> Und denen, die im Land des Todesschattens saßen,
> ihnen ist ein Licht aufgegangen.   Mt 4, 16

Wir sehen, dass der Evangelist die Erde als ein *Land des Todesschattens* bezeichnet, gleich wie der Psalmist in Psalm 23, 4 unser Leben für einen Weg *durch die Todschattenschlucht*[96] hält.

Von Christus aber, dem LOGOS, sagt Johannes: *In ihm war das LEBEN, und das LEBEN war für die Menschen das Licht* (Joh 1, 4). So wird auch der Christus von sich sagen: *Ich bin für die Welt das Licht. Wer sich mir anschließt, wird nicht in der Finsternis wandeln, sondern er wird das Licht des LEBENS haben* (Joh 8, 12). An die Galater schreibt Paulus: *Als die Zeit erfüllt war, hat GOTT seinen Sohn ausgesandt, geboren aus einer Frau ... dass wir die Sohnschaft erhalten sollten. Weil ihr aber Söhne seid, hat GOTT unseren Herzen das geistige Verständnis von »seinem Sohn« mitgeteilt, der zu ihm ruft: Abba, lieber Vater! Darum bist du kein Diener mehr, sondern sein Sohn. Wenn du aber sein Sohn bist, dann hast du auch das Erbgut GOTTES* (Gal 4, 4 ff).

Wie wir dem Text entnehmen, war Paulus des Glaubens, GOTT habe zu einem bestimmten Zeitpunkt beschlossen, seinen Christus zu offenbaren. GOTTES Wirken aber darf man sich nicht in Raum und Zeit vorstellen. Die zeitlich späteren Evangelien, insbesondere Johannes, werden ihn in diesem Punkt korrigieren[97]. Schon ein Schüler des Paulus korrigierte seinen Lehrer darin. Er spricht von GOTT, *der uns gerettet und durch heiligen Ruf gerufen hat, nicht entsprechend unseren Werken, sondern nach eigenem Vorsatz und Gnade, die uns gegeben wurde durch Christus Jesus vor der Zeit der Zeiten, die uns jetzt aber offenbart wurde durch das Erscheinen unseres Retters Christus Jesus, der dem Tod die Macht nahm und das LEBEN ans Licht brachte und die Unsterblichkeit durch seine gute Botschaft* (2 Tim 1, 9 f). Christus Jesus: Der Christus, der wie GOTT schon Gegenwart war *vor der Zeit der Zeiten*, wurde durch den historischen Jesus sichtbar und erlebbar, und damit die Gnade GOTTES offenbar. Jesus hat sie verkündet und durch seine Heilungen als die WAHRHEIT bewiesen. Und was ist mit der »Gnade« gemeint? Auf keinen Fall eine Begnadigung des sündhaften Adam; denn den gab es nie. Er ist

---

[96] Übersetzung Buber
[97] Vgl. Kapitel Christus

nur der fiktive Protagonist in dem Drama »Paradies«. Gnade heißt Zuneigung, Wohlwollen. Johannes sagt: *Seine LIEBE zu uns ist die primäre* (1 Joh 4, 19).

Jesus der Christus wollte durch seine Heilungen zeigen, dass der gottgeschaffene Mensch, männliche und weibliche Eigenschaften in sich vereinend, immer das vollkommene Bild und Gleichnis GOTTES geblieben ist, dass er niemals von GOTT abgefallen ist und dass er zu keinem Zeitpunkt ein zu Mühsal und Tod verurteilter Sterblicher war. Der Schöpfer hat nur einen Sohn, und der heißt Christus und nicht Adam. Dies ist eine der Kernaussagen der Frohen Botschaft, die Jesus verkündete.

Und worin besteht die Rettung? Jesus der Christus hat gelehrt, dass LEBEN niemals endet. Der Sohn, der in der Gottesferne und tot war, erfährt bei seiner Heimkehr ins Vaterhaus, das er sein wahres LEBEN nie verloren hat (Lk 15, 24). Und indem Jesus zeigte, wie das fortgesetzte Sterben beendet werden kann, hat er einen Weg gezeigt, wie dem Tod die Macht genommen werden kann. Jesus hat uns nicht erlöst – wo ist denn seither das Elend geringer geworden? Er hat uns den Erlösungsweg, den Weg zu GOTT, LEBEN, gezeigt. Zur Schwester des verstorbenen Lazarus sagte dieser Christus: *Ich bin die Auferstehung und das LEBEN. Wer an mich glaubt, wird leben, auch wenn er gestorben ist. Und jeder, der lebt und an mich glaubt, wird in Ewigkeit nicht sterben* (Joh 11, 25 f). Wer seine Gotteskindschaft wie Jesus akzeptiert, bekommt sein väterliches Erbe: Unsterblichkeit und ewiges LEBEN.

Und um zu zeigen, dass unser LEBEN niemals endet, der Tod also nur eine überwindbare Illusion ist, rief er Lazarus, der schon vier Tage im Grab lag und dessen Körper schon am Verwesen war, heraus, *und der Verstorbene kam heraus ...* (Joh 11, 44). Sechs Tage später, so erfahren wir, saß Lazarus mit seinen Schwestern am Tisch.

Wir hörten es schon, wie der erste Brief an Timotheus von GOTT sagt: *Er allein hat Unsterblichkeit und wohnt in unzugänglichem Licht. Ihn hat keiner von den Menschen je gesehen, noch ist er befähigt, ihn zu schauen* (1Tim 6, 16). Und auch Johannes wird dies bestätigen: *Keiner hat GOTT jemals gesehen. Der einzige Sohn, im Schoß des Vaters, er hat ihn uns offenbart* (Joh 1, 18). Der

einzig Sohn, der Christus, lehrt: *Ich bin der Weg, die WAHRHEIT und das LEBEN. Niemand kommt zum Vater, es sei denn durch mich* (Joh 14, 6).
Der Weg: Wir müssen zum Christus werden; die WAHRHEIT: das Menschenbild des sechsten Schöpfungstages annehmen; das LEBEN: das Erleben des wahren LEBENS. Und wer das LEBEN hat, der ist in GOTT, LEBEN.

Zu einer Frau, die Jesus und seine Lehre bewunderte, sagte er:
Selig sind, die das Wort GOTTES hören
und es auch in die Tat umsetzen. Lk 11, 28

Paulus kann von sich sagen, er sterbe täglich, d.h. er lege jeden Tag ein Stück Materialität und Sterblichkeit ab (1 Kor 15, 31), denn: *Wenn das Verwesliche Unverweslichkeit anziehen wird, wird auch dies Sterbliche Unsterblichkeit anziehen. Dann wird das Wort, das geschrieben steht, eintreten: Der Tod ist verschlungen worden vom Sieg. Tod, wo ist dein Sieg, Tod, wo ist dein Stachel?* (1 Kor 15, 54 f) Und an die Gemeinde von Ephesus schreibt er: *Legt den alten Menschen mit seinem früheren Verhalten ab, er richtet sich selbst in seiner Gier nach Täuschung zugrunde. Werdet ein neuer Mensch durch geistiges Verständnis und zieht den neuen Menschen an, der der göttlichen Schöpfung entspricht in der Gerechtigkeit und Heiligkeit der Wahrheit* (Eph 4, 22-24). Das veraltete Menschenbild muss abgelegt werden und Christus, das neue Menschenbild muss das neue Bewusstsein ausmachen.
Obwohl es das endgültige Ziel ist, mag dies in **einem** Leben nicht erreicht werden, aber: *Im Haus[98] meines Vaters sind viele Wohnungen* (Joh 14, 2).
Gleichwohl ist es unsere Aufgabe, in diesem Erdenleben den Schritt aus dem Leben ins LEBEN zu machen. Jesus forderte dazu auf, den Blick vom Irdischen ab- und der geistigen Welt zuzuwenden: *Schon jetzt erhält seinen Lohn, wer erntet, und er fährt Frucht ein zum ewigen LEBEN* (Joh 4, 36). Auch verheißt er denen, die sein neues Paradigma annehmen, dass sie nach diesem Leben nicht wieder dazu verurteilt sind, in ein neues Erdenleben zurückzufallen: *Wer mein Wort hört und dem glaubt, der mich gesandt hat, hat das ewige LEBEN und kommt nicht ins*

---

[98] Vgl. Exkurs Haus

Gericht, sondern hat den Schritt aus dem Tod ins LEBEN schon gemacht (Joh 5, 24).

Das Gleichnis von den Talenten[99]

Bei Matthäus gibt Jesus ein Gleichnis, das auf Wiedergeburt und Reinkarnation hinweisen könnte.

Die Rede ist von einem Menschen (bei Lukas ist es ein Adeliger), der außer Landes geht und für die Zeit seiner Abwesenheit sein Geldvermögen an seine Bediensteten aufteilt. In unserem Fall geht es um Silbermünzen. Die Luther-Übersetzung gibt tálanton mit »Zentner« wieder, wir bleiben in der Übersetzung bei »Talent«, weil dies dem Verständnis dienlicher ist, denn so wird aus einer »Gabe« eine »Begabung«. Und wir wissen, dass die Menschen, aus welchen Gründen auch immer, mit unterschiedlicher Begabung ihren irdischen Lebensweg antreten.

Der Herr teilt also seinen Besitz auf: *Dem einen gab er fünf Talente[100], dem anderen zwei, dem anderen eines, jedem entsprechend seiner Fähigkeit. Und er ging außer Landes. Sofort machte sich der, der die fünf Talente empfangen hatte, daran, mit ihnen zu arbeiten, und er gewann fünf weitere Talente dazu. Genauso gewann der mit den zwei Talenten weitere zwei dazu. Der ein Talent empfangen hatte, ging weg, vergrub und versteckte das Silber seines Herrn in der Erde.*

Nach seiner Rückkehr fordert der Herr Rechenschaft von seinen Bedienten darüber, was sie aus ihren anvertrauten Talenten gemacht hätten.

Der mit fünf Talenten hatte die geliehenen Talente verdoppelt, ebenso der mit zwei Talenten. Zu ihnen sagte ihr Herr: *Gut gemacht, du guter und treuer Knecht. Über weniges bist du treu gewesen, über vieles werde ich dich setzen. Geh ein in die Freude deines Herrn.* Beide werden über vieles gesetzt: Ihr Startkapital für die nächste Abwesenheit ihres Herrn hatten sie verdoppelt.

Nur der mit dem einen Talent hatte sein Kapital, statt damit zu wirtschaften, in der Erde vergraben. Ihn nennt sein Herr einen *schlechten und faulen Knecht*, ja einen *Taugenichts*, und er lässt

---

[99] Mt 25, 14-30 (auch Lk 19, 12-27)
[100] Das griechische tálanton ist ursprünglich eine Gewichtseinheit, wurde aber dann zu einer Münzeinheit.

ihm auch noch das eine Talent wegnehmen und es dem mit den zehn Talenten geben, *Denn jedem, der hat, wird gegeben werden, und er wird im Überfluss haben, von dem, der nichts [hinzugewonnen] hat, wird auch das genommen werden, was er hat. Den Taugenichts von Knecht werft hinaus in die Finsternis draußen. Dort wird Heulen und Zähneknirschen sein.*

Warum wird der bestraft, der sein Talent nicht vermehrt hat? Die Antwort liegt auf der Hand: GOTT ist LEBEN. Der fünfte Schöpfungstag legt dar, was LEBEN bedeutet: unendliche Vermehrung, unendliches Wachstum, unendlicher Aufstieg. GOTT, LEBEN, kennt und duldet keinen Stillstand. Daher schreibt Paulus an die Gemeinde von Philippi: *Meine Lieben, wie ihr allezeit auf mich gehört habt nicht nur in meiner Anwesenheit, sondern jetzt noch viel mehr in meiner Abwesenheit: Arbeitet mit Furcht und Zittern an eurer Rettung. Denn GOTT ist es, der in euch wirkt; er bewirkt das Wollen **und** das Vollbringen bis hin zu seinem Wohlgefallen* (Phil 2, 13).

Wo aber ist diese Finsternis, in die der faule Taugenichts hinausgeworfen wird? Es wird ja kaum die Hölle sein. Wie könnte wohl Finsternis herrschen und Zähneklappern bei ewigem Feuer?

Es wird die Erde sein, denn sie ist *Irrsal und Wirrsal und Finsternis auf der Tiefe* (1 Mos 1, 2), hier herrscht Finsternis genug *im Land des Todesschattens* (Mt 4, 16; Lk 1, 79). Dieses Land wird auch das *ewige Feuer*, das Reich des Fürsten dieser Welt und seiner Engel (Mt 25, 41) genannt, wo es keinen Frieden gibt, höchstens Waffenstillstand für eine kurze Weile (Joh 14, 27): das sich immerfort um sich selbst drehende Rad der Fortuna oder des Samsara[101].

Doch dies mag sich verhalten, wie es Gott gefällt, und auch nur in diesem Sinne sei hier davon gesprochen (Platon).

In der christlichen Lehre ist das Wissen um Wiedergeburt und Reinkarnation präsent. Es wird nur nicht ausdrücklich thematisiert, weil es nicht Bestandteil der Christus-Botschaft ist.

---

[101] Vgl. Exkurs Samsara

Wie das Gespräch mit Nikodemus zeigt, hatte Jesus davon Kenntnis. Und wie wir weiter sehen, tat er den Glauben an die Wiedergeburt nicht einfach als Unsinn ab, sondern erklärte lediglich, dass dies kein Weg zur Erlösung vom Sterben und zur Erlangung des ewigen LEBENS sei, weil auf diese Weise noch *keiner den Aufstieg in den Himmel geschafft hat* (Joh 3, 13), eine Sisyphus-Arbeit.

Ferner, wenn der Glaube an die Wiedergeburt im frühen Christentum nicht präsent gewesen wäre, warum musste er dann 500 Jahre später unter Acht und Bann gestellt werden?

Wenn der Mensch von vornherein ewiges LEBEN hat, ist die Vorstellung von Wiedergeburt und Reinkarnation auf jeden Fall sinnvoller als die von einem Endgericht mit ewiger Verstoßung der Bösen in einen gottfernen Raum, den es bei GOTTES Allgegenwart auch kaum geben kann.

Geradezu absurd ist die Vorstellung, dass seit Jahrtausenden begrabene Leichen wieder aus ihren Gräbern heraustrompetet werden sollten[102].

---

[102] Vgl. Benninger, Befreit Kap 4. 2 Was nicht zur christlichen Botschaft gehört.

Kapitel 14

Das Lied vom Prinzen und der Perle

Dieses Lied ist in den Thomas-Akten[103], der Apostelgeschichte des Thomas, enthalten. Die Thomas-Akten geben *das äußerst komplexe Bild des syrischen Christentums zu Beginn des 3. Jahrhunderts* wieder (Schneemelcher II 308). Es ist in syrischer und in griechischer Sprache erhalten und spiegelt den Geist christlicher Gnosis[104] wieder, die eine Spielart des Platonismus ist. Die Reinkarnation ist fester Bestandteil der gnostischem Bewegung.

1   Als ich ein kleines Kind war
     und im Reiche, dem Haus meines Vaters wohnte
2   und am Reichtum und der Pracht
     meiner Erzieher mich ergötzte,
3   sandten mich meine Eltern aus dem Osten, unserer
     Heimat, mit einer Wegzehrung fort.

Wenn LEBEN, das die Menschen während ihrer Erdenreise unsterbliche »Seele« nennen, unvergänglich und ewig ist, dann muss es diese Seele schon zuvor gegeben haben als LEBEN in GOTT, dem *immer seienden,* in ihm (Joh 10, 30; 17, 11 ff), der nach einer gnostischen Schrift[105] Vater, Mutter und Sohn zugleich ist.

Verse 4 bis 7:

Der Königsohn wird dann für seine Reise mit so viel Gold, Silber und Edelsteinen ausgestattet, wie er zu tragen vermag, es sind seine Talente.

8   Und sie gürteten mich mit Diamant,
     der Eisen ritzt.

---

[103] Übersetzung: Schneemelcher II 349 ff
[104] Vgl. Benninger, Befreit Exkurs Hellenismus und Gnosis – Griechischer Geist im Alten Orient
[105] dazu später unter den Versen 56 ff

9   Und sie zogen mir das Strahlenkleid aus,
     das sie in ihrer Liebe mir gemacht hatten,
10   und meine scharlachfarbene Toga,
     die meiner Gestalt angemessen gewebt war,
11   und machten mit mir einen Vertrag
     und schrieben ihn mir in mein Herz,
     sie nicht zu vergessen.
12   "Wenn du nach Ägypten hinabsteigst
     und die eine Perle bringst,
13   die im Meere ist,
     das der schnaubende Drache umringt,
14   sollst du dein Strahlenkleid wieder anziehen
     und deine Toga, die darüber liegt,
15   und mit deinem Bruder, unserem Zweiten,
     Erbe in unserem Reiche werden."

Bei Persern und Griechen findet sich die Vorstellung eines sternengestickten Gürtels am Firmament. Im Awesta erblickte man den himmlischen Gürtel in der Milchstraße (Lurker, Symbole 146). Im Epheser-Brief schreibt Paulus: *Stellt euch hin, eure Lenden gegürtet mit Wahrheit und den Brustpanzer der Gerechtigkeit angelegt!* (Eph 6, 14) Der Sohn ist also für seine bevorstehende Reise wohl ausgerüstet.

Der Sternenmantel bedeutet das vollkommene Bewusstsein, das der Sohn GOTTES hat.

Ägypten bedeutet Knechtschaft (2 Mos 6, 6; 20, 2). Es ist das Land der Vielgötterei.

Die Perle ist Symbol für das Himmelreich, d.h. das ewige LEBEN (Mt 13, 45). Perlen finden sich in Muscheln im Meer, dem Symbol für Chaos.

Den Drachen[106] kennen wir bereits, er ist der Meerdrache Leviathan, *die alte Schlange, Diabolos und Satan genannt, die die ganze Welt in die Irre führt* (Off 12, 9), mit einem Wort: der Fürst dieser Welt der materiellen Sinne, die wegen ihrer unberechenbaren Strömungen auch mit dem Meer verglichen wird.

Die Szene im Perlenlied erinnert an eine Stelle im Matthäus-Evangelium. Hier erklärt nach Jesu Taufe eine Stimme aus dem

---

[106] Vgl. Exkurs Schlange

Himmel: *Dieser ist mein Sohn, der Sohn meiner Liebe. An ihm habe ich Wohlgefallen gefunden.* Und schon im folgenden Vers heißt es: *Da wurde Jesus vom GEIST in die Wüste geführt, um vom Teufel versucht zu werden* (Mt 3, 17 - 4, 1). Jesus musste im irdischen Paradies seine Gottessohnschaft beweisen. Dies ist der Sinn unseres Erdendaseins.

Schon jetzt sind wir Kinder GOTTES, und doch hat sich das, was wir sein werden, noch nicht voll entfaltet, erklärt der erste Johannesbrief (1 Joh 3, 2). Der junge Prinz soll eine weitere Stufe auf der Himmelsleiter der geistigen Evolution erklimmen, dieweil sein Bruder, in der Gnosis sein Zwilling, im Hause seiner Eltern bleibt. Er ist die wahre, ewige Identität des jungen Prinzen. Sie bleibt immer gewahrt, auch jetzt, da er zur Weiterentfaltung in die Welt geht und dazulernt; denn alles Lernen ist Rück- oder Wiedererinnerung (Platon): *Und nun lasse du mich offenbar werden, Vater, bei dir durch die Herrlichkeit, die ich hatte, bevor es die Welt gab* (Joh 17, 5).

Auch im Gleichnis vom verlorenen Sohn bleibt der Bruder im Hause des Vaters, hier ist es der ältere Bruder.

Verse 16 bis 28:

Der Prinz verlässt den Osten, wo die Sonne des göttlichen LOGOS aufgeht, und steigt hinab mit zwei Begleitern. Er gelangt ins Land Babel und in die Stadt Sarbûg. Babel ist die hebräische Verballhornung für Babylon (Tor Gottes) und vom hebräischen Wort für »Verwirrung« abgeleitet. Auch Sarbûg bedeutet »Labyrinth«, also Irrgarten.

Darauf kommt er nach Ägypten, dem Land der Vielgötterei und lässt sich in der Nähe des Drachen nieder, um ihm, wenn er schläft, die Perle zu rauben. Hier trifft er auf einen Edlen aus dem Osten, teilt ihm seine Sendung mit und warnt ihn vor dem Verkehr mit den unreinen Ägyptern.

29 Ich aber kleidete mich gleich ihren Gewändern,
     um nicht fremd zu scheinen und verdächtigt zu werden,
30 die Perle rauben zu wollen,
     oder gar den Drachen gegen mich zu wecken.
31 Aber aus irgendeiner Ursache
     merkten sie, dass ich nicht ihr Landsmann war

32   und sie mischten sich mit mir mit ihren Listen,
       auch gaben sie mir zu kosten ihre Speise.
33   Ich vergaß, dass ich ein Königsohn war,
       und diente ihrem König.
34   Und ich vergaß sie, die Perle,
       um derentwillen mich meine Eltern geschickt hatten.
35   Und durch die Schwere ihrer Nahrung
       sank ich in tiefen Schlaf.

Zunächst gleicht er sich rein äußerlich den Ägyptern an, um für ihresgleichen gehalten zu werden, dann aber lässt er sich verführen, die Nahrung der Unreinen zu sich zu nehmen, wovor er gerade noch seinen Freund gewarnt hatte. So wird er vom Königsohn zum Knecht der weltlichen Macht und vergisst die Suche nach dem Himmelreich. Von der unreinen Nahrung niedergedrückt fällt er wie Adam in Hypnose. Es ist die Bewusstlosigkeit, in die jeder zu fallen scheint, wenn er in dieser Welt wiedergeboren wird.
Es sind nur Kinder, die sich zuweilen noch erinnern, wo sie waren.

Verse 36 bis 42:

Aber der Weckruf GOTTES aus der Ferne ergeht an jeden, denn LEBEN erzwingt geistiges Höhersteigen, LIEBE will jeden aus der Knechtschaft erlösen.

43   Erwach und steh auf von deinem Schlaf,
       und vernimm die Worte unseres Briefes.
44   Erinnere dich, dass du ein Königsohn bist,
       sieh die Knechtschaft, wem du dienst.
45   Denk an die Perle,
       derentwegen du nach Ägypten gegangen bist.
46   Erinnere dich deines Strahlenkleides,
       gedenke deiner herrlichen Toga,
47   damit du sie anlegst und dich damit schmückst,
       auf dass im Buche der Helden dein Name[107] gelesen
werde

---

[107] Vgl. Off 13, 8

48   und du mit deinem Bruder, unserem Stellvertreter,
     Erbe in unserem Reich werdest."

Der Weckruf der Eltern soll den schlafenden Sohn aufwecken und ihm bewusst machen, wem er da dient. Er wird an seinen Auftrag gemahnt, das Himmelreich zu suchen, denn er soll mit seinem Bruder, seinem wahren Selbst, dem Christus, Stellvertreter der Eltern und Erbe des Reiches werden.

Verse 49 bis 55:

Der Brief ist versiegelt vor den Bewohnern des Labyrinthes: *Werft eure Perlen nicht vor die Säue, dass sie sie nicht zertreten zwischen ihren Klauen, aggressiv werden und euch zerreißen* (Mt 7, 6). Der Überbringer der Botschaft ist der Adler. Nur er, so hieß es, kann direkt in das Sonnenlicht schauen. Er ist auch der Botschaftsüberbringer des olympischen Zeus. Beim Rauschen der Schwingen des Adlers erwacht der Prinz.

56   Ich erinnerte mich, dass ich ein Königsohn war
     und meine Freiheit nach ihrer Natur verlangte.
57   Ich dachte an die Perle,
     derentwegen ich nach Ägypten gesandt ward,
58   und ich begann zu bezaubern
     den schrecklichen und schnaubenden Drachen.
59   Und ich brachte ihn in Schlummer und Schlaf,
     indem ich den Namen meines Vaters über ihm nannte
60   und den Namen unseres Zweiten
     und den meiner Mutter, der Königin des Ostens,
61   und ich erhaschte die Perle und kehrte um,
     um mich nach meinem Vaterhaus zu wenden.
62   Und ihr schmutziges und unreines Kleid
     zog ich aus und ließ es in ihrem Lande
63   und richtete meinen Weg, dass ich käme
     zum Licht unserer Heimat, dem Osten.

Der Sohn des *Königs der Könige* (v 86) dient nicht irdischen Mächten: *Die Schöpfung wird frei werden von der Sklaverei der Vergänglichkeit hin zur Freiheit der Offenbarwerdung der Kinder GOTTES* (Röm 8, 21). Den Drachen, Symbol für die mentale Macht der Materie (animalischer Magnetismus), kann man nicht töten, er begleitet den Sterblichen sein Leben lang. Auch von Jesus heißt es: *Und als der Diabolos jede Versuchung vollzogen hatte, ließ er von ihm ab - bis zur nächsten Gelegenheit* (Lk 4, 13). Der Drache kann nur beschworen werden im Namen des Vaters und des Sohnes und des heiligen GEISTES. Unter den Schriften von Nag Hammadi[108] findet sich auch die »Geheimschrift des Johannes«, darin sagt der Christus: *Ich bin der Vater, ich bin die Mutter, ich bin der Sohn.* Wenig später heißt es in derselben Schrift: *Der heilige Geist, den man das Leben und aller Mutter nennt.*

Nun, da er die Perle in Händen hält, streift der Königsohn das schmutzige und unreine Kleid, das materielles Bewusstsein, in das er gefallen war, von sich und wendet sich Richtung Osten. Osten heißt im Griechischen »Sonnenaufgang«, im Lateinischen Orient. Wer sich im finsteren Irrgarten orientieren muss, schaut auf den Sonnenaufgang, wo er vom aufgehenden Licht des göttlichen LOGOS Orientierung und Führung erhält.

Verse 64 bis 71:

Auf seinem Heimweg leitet den Prinzen die Botschaft der Eltern in Gestalt des Adlers – in Ägypten wäre es der Himmelsfalke, das große Symbol für Logos – mit seiner Liebe unermüdlich zur Eile.

72 Und mein Strahlenkleid, das ich ausgezogen hatte,
     und meine Toga, mit der es umhüllt war,
73 sandten von den Höhen von Warkan
     meine Eltern dorthin
74 durch ihre Schatzmeister,
     die wegen ihrer Wahrhaftigkeit damit betraut waren.
75 Wohl erinnerte ich mich nicht mehr seiner Würde,
     weil ich es in meiner Kindheit
     im Vaterhaus gelassen hatte,
76 doch plötzlich, als ich es mir gegenüber sah,
     wurde mein Strahlenkleid ähnlich meinem Spiegelbild
     mir gleich;
77 ich sah es ganz in mir,

---

[108] Vgl. Exkurs Nag Hammadi

und in ihm sah ich mich auch mir ganz gegenüber,
78 so dass wir Zwei waren in Geschiedenheit
und wieder Eins in einer Gestalt.

Dem Königsohn wird, während er noch auf dem Weg ist, sein Strahlenkleid zugesandt, das er ausgezogen hatte. Denn ohne dieses Gewand gibt es keinen Zutritt zu den Eltern, und der König hätte ihn gefragt: *Freund, wie bist du hereingekommen ohne hochzeitliche Kleidung? ... Darauf sagte der König zu seinen Begleitern: Fesselt ihn an Händen und Füßen und werft ihn hinaus in die Finsternis draußen; dort wird Heulen und Zähneklappern sein* (Mt 22, 12 f).
An seinem Strahlenkleid erkennt sich der Prinz als Bild und Gleichnis GOTTES, von dem man sich getrennt glauben kann, in Wahrheit aber niemals getrennt ist.[109]

Verse 79 bis 96:

Die Beschreibung des Strahlenkleides: Es strahlt in herrlichen Farben, ist geschmückt mit Gold und Edelsteinen, *und das Bild des Königs der Könige war ihm vollkommen überall aufgemalt.* Der Königsohn ist also die *Ausstrahlung seiner Herrlichkeit und der Ausdruck seines Wesens* (Hebr 1, 3). Überall an seinem Kleid sieht er *die Bewegungen der Erkenntnis zucken.*
Und das Gewand raunte dem Prinzen zu, dass es nicht mehr das Kindergewand, sondern *entsprechend seinen Werken* größer geworden sei. Der Königsohn hatte also während seines Erdendaseins eine höhere Bewusstseinsstufe erklommen. Nun nahm der Prinz sein gewachsenes Strahlenkleid entgegen und schmückte sich mit der Schönheit seiner Farben.

97 Und meine glänzendfarbige Toga
    zog ich vollständig über mich ganzen.
98 Ich bekleidete mich damit und stieg empor
    zum Tore der Begrüßung und der Anbetung.
99 Ich neigte mein Haupt und betete an
    den Glanz des Vaters, der mir das Kleid gesandt hatte,
100 dessen Gebote ich ausgeführt hatte,

---

[109] Vgl. Joh 17, 21

wie auch er getan, was er verheißen hatte.
101 Am Tore seiner Satrapen
    mischte ich mich unter die Großen.
102 Denn er freute sich über mich und empfing mich,
    und ich war mit ihm in seinem Reich.
103 Und mit Schall
    priesen ihn alle seine Diener.

War der Prinz zuvor hinabgestiegen, so ist er jetzt wieder hinaufgestiegen zum König der Könige.
Gut gemacht, du guter und treuer Knecht, über weniges warst du treu, so will ich dich über vieles setzen. Geh ein in die Freude deines Herrn (Mt 25, 21).

Das Lied vom Prinzen und der Perle weist inhaltlich eine Parallele auf zum Gleichnis vom verlorenen Sohn (Lk 15, 11 ff).[110] Auch dort verlässt ein Sohn das Haus des Vaters, verliert scheinbar sein väterliches Erbe und kehrt dann zurück, um festzustellen, dass er seine Sohnschaft und sein LEBEN nie verloren hat:
    Dieser mein Sohn war tot
    und ist wieder lebendig geworden.
    Er war verloren und ist gefunden worden.
    Und sie begannen zu feiern.

Bei genauerem Hinsehen ließen sich in der Christlichen Bibel, dem Neuen Testament, noch genug Hinweise auf Reinkarnation oder Wiedergeburt finden. Erinnert sei hier noch einmal an das Matthäus-Evangelium (4, 1 ff), wo eine Stimme aus dem Himmel Jesus zum geliebten Sohn GOTTES erklärt, an dem sein Vater Wohlgefallen hat, weil an ihm der Christus zum Ausdruck kommt. Und unmittelbar darauf wird Jesus vom Geist in die Wüste geschickt. Wüste aber heißt Eden, und Eden ist das menschliche Paradies auf Erden, wo man der Versuchung des Diabolus in einem fort ausgesetzt ist.
Im Johannes-Evangelium (3, 13) erklärt Jesus dem Nikodemus:
Keiner hat den Aufstieg in den Himmel geschafft außer dem, der aus

---

110 Vgl. Benninger, Befreit 135 ff

dem Himmel herabgestiegen ist: die Idee Mensch, die (immer) im Himmel ist.

Im Thomas-Evangelium fordert Jesus dazu auf: *Wenn man zu euch sagt: "Woher seid ihr gekommen?", sagt zu ihnen: "Wir sind aus dem Licht gekommen, dem Ort, wo das Licht durch sich selbst geworden ist. ... Wenn man zu euch sagt: "Wer seid ihr?", sagt: "Wir sind seine Söhne und wir sind die Auserwählten des lebendigen Vaters". Wenn man euch fragt: "Was ist das Zeichen eures Vaters in euch?", sagt zu ihnen: "Bewegung ist es und Ruhe."* (Log 50)

Gott ist die Ruhe, weil er der ist, der immer sich gleich bleibt; in Bewegung sind wir, weil wir uns auf ihn zu bewegen, auf ihn, von dem wir seit Ewigkeit untrennbar sind wie das Licht von der Lichtquelle.

Im Logion 49 lesen wir: *Jesus sprach: Selig die Einsamen und Erwählten, denn ihr werdet das Reich finden. Weil ihr aus ihm stammt, werdet ihr aufs Neue dorthin gehen.*

Kapitel 15

Und ob ich schon wanderte in der Todschattenschlucht,
fürchte ich kein Unglück,
denn du bist bei mir.
Psalm 23

Leben im Paradies

Wie Jesus so wurde auch uns, den Söhnen des *Königs der Könige*, das Lichtkleid wieder abgenommen[111], als wir in „diese Welt" kamen. Auch wir wurden vom GEIST in die Wüste geführt[112], um hier im Garten Eden von der lügnerischen Schlange versucht zu werden und zu lernen, ihr zu widerstehen; denn durch neu gewonnenes geistiges Bewusstsein soll unser Lichtkleid wachsen[113]. GOTT, LEBEN, bedeutet ja unend-

---

[111] Perlenlied 9
[112] Mt 4, 1
[113] Perlenlied 76

liches Wachstum, daher sagt Jesus im Gebet für seine Schüler: *Ich bitte nicht, dass du sie aus der Welt nimmst, sondern dass du sie bewahrst vor dem Bösen.*[114]

Unser Lichtkleid verlieren wir allerdings nie[115], denn *wir sind zwar jetzt schon GOTTES Kinder, aber es ist noch nicht offenbar geworden, was wir sein werden*[116]. Jesus der Christus führte seinen Schülern die Tatsache der ewigen Gotteskindschaft, auch im Garten Eden, einmal auf dem Berg[117] vor Augen: *Und er wurde verwandelt vor ihnen. Sein Gesicht begann zu leuchten wie die Sonne, seine Gewänder aber wurden weiß wie das Licht*[118]. Der Vater, der uns das LEBEN gibt[119], ist auch im Lustgarten von Eden gegenwärtig: *Darin ist die LIEBE vollkommen bei uns, dass wir am Tag der Krise offen zu ihm sprechen können; denn gleich ihm so sind auch wir in dieser Welt*[120].

Schaut nach oben und betrachtet die Felder: Sie sind weiß zur Ernte. Schon jetzt erhält seinen Lohn, wer erntet, und er fährt Frucht ein zum ewigen LEBEN[121]. Die Früchte vom Baum des LEBENS sind die göttlichen Ideen, nur sie sind das »Brot des LEBENS«, *es ist das Brot GOTTES, das heruntersteigt aus dem Himmel und der Welt das LEBEN gibt*[122]. Die Ideenschöpfung GOTTES ist nur gut.[123]

Vom Baum der Erkenntnis des Guten und des Bösen werden nur die Früchte des Demiurgen[124] geerntet, es sind die sogenannten menschlichen Ideen, die allesamt Idole, Abgötter, sind: *Kinder, hütet euch vor den Abgöttern!*[125]

Wir können vom Baum der Erkenntnis des Guten und des Bösen nicht etwa nur die guten Früchte haben, denn jede seiner Früchte ist gut und böse zugleich: *Es scheint mir verrückt zu sein,*

---

[114] Joh 17, 15
[115] Joh 17, 5 und 24
[116] 1 Joh 3, 2
[117] Vg. Exkurs Berg
[118] Mt 17, 2
[119] Joh 5, 26
[120] 1 Joh 4, 17
[121] Joh 4, 35 f
[122] Joh 6, 33
[123] 1 Tim 4, 4; Jak 1, 17
[124] Vgl. Erläuterungen; Benninger, Befreit 238 ff
[125] 1 Joh 5, 21; Luther 84

was die Menschen angenehm nennen; wie verwunderlich ist seine Natur, verglichen mit dem, was das Gegenteil zu sein scheint, dem Schmerz. Dass sich beide zugleich beim Menschen nicht einstellen wollen, wenn aber jemand dem einen nachjagt und es bekommt, dass er dann fast immer gezwungen ist, auch das andere mitzunehmen, als seien beide am oberen Ende zusammengeknotet[126].

Diese Früchte sind allesamt *gut zu essen, eine Lust für die Augen und verlockend*[127], aber *wenn die Begierde dann empfangen hat, gebiert sie die Sünde. Und ist die Sünde dann an ihr Ziel gelangt, gebiert sie den Tod.*[128] Mit diesem Tod ist der *nächste Tod*[129] gemeint, eine weitere Fleischwerdung (Inkarnation).

Fasten heißt: nicht vom Baum der Erkenntnis des Guten und des Bösen essen. Jesus fastete[130] in „dieser Welt", dem Garten Eden, vierzig[131] Tage lang. Zu diesem Fasten gehört auch: *Niemals eine Unvollkommenheit sehen, hören noch berichten, sondern zu allen Zeiten und unter allen Umständen nur das Gute - trotz des scheinbaren Gegenteils, das sich zeigen will.*[132]

Die Menschen erwartet nach ihrem Tode, was sie sich nicht träumen lassen oder wähnen (Heraklit).

Was beim sogenannten Tod den vergänglichen Körper verlässt, ist Bewusstsein: ein Informationsbündel von wahren Ideen und verkehrten Vorstellungen, wobei letztere noch der Berichtigung bedürfen. Dabei – um beim platonischen Bild[133] zu bleiben – verleihen die wahren, göttlichen Ideen der Seele Flügel, von den verkehrten Vorstellungen aber wird sie wieder nach unten gezogen.

So viel scheint indes nach den Erkenntnissen derer, die die Wiedergeburt erforschen[134], gesichert: Die Psyche baut einen

---

[126] Platon Phaidon 60 b
[127] 1 Mos 3, 6
[128] Jak 1, 15
[129] Off 2, 11
[130] Vgl. Exkurs Fasten
[131] Vgl. Benninger, Befreit: Exkurs Kybernetischer Regelkreis
[132] Vgl. Exkurs Tomlinson
[133] Platon, Phaidros 246 a ff
[134] z.B. Stevenson und Leininger

neuen Körper auf, ausgestattet oder belastet mit dem Informationsmaterial, mit dem sie den vorigen Körper verlassen hat. Paulus schrieb an die Gemeinde von Philippi: *Daher, meine Lieben, wie ihr allezeit auf mich gehört habt nicht nur in meiner Anwesenheit, sondern jetzt noch viel mehr in meiner Abwesenheit: Arbeitet mit Furcht und Zittern an eurer Rettung. Denn GOTT ist es, der in euch wirkt; er bewirkt das Wollen **und** das Vollbringen bis hin zu seinem Wohlgefallen* (Phil 2, 13).

Auch Jesus wurde wie wir in dieses irdische Paradies hineingeboren und von der *alten Schlange, dem Diabolus oder Satan*[135] immer wieder[136] versucht. Er hat sich darin zum Christus gemacht und dadurch GOTT und dessen Wirken in dieser Welt sichtbar werden lassen. Er hat seine Schüler dazu aufgefordert, das Reich der Schlange ebenfalls zu verlassen: *Wacht auf, und lasst uns von hier aufbrechen!*[137] Und er hat seinen Schülern den Ausweg gezeigt: Zum Christus werden, wie er es getan hat. Noch einmal aus dem Brief des Paulus an die Gemeinde von Philippi: *Habt das Bewusstsein, das auch in Christus Jesus war! Er war in der Qualität GOTTES und glaubte nicht, dass es ein Raub sei, GOTT gleich zu sein, sondern er hat sich von seinem materiellen Selbst völlig leer gemacht mit der Eigenschaft eines Dieners, Mensch geworden wie jeder andere, wurde er in seinem Äußeren wie ein Mensch empfunden*[138].

Und wie wird man zum Christus? *Jeder, der diese Aussichten hat, zu ihm zu gelangen, der macht sich genau so heilig, so wie GOTT heilig ist.*[139] Heiligung ist ein Synonym zu Reinigung, Reinigung vom Ballast[140] der verkehrten Bewusstseinsinhalte.

---

135 Off 20, 2
136 Lk 4, 13
137 Joh 14, 31
138 Phil 2, 5-7
139 1 Joh 3, 3
140 Vgl. Exkurs Opfer

Kapitel 16

GOTT und das Sein

Der Sinn unseres Lebens besteht nicht darin, nach dem Tod in den Himmel zu kommen, sondern vielmehr darin, den Weg der Bewusstseinsentfaltung zu beschreiten und so aus dem Kreislauf der Wiedergeburten, die alle im Tod enden, auszusteigen und das ewige LEBEN, das GOTT ist, zu erlangen.

Dazu gehört die Überwindung des materiellen Weltbildes: *Seid guten Mutes: Ich habe die Welt überwunden* (Joh 16, 33), *es kommt der Herrscher über die Welt, doch in mir ist nichts, was ihm gehört* (Joh 14, 30). Denn der Schöpfer ist GEIST (1 Mos 1, 2; Joh 4, 24) und seine Schöpfung geistig (Log 50; Joh 3, 5 f).

Wir müssen heute unser Verständnis aus den alten Bildern herausheben und GOTT, Schöpfer oder Vater so verstehen: Das schöpferische Ur-PRINZIP nennen wir GOTT. Dieses Ur-PRINZIP ist der *unbewegte Beweger* (Aristoteles; Log 50), der ewige Impulsgeber der geistigen Evolution, das ewige *Es werde!*

Und dieses Ur-PRINZIP ist kein blindes Prinzip, sondern, wie der sechste Schöpfungstag lehrt, sich seiner selbst bewusst.

Wenn die Alten zum Himmel aufblickten, sahen sie Sonne, Mond und Sterne auf ihren ewigen, verlässlichen und somit berechenbaren Bahnen. Sie gaben ihnen Namen, denn die Himmelskörper waren Mächte, Götter, deren Einfluss sie unterstanden.

Die griechische Aufklärung begann mit Thales von Milet (~ 600 vor). Die physikoí, wie sie sich nannten, begannen mit der Entmythologisierung des Götterhimmels und überführten das Wirken von Göttern in physikalische Gesetze, die später bei Platon zu Gesetzen der göttlichen Metaphysik wurden. Platon verstand unter dem Begriff göttlich: ewig, unabänderlich und universal gültig. Jetzt waren die Sterne Symbole für ewige Wahrheiten, für die seienden Dinge, die keinem Wandel unterliegen, die weder Anfang noch Ende kennen und ihre Identität ewig wahren, kurz: es sind die absoluten, universellen Werte, auch Ideen genannt.

Gott selbst wird unter dem Symbol der Sonne zum Ur-Prinzip, das alles regiert: Sie ist es, *die Jahreszeiten verursacht und die Jahre und alles lenkt am Ort, den man sieht* (Pl Politeia). *Gott hält, wie ja auch ein alter Spruch sagt, Anfang und Ende wie auch die Mitte aller seienden Dinge, und er kommt geradewegs zum Ziel auf einer Kreisbahn, wie es seiner Natur entspricht* (Pl Nomoi). *Die Sonne hat den mittleren Bereich inne. Sie ist Führer, Fürst und Lenker der übrigen Lichter, Geist und Regierung der Welt, von solcher Größe, dass sie alles mit ihrem Licht erleuchtet und erfüllt* (Cicero de rep). Hier erkennen wir bereits die Grundzüge des Monotheismus.

Umso unverständlicher ist es, wenn Christen auch heute noch in einer Glaubenswelt gelassen werden, beim Himmel handle es sich um einen überirdischen Ort, um ein Paradies ewiger Glückseligkeit, an dem man GOTT persönlich begegnen könne.

Bei Johannes sagt Jesus der Christus: *Wenn ihr mich liebt, werdet ihr meine Gebote halten* (Joh 14, 15). Wie er zu diesen Geboten gekommen ist, erfahren wir an anderer Stelle: *Ich frage nicht nach meinem Willen, sondern nach dem Willen dessen, der mich gesandt hat* (Joh 5, 30). *Was ich beim Vater gesehen habe, sage ich; tut also auch ihr, was ihr vom Vater hört* (Joh 8, 38). Oder: *Was ich von ihm gehört habe, das sage ich zur Welt* (Joh 8, 26). Und an anderer Stelle: *Ich weiß, dass sein Auftrag das ewige LEBEN ist. Was ich nun sage, das sage ich so, wie es mir der Vater gesagt hat* (Joh 12, 50).
Nicht also weil ein Jesus von Nazareth etwas gesagt hat, müssen die es befolgen, die sich zu seiner Lehre bekennen, sondern weil es die Regeln sind, die Jesus in seiner Versenkung und Intuition dem ewig wirkenden Ur-PRINZIP das Seins abgelauscht hat und deren Richtigkeit er in praktischer Anwendung als wahr bewiesen hat: *Wenn ich die Werke meines Vaters nicht tue, dann glaubt mir nicht! Wenn ich sie aber tue und ihr mir schon nicht glaubt, dann glaubt doch meinen Demonstrationen, damit ihr erkennt und wisst, dass in mir der Vater ist und ich im Vater* (Joh 10, 37 f).
Unter GOTTES Gerechtigkeit und seinen Geboten, wie sie Jesus der Christus in Worte gefasst hat, dürfen wir also die Gesetze und Spielregeln des Seins verstehen, deren Beachtung uns von dem Elend „dieser Welt" befreit.

Kapitel 17

Leiert nicht sinnlose Worte herunter
beim Beten wie die Heiden.
Denn die glauben, sie werden erhört,
wenn sie viele Worte machen.
Mt 6, 7

So ist es auch mit dem Glauben,
wenn er keine Auswirkungen hat,
dann ist er an sich tot.
Jak 2, 17

Die in diesem Kapitel enthaltenen Texte wollen zu rechtem Gebet oder **Meditation** anregen, auch dazu, eigene Texte aus dem, was Sie wissen, zusammenzustellen.

*

Ich bin die Offenbarwerdung des vollkommenen Schöpfers
in den Ideen von
LOGOS, GEIST, SEELE, PRINZIP, LEBEN, WAHRHEIT, LIEBE.

*

Ich bin der unendliche Regelkreis von
LEBEN, WAHRHEIT und LIEBE.

*

(Lesen Sie diesen Text von unten nach oben)
der ich in WAHRHEIT immer schon bin.
zu dem,
Schritt um Schritt und Stufe um Stufe
Ich erwache und erhebe mich

Beten

Beten heißt sich danach zu sehnen, erfassen zu können, was uns bereits zur Verfügung steht. Durch Meditation bereiten wir uns auf dieses Erfassen vor.

Leiert nicht sinnlose Worte herunter beim Beten wie die Heiden.
Denn die glauben, sie werden erhört,
wenn sie viele Worte machen. ...
Euer Vater weiß, was ihr braucht,
noch bevor ihr ihn darum bittet   Mt 6, 7 f

Alles was ihr betet und bittet,
*glaubt, dass ihr es empfangen **habt**,*
so wird es euch zuteil werden.   Mk 11, 24

Sprechen Sie keine vorformulierten Gebete außer den in der Christlichen Bibel enthaltenen! Was wir brauchen, ist eigene Intuition: *Intuition kann nicht aus zweiter Hand empfangen werden. Überhaupt kann ich von fremdem Geiste keine Lehre, sondern nur Anregung empfangen. Was er verkündigt, muss ich in mir für wahr finden oder verwerfen, aber auf sein Wort hin oder weil ich sein Anhänger bin, sei er wer er mag, kann ich nichts annehmen. Im Gegenteil, das Fehlen dieses primären Glaubens bedeutet den Anfang des Zerfalls. Wie die Flut so ist die Ebbe. Sobald dieser Glaube verlorengeht, werden seine eigenen Worte und Schöpfungen falsch und schädlich* (R. W. Emerson).
Beten Sie wie Jesus, wenn er des Nachts im Gebet auf dem Berg weilte[141].
Bilden Sie Bewusstsein, indem Sie Worte aus der Christlichen Bibel auf sich hin umformen. (Bedenken Sie auch: Das Folgende sind nur einige Anregungen.)

Wer aus GOTT geboren wurde, der richtet sein Augenmerk auf ihn,
und der Böse bekommt ihn nicht zu fassen.   1 Joh 5, 18

Vater, ich bin aus dir geboren, ich bin aus deinem Licht gekommen und dein Kind. Ich bin kein Kind dieser Welt. Deine LIEBE

---

[141] z.B. Mt 14, 23 u.a.O.

schützt mich vor allen Gefahren. Niemals konnte in mich etwas eindringen, nichts konnte mich jemals infizieren, was mir schaden könnte.

*

Die ganze Schöpfung GOTTES ist gut und nichts ist verwerflich, was mit Dankbarkeit entgegengenommen wird, denn es wird geheiligt durch das Wort GOTTES und durch Gebet. 1 Tim 4, 4

Mein Vater ist am Wirken bis zum heutigen Tag. Joh 5, 17

Vater, du allein bist am Wirken. Ich glaube nicht an die Illusionen der Sinne. Was du schaffst, ist vollkommen. Lass Deine vollkommene Schöpfung auch an mir offenbar werden! Das Böse hat keinerlei Wirkung, denn du bist allmächtig, hast **alle** Macht.

*

Wie der Vater das LEBEN in sich selber hat, so hat er auch dem Sohn gegeben, das LEBEN in sich selber zu haben. Joh 5, 26

Vater, du bist das ewige LEBEN. In dir lebe ich, denn du bist alles in allem. Der Tod ist nur eine Illusion, du wirst mir helfen, sie zu überwinden.

*

Kind, du bist allezeit bei mir, und alles, was mein ist, das ist dein.
Lk 15, 31

Wenn wir aber Kinder sind, sind wir auch Erben. Röm 8, 17

Da ich deine Ausstrahlung, deine Offenbarwerdung bin, kann ich nur deine Eigenschaften haben. Deine Eigenschaften, Vater, deine Ideen sind mein Erbgut, meine Gene. Alles Widrige muss von mir abfallen, denn es kommt nicht von dir und gehörte niemals zu mir.

*

Sehr hilfreich sind natürlich auch die Psalmen 23 und 91

Sphärenharmonie

Die Alten sahen des Nachts über sich Sonne, Mond und Sterne leuchten, beobachteten ihre Bahnen und erkannten darin ein geordnetes und verlässliches System. Sie erkannten das Auf- und Niedergehen gewisser Konstellationen und deren jahreszeitliche Wiederkehr.

Die Griechen nannten dieses System Kosmos, was *Schmuck, Ordnung* und *Weltall* bedeutet, d.h. die Welt ist in schönster Ordnung. Jeder Ordnung aber liegt ein Prinzip zugrunde. Das lateinische principium ist die Übersetzung des griechischen arché. Die Grundbedeutungen von arché sind *Ursprung* und *Herrschaft*. Prinzip ist also der Mittelpunkt, von dem alle Herrschaft ausgeht und nach dem sich alles ausrichtet.

Für Platon ist die zentrale Sonne jenseits der Milchstraße ein Symbol für Gott, wie er in den *Gesetzen* sagt: *Gott hält, wie ja auch ein alter Spruch sagt, Anfang und Ende wie auch die Mitte aller seienden Dinge, und er kommt geradewegs zum Ziel auf einer Kreisbahn, wie es seiner Natur entspricht* (Nomoi 715) .

*

Der vierte Schöpfungstag steht unter dem Synonym PRINZIP. Der Verfasser der Sieben Schöpfungstage nimmt dieses Universum mit seinen Sternen als Symbol für den göttlichen Kosmos, die große Hierarchie oder Holarchie in dem unendlichen System, in dem alle Teile sinnvoll integriert sind. Alle Teile interagieren in Übereinstimmung mit dem Ganzen. So entsteht die gewaltige Harmonie der Sphären, in der alles mit dem göttlichen PRINZIP in Einklang steht.

Kein Einzelteil kann Mängel haben, sonst wäre die Harmonie des Seins gestört und unvollkommen. Daher muss jeder Teil vollkommen, jedes Organ in dem großen Organismus voll funktionsfähig, jede Saite richtig gestimmt sein. GOTT, der vollkommene Schöpfer aber würde es niemals zulassen, dass irgendwo ein Fehler wäre, denn: *GOTT sieht alles an, was er schafft, und siehe: Es ist sehr gut!* Nichts kann aus diesem System hinausfallen, er ist der Kosmos, *in ihm leben wir, in ihm bewegen wir uns, und in ihm haben wir unser Dasein* (Apg 17, 28).

Zwei Dinge erfüllen das Gemüt mit immer neuer und zunehmender Bewunderung und Ehrfurcht, je öfter und anhaltender sich das Nachdenken damit beschäftigt: **Der bestirnte Himmel über mir und das moralische Gesetz in mir.** *Beide darf ich nicht als in Dunkelheit verhüllt, oder im Überschwenglichen, außerhalb meinem Gesichtskreis suchen oder bloß vermuten; ich sehe sie vor mir und verknüpfe sie unmittelbar mit dem Bewusstsein meiner Existenz* (Kant, Kritik der praktischen Vernunft).

Über GOTT, von dem die Leuchten am Himmel, seine unwandelbaren Ideen, ausgehen, sagt der vierte Schöpfungstag: *Und GOTT stellte sie an die Feste der Himmel, um die Erde zu erleuchten und zu herrschen über den Tag und die Nacht und zu scheiden Licht und Finsternis* (1 Mos 1, 17 f). Das System der göttlichen Ideen, das unwandelbar und für das irdische Denken nicht relativierbar an den Himmel geheftet ist, soll das sterbliche Denken erleuchten und leiten, damit wir aus innerer Überzeugung beten können, wie Jesus es seine Schüler gelehrt hat: *Dein Wille soll, wie im Himmel, so auch auf der Erde geschehen.*

Die Gesetzmäßigkeit des göttlichen Kosmos macht uns auch die wahre Metaphysik begreifbar und ermöglicht Demonstration und Beweisführung, wie es Jesus der Christus vormachte bei seinen Heilungen, die Wunder genannt werden. Diese Beweisbarkeit bietet Heilung, Problemlösungen für den, der sie treu anwendet, und diese Demonstration scheidet die Finsternis und ihre Macht aus durch das Licht der WAHRHEIT. Denn dem, der sich von der irdischen Finsternis ab und der göttlichen Sicht auf die Welt zuwendet, *ist er treu und gerecht* (1 Joh 1, 9). Gerechtigkeit aber ist Gesetzmäßigkeit. Und GOTT kann von seinen Gesetzen nicht abweichen, weil er selbst das absolute Gesetz ist.

Die göttliche Vollkommenheit des Himmels muss auch auf Erden in allem zu Tage treten!

Bewusstsein schaffen durch Ideen

Suchet vorrangig nach dem göttlichen Ideenreich
und seinen Gesetzen.
Mt 6, 33

In den Schriftrollen von Qumran[142], die aus der Zeit von Jesus
stammen, begegnen wir den 7 Erzengeln, den 7 Engeln der
Herrschaft, die die Engel GOTTES in 7 Abteilungen anführen: *Sie
loben*[143] *und rühmen und verherrlichen den König der Herrlichkeit.
Sieben Geheimnisse des Erkennens sind im wunderbaren Geheimnis
anvertraut den sieben heiligsten Dienern.*

Das ewige Ur-PRINZIP das Seins, den unbewegten Impulsgeber
der geistigen Evolution, nennt Jesus »GOTT« oder »Vater«.
GOTT **hat** die Welt nicht erschaffen, er **ist** der ewige Schöpfer,
am Wirken bis zum heutigen Tag (Joh 5, 17). Der siebte
Schöpfungstag erklärt, dass die Schöpfung schon vollkommen
ist, GOTT ist zum Ausdruck gekommen, denn Schöpfung ist die
Selbstpräsentation des GEISTES. Was wir als Schöpfung
erfahren, ist die Lichtwerdung in der mentalen, sterblichen
Finsternis. Diese Lichtwerdung wird dargelegt in sieben Tagen,
in sieben Stufen des Hellerwerdens bis hin zur vollendeten
Erleuchtung des Bewusstseins.
Der sechste Schöpfungstag steht, wie wir gesehen haben, mit
dem Symbol »Mensch« unter dem göttlichen Befehl: Es werde
Ideen-Bewusstsein! Dieses Ideen-Bewusstsein entsteht, indem
wir die Ideen zunächst kennen, sie uns dann zu Herzen
nehmen, wie es in der sechsten Seligpreisung heißt, und sie zu
unserer einzigen Wirklichkeit werden lassen, sodass die
Realität, die uns der Verleumder mittels der physischen Sinne
vorspiegelt, unter dem Licht der göttlichen Wahrheit zu-
nehmend verblasst, um schließlich ganz zu verschwinden und
das sichtbar werden zu lassen, *was wir sein werden* (1 Joh 3, 2).

---

[142] Vgl. Benninger, Alternatives Christentum 54
[143] Lob bedeutet Zustimmung

Die einzelnen Ideen sind Fragmente eines Hologramms[144]. Je mehr Ideen wir in unserem Bewusstsein hinzufügen, umso deutlicher tritt das Gesamtbild in Erscheinung, und dieses Gesamtbild ist unser wahres Selbst und nimmt für uns Gestalt und Wirklichkeit an.

GOTTES Ideen müssen wie GOTT unendlich sein. Wie das sein kann? Jede Idee ist in jeder anderen Idee enthalten. Denken wir an die große Trias »das Gute, Wahre und Schöne[145]«. Dies sind nicht drei Wesenheiten nebeneinander, vielmehr bilden sie eine untrennbare Einheit: Nichts ist gut, was nicht wahr und schön ist; nichts ist wahr, was nicht zugleich gut und schön ist; nichts ist schön, was nicht zugleich gut und wahr ist.

Selig, die das Wort GOTTES hören
und es auch befolgen.
Lk 11, 28

Seid nicht nur Hörer des Wortes,
sondern handelt auch entsprechend,
sonst betrügt ihr euch selbst.
Jak 1, 22

GOTT ist Licht und in ihm ist keinerlei Finsternis.
Wenn wir behaupten, dass wir mit ihm Gemeinschaft haben
und in der Finsternis wandeln, dann lügen wir
und praktizieren die Wahrheit nicht.
1 Joh 1, 5 f

Durch die Vergegenwärtigung und das Bewusstmachen der göttlichen Ideen können wir unsere geistige Wirklichkeit als GOTTES Bild und Gleichnis erleben.

Aus Psalm 23

GOTT ist mein Hirte, mir mangelt nichts.

---

[144] Vgl. Exkurs Hologramm
[145] Für schön benutzt Platon zuweilen auch die Worte gerecht oder harmonisch.

GOTTES Ideen sind das »Brot des LEBENS«. Wir sind allezeit damit versorgt, dass wir sie in Fülle haben (Mt 25, 29).

Er weidet mich auf grüner Aue und führet mich zu frischem Wasser.

Diese Ideen sind das lebendige Wasser (Joh 4, 10), sie taufen mich und machen den neuen Menschen aus mir.

Meine Seele bringt er ab vom Irrweg.

Der geistige Sinn lässt die materiellen Illusionen verschwinden, damit meine wahre Identität zu Tage treten kann.

Aus Psalm 27

GOTT ist mein Licht und meine Befreiung; vor wem sollte ich mich fürchten? GOTT ist meines Lebens Kraft; vor wem sollte mir grauen?

Lichtwerdung in der Finsternis bedeutet Befreiung von Ängsten. Darum konnte Jesus der Christus von sich sagen: *Ich bin für die Welt das Licht. Wer sich mir anschließt, wird nicht in der Finsternis wandeln, sondern er wird das Licht des LEBENS haben* (Joh 8, 12). *Ich habe die Welt besiegt* (Joh 16, 33).

LOGOS	GEIST	SEELE	PRINZIP
Licht	Scheidelinie	Identität	Kosmos
Ideen/Idee	Trennung	Selbst	Holarchie
Offenbar-werdung	Ordnung	geistiger Sinn	Einklang
Manifestation	das Einzige	Egoverleugnung	Harmonie
Einfluss	das Gute	Umkehr	Einheit des Seins
Orientierung	Reinheit	Erhabenheit	System
Erleuchtung	Wirklichkeit	Auferstehung	Gesetz-mäßigkeit
Erkenntnis	Substanz	Unkörperlichkeit	Gerechtigkeit
Intelligenz	Stärke	Unsterblichkeit	WISSENSCHAFT
Weisheit	Neugeburt	Freiheit	Treue
Führung	Taufe	Sicherheit	Demonstration
Gesetz	Evolution	Glück	Beweis
Kraft		Freude	Interpretation
Rettung		Seligkeit	Problemlösung
Heilung		Schönheit	
Psyche	Materie/Fleisch	physische Sinne	persönlicher Sinn

LEBEN	WAHRHEIT	LIEBE
Wachstum	Offenbarheit	Vollendung
Vermehrung	Gewahrheit	Vollkommenheit
Fülle	Bewusstsein	Ruhe
Erhaltung	Norm	Heilsein
Individualität	Ideal	Heiligkeit
Liebe	Standard	Erlösung
Erhebung	Christus	Erfüllung
Erneuerung	Sohnschaft	Friede
Weg des Lebens	Erbe	untrennbare Einheit
geistige Evolution	Herrschaft	Mutterschaft
geistiges Dasein	Richter	Fürsorge
Unsterblichkeit	Sieger	Vergebung
Ewigkeit	Heiler	Segen
Zeitlosigkeit	Befreier	Schutz

Tod	Irrtum / Lüge	Furcht

Erbe GOTTES

Wir sind aus dem Licht gekommen (Log 50): Ich bin zu jeder Zeit und auch jetzt gerade Licht, die Ausstrahlung der göttlichen Lichtquelle, die Offenbarwerdung von LEBEN, WAHRHEIT und LIEBE, das ewige *Es werde! – Es wird. – Es ist gut.*
Ich bin jetzt schon GOTTES Bild und Gleichnis, der Sohn, Christus genannt. GOTT hat ja nicht zweierlei Kinder, sondern nur einen einzigen Sohn, ein einziges vollkommenes Abbild. Seine Schöpfung ist der vollkommene Ausdruck seiner selbst, untrennbar von ihm (Joh 1, 14). *Wie der Vater das LEBEN in sich selber hat, so hat er auch dem Sohn gegeben, das LEBEN in sich selber zu haben* (Joh 5, 26).
Ich bin jederzeit gegen die bösartigen mentalen Mächte, die sogenannten Viren und gegen alle Manipulationsversuche des animalischen Magnetismus immun, denn *in IHM leben wir*, in den Mauern seiner Stadt sind wir geborgen (Ps 12, 1).
Kind, du bist allezeit bei mir, und alles, was mein ist, das ist dein (Lk 15, 31). *Wenn wir aber Kinder sind, dann sind wir auch Erben, Erben GOTTES und Miterben des Christus, wenn wir doch mit leiden, damit wir zusammen verherrlicht werden* (Röm 8, 17).
Wie alle, so trage auch ich die Erbanlagen meines Vaters in mir. Ich beanspruche dieses Erbe meines Vaters: vollkommene Gesundheit, die volle Funktionsfähigkeit jedes einzelnen meiner Organe in dem großen und makellosen System der Interaktion. Der Verleumder kann mir nichts absprechen, nichts vorent-halten, nichts wegnehmen von meinem Erbe. *Denn die ganze Schöpfung GOTTES ist gut und nichts ist verwerflich, was mit Dankbarkeit entgegengenommen wird, denn es wird geheiligt durch das Wort* [LOGOS] *GOTTES und durch Begegnung* (1 Tim 4, 4), durch den Wunsch also, sich dieses Besitzes gewiss zu werden.
Wenn die Psyche behauptet, wir seien ihre Geschöpfe, so glaube ich den Lügen dieser Mörderin nicht. Ich stehe nicht unter ihrer Herrschaft, sondern unter der Herrschaft der göttlichen LIEBE. *Es kommt der Herrscher über die Welt, doch in mir ist nichts, was ihm gehört* (Joh 14, 30).
Ich glaube nur meinem schöpferischen PRINZIP, LIEBE. Sie sieht alles an, was sie schafft und von allem sagt sie:

Schau her: Sehr gut!

GOTTES Widerspiegelung

Die Erde ist Irrsal und Wirrsal,
und Finsternis liegt über dem Urmeer.
Aber GOTT, GEIST, schwebt über den Wassern.

Wenn der Wind, GEIST, die Wolken weggefegt hat, kann sich das reine Blau des Himmels auf den Wassern widerspiegeln.

GOTTES Befehl: Es werde Licht! – Und es ward Licht.

Ich bin die Offenbarwerdung GOTTES, seine Widerspiegelung. Alles, was er hat, zeigt sich auch an mir – seine ganze Vollkommenheit. Nichts anderes hatte je die Macht, sich an mir zu zeigen und zu manifestieren.
Seine Reinheit reinigt mich von aller scheinbaren Unreinheit des Leibes.
Seine Harmonie beseitigt jeden Anschein von Disharmonie.
Sein Rhythmus kennt keine Arrhythmie, seine Stärke keine Ermüdung, keine Schwäche und keine Lähmung.
Ich widerspiegle in allem seine Vollkommenheit. Ich nehme an mir und an allem, was er hervorbringt, nicht die geringste Unvollkommenheit wahr.
Ich nehme nichts anderes wahr als GOTTES WAHRHEIT. Alles ist die Widerspiegelung des Lichtes, das von ihm ausgeht.

Eine göttliche Kraft steigt hierher herab ... Mit ihrem größeren Teil ist sie dort, von wo sie herabsteigt. Genau wie die Sonnenstrahlen die Erde zwar berühren aber doch dort sind, von wo sie ausgeschickt werden, so verweilt ein großer und heiliger Geist – hierher herab gesandt, damit wir Göttliches kennen – zwar bei uns, doch haftet er an seinem Ausgangspunkt. Von dort ist er abhängig, dorthin schaut und strebt er; wie etwas Besseres nimmt er teil an unseren Dingen.
Seneca, ep mor 41, 5

Im ganzen Universum geht niemals etwas anderes vor sich als **die Selbstpräsentation des GEISTES: Es werde Licht!**
Jeder Lichtstrahl endet in einer schöpferischen Hand und jede dieser göttlichen Ideen ist ein unmittelbarer Zugang zu GOTT, WAHRHEIT: *Ihr werdet die WAHRHEIT erkennen, und die WAHRHEIT wird euch frei machen.*
Ist das nicht etwas Wundervolles?

Ich sehe die Welt mit GOTTES Augen.

Was wir mit den Sinnen als Realität wahrnehmen und für die Wirklichkeit halten, ist nur ein Nebel vor dem Licht der Wahrheit (Zarathustra), Maya - pure Illusion (Hinduismus und Buddhismus), ein unterirdisches Schattenspiel (Platon), die Erde ein Tohuwabohu und Finsternis auf der Tiefe. Und Elohim sprach: *Es werde Licht!* – **meine** Welt erscheine! (Schöpfungstage) Es ist das Lichtreich des GEISTES, und *wir sind aus dem Licht gekommen, dem Ort, wo das Licht durch sich selbst geworden ist ... Wir sind seine Söhne und wir sind die Auserwählten des lebendigen Vaters* (Log 50). *Da ihr das Licht habt, glaubt an das Licht, damit ihr Söhne des Lichtes werdet!* (Joh 12, 36). *Ihr alle seid Söhne des Lichts und Söhne des Tages, nicht der Nacht und nicht der Finsternis. Lasst uns also nicht schlafen wie die Übrigen, sondern wach und nüchtern sein* (1 Thess 5, 5 f). Das Reich GOTTES, das Reich des Lichtes (1 Ptr 2, 9), ist die wahre Welt, die Lichtstrahlen, die uns erleuchten, sind die göttlichen Ideen. Da GOTT allgegenwärtig ist, ist es die **einzige** Wirklichkeit, seine vollkommenen Ideen sind allmächtig und sie sind hier *über die Erde ausgebreitet* (Log 113), wir können sie sehen lernen, indem wir wegschauen vom irdischem Geschehen und die Welt so sehen, wie GOTT sie schafft und sieht: *Mein Vater ist bis heute am Wirken, und ich wirke auch* (Joh 5, 17). *Und Elohim sieht alles an, was er schafft, und siehe: sehr gut!* (1 Mos 1, 31). *Schaut nach oben und betrachtet die Felder: Sie sind weiß zur Ernte. Schon jetzt erhält seinen Lohn, wer erntet, und er fährt Frucht ein zum ewigen LEBEN* (Joh 4, 35 f). *Wer mein Wort hört und dem glaubt, der mich gesundt hat, hat das ewige LEBEN und kommt nicht ins Gericht, sondern hat den Schritt aus dem Tod ins LEBEN schon gemacht* (Joh 5, 24). Wir müssen aus der Hypnose der Schlange, aus dem Schlaf der Bewusstlosigkeit aufwachen und uns der WAHRHEIT bewusst werden. *Die Stunde, vom Schlaf aufzuwachen, ist bereits da* (Röm 13, 11). Uns ist verheißen: *Ihr werdet die WAHRHEIT erkennen, und die WAHRHEIT wird euch frei machen* (Joh 8, 32). *Wir wissen, dass die gesamte Welt im Bereich des Bösen liegt, wir aber von GOTT abstammen* (1 Joh 5, 19). Wenn wir gesund werden und es bleiben wollen, müssen wir nach oben schauen, und wir werden wissen, dass wir immer

Kinder des Lichtes waren (1 Thess 5, 5) und es auch bleiben. Wir sind wach und erkennen nichts anderes als Wirklichkeit oder Gegenwart an als das Reich GOTTES allein. Er und seine vollkommene Schöpfung ist die einzige Gegenwart.

Das materielle Weltbild, das uns die Psyche, die Schlange vom Paradies, in einem fort vorgaukelt, will uns mit seinen Schattenbildern erschrecken, ist aber in Wahrheit ein Nichts. Wir lassen uns keinen Schrecken einjagen wie Kinder im Dunkeln, denn das Reich und die Macht des Bösen sind eine bloße – wenn auch hartnäckige – Illusion wie die von Raum und Zeit. In Wahrheit ist alles Gegenwart, alles Licht: *GOTT ist Licht und in ihm ist keinerlei Finsternis* (1 Joh 1, 5). Alles ist seine Offenbarwerdung, die Selbstpräsentation des GEISTES.
Ich bin Monotheist und mache mir immer wieder bewusst: Es gibt nur **eine einzige** Macht, die Macht des Guten, Wahren und Schönen. Es gab und gibt nur die Gesetze des GEISTES. Die Gesetze des GEISTES erweisen die mutmaßlichen Gesetze der Materie als niemals existent, denn in GOTT, GEIST, *leben wir, in ihm wirken wir und in ihm haben wir unser Dasein* (Apg 17, 28).
Ihr werdet die WAHRHEIT erkennen, und die WAHRHEIT wird euch frei machen (Joh 8, 32): Je mehr wir von GOTT erkennen, umso deutlicher tritt unsere ewig unbeschadete Identität zutage.

Wenn wir aber im Reich GOTTES leben, dann können wir schon jetzt nichts anderes haben als das **eine** LEBEN: das ewige LEBEN. *Nicht ihr habt mich auserwählt, sondern ich habe euch auserwählt* (Joh 15, 16).
Mit Jesus sagen können: Es *kommt der Herrscher über diese Welt, doch in mir ist nichts, was ihm gehört* (Joh 14, 30). *Wir wissen, dass es für jeden, der aus GOTT stammt, kein Abweichen gibt, sondern wer aus GOTT geboren wurde, der richtet sein Augenmerk auf ihn, und der Böse bekommt ihn nicht zu fassen* (1 Joh 5, 18). GOTT im Auge behalten heißt: Seine Ideen in allem zum alleinigen Maßstab machen, nichts anderes daneben gelten lassen.
Das Licht leuchtet in der Finsternis, und die Finsternis kann das Licht nicht überwältigen (Joh 1, 5). Denn die Finsternis kann dem Kind des Lichtes nichts anhaben, sie löst sich in nichts auf, wenn sie sich ihm nähert. *Seid guten Mutes: Ich habe die Welt* [= das materielle Weltbild] *überwunden* (Joh 16, 33).

Ich sehe Vollkommenheit

Und GOTT sieht **alles** an, was er schafft, und siehe:
sehr gut!

Das Reich des Vaters ist ausgebreitet über die Erde,
und doch sehen es die Menschen nicht.

Das Reich GOTTES ist eine Sache des Bewusstseins.

Das Licht des Leibes ist dein Auge. ...
Wenn nun dein Leib ganz voll von Licht ist
und nichts Finsteres in sich hat,
wird er ganz licht sein,
wie wenn dich das Licht einer Lampe
blitzartig erleuchtet.

✳

Ich sehe die Welt mit GOTTES Augen
und sehe sie, wie ER sie machte.
Ich verwerfe es, sie irgendwie anders zu sehen.

Jeden Morgen, wenn ich meine Augen öffne,
nehme ich mir dies aufs Neue vor
und wiederhole es jede Stunde des Tages:
Ich sehe Vollkommenheit:
eine vollkommene Ursache und eine vollkommene Wirkung;
einen vollkommenen GOTT
und einen vollkommenen Menschen.
Ich weigere mich,
auch nur die geringste Unvollkommenheit zuzugeben
in mir selbst, in meinen Freunden,
in meinen Feinden,
in meinen oder ihren Angelegenheiten
und in der ganzen Welt.

Geistige Evolution

Wir müssen die Schöpfungstage so verstehen:

GOTT ist das Ur-PRINZIP des geistigen Universums.
Diese materielle Welt aber ist ein Tohuwabohu
voll Finsternis und Chaos.
Ihr ruft GOTT zu: Es werde Licht!
...
GOTT schafft den Menschen zu seinem Bild und Gleichnis
und er gibt ihm seinen Segen.
Und GOTT sieht alles an, was er macht,
und er sieht: Es ist sehr gut.

Was GOTT schafft, ist vollendet und vollkommen,
ihm ist nichts hinzuzufügen.

GOTT, das schöpferische Ur-PRINZIP, ist der ewige Impulsgeber
der geistigen Evolution.
Dieser »Vater« **hat** die Welt nicht erschaffen, er **schafft** sie, er
ist am Wirken bis zum heutigen Tag (Joh 5, 17) mit seinem ewigen
Befehl: *Es werde Licht!*

Es kommt die Zeit und sie ist eigentlich schon da,
dass die wahren Anbeter den Vater
in GEIST und WAHRHEIT anbeten werden.
Denn auch der Vater wünscht sich solche Anbeter.
GOTT ist GEIST, und die ihn verehren,
müssen ihn in GEIST und WAHRHEIT anbeten.   Joh 4, 23 f

Was aus Materie entstanden ist, ist Materie,
was aus GEIST entstanden ist, das ist GEIST.   Joh 3, 6

GEIST ist es, was lebendig macht,
die Materie ist nutzlos.   Joh 6, 63

Texte aus 1 Mos 1; Thomas-Evangelium; Lukas; Matthäus

Unser Vater, du bist im Himmel.

Nennt auf der Erde niemand euren Vater, denn nur einer ist euer Vater: der himmlische (Mt 23, 9).
Mit »Vater« meint Jesus den Schöpfer. Die Kinder GOTTES sind sein Same[146] (Mt 13, 38). Vom Geistgott Elohim, der alles aus sich heraus, aus GEIST schafft, lesen wir: *Und Elohim sprach: Wir wollen den Menschen machen nach unserem Bilde, uns gleich. ... Und Elohim schuf den Menschen nach seinem Bilde* (1 Mos, 1, 26 f).

GOTT schuf den Menschen. Wann war das? Vor wie vielen Jahrtausenden? Oder Jahrmillionen? Sah der Urmensch gottähnlicher aus als wir? Fragen, die zu Spekulationen verleiten, die allesamt in die Irre führen.
Ralph Waldo Emerson (1803-1882), der Begründer des amerikanischen Neuidealismus, betont an vielen Stellen: *Des wahren Predigers Aufgabe ist es, uns zu zeigen, dass Gott* **ist**, *nicht dass er* **war**, *dass er* **spricht**, *nicht dass er gesprochen* **hat** (Emerson, Essays 45).
Die Vergangenheitsform der alten Schöpfungsberichte ist der altorientalischen Erzählweise geschuldet. *Das wissenschaftliche Gemüt muss einen Glauben haben, der Wissenschaft ist* (Emerson).
Unser Auge liest zwar in den Texten: *GOTT schuf den Menschen nach seinem Bilde,* unser Geist aber muss verstehen: **GOTT schafft den Menschen nach seinem Bilde.** Und dies noch heute und in jedem künftigen Augenblick. Das ewig vorantreibende PRINZIP der geistigen Evolution nennen wir GOTT. Und er ist GEIST. Die materiellen Sterblichen sind das vorübergehende Produkt der sterblichen Psyche, die nach ihren kollektiven mentalen Inhalten Sterbliche hervorbringt.
Das ist die Aussage der Schöpfungstage und der Paradies-Parabel.

Im Thomas-Evangelium belehrt Jesus seine Schüler:
Jesus sagte: Wenn man zu euch sagt: "Woher seid ihr gekommen?", sagt zu ihnen: "Wir sind aus dem Licht gekommen, dem Ort, wo das Licht durch sich selbst geworden ist. ... Wenn man zu euch sagt: "Wer seid ihr?", sagt: "Wir sind seine Söhne und wir sind die

---

[146] griechisch sperma

Auserwählten des lebendigen Vaters". Wenn man euch fragt: "Was ist das Zeichen eures Vaters in euch?", sagt zu ihnen: "Bewegung ist es und Ruhe." (Log 50)

Bewegung und Ruhe: Unsere geistige Identität ist unverlierbar festgelegt, sie ruht in GOTT. Zu ihr hin entfalten wir uns.
Johannes sagt uns: *Meine Lieben, schon jetzt sind wir Kinder GOTTES. Und doch ist das, was wir sein werden, noch nicht voll zum Ausdruck gebracht worden. So viel jedoch wissen wir: Wenn unsere Identität zu Tage getreten ist, werden wir ihm qualitativ gleich sein, und wir werden ihn so sehen, wie er ist. Und jeder, der diese Aussichten hat, zu ihm zu gelangen, der macht sich genau so heilig, so wie GOTT heilig ist* (1 Joh 3, 2 f).
Sich heiligen heißt sein Bewusstsein reinigen: *Selig die Reinen im Herzen; denn sie werden GOTT sehen* (Mt 5, 8).

Ketzerische Gedanken? Na und? Das Wort »Ketzer« kommt vom griechischen katha í ro – reinigen. Wir wollen verstehen, wie die Texte ursprünglich gemeint sind, nicht wie Irrlehrer sie verstanden wissen wollen.

Meditation zu Mt 22, 36 ff

36 Meister, welches Gebot ist das wichtigste im Gesetz?
37 Er aber sprach zu ihm: Du sollst den Herrn deinen GOTT
lieben aus deinem ganzen Herzen, aus deiner ganzen Seele und
aus völliger Überzeugung.
38 Dies ist das wichtigste und erste Gebot.
39 Ein zweites ist ihm gleich: Du sollst deinen Nächsten lieben
wie dein Selbst.
40 An diesen beiden Geboten hängt das ganze Gesetz und die
Propheten.

[v 37 Zitat aus der LXX: 5 Mos 6, 5); v 39 ist neu]

Kann man GOTT lieben, weil er es befiehlt?
Kann man überhaupt auf Kommando lieben?
Was heißt das, dass wir GOTT lieben sollen?

Wir müssen einsehen, dass GOTT Alles ist. *In ihm leben wir, in
ihm bewegen wir uns, in ihm haben wir unser Sein* (Apg).

Wir leben in GOTT, wir sind eins mit ihm (Joh 17, 16 ff).

Wenn GOTT aber Alles ist und wir eins mit ihm, dann sind wir
sein LOGOS, sein GEIST, seine SEELE, sein PRINZIP, wir atmen
sein LEBEN, wir sind Ausdruck seiner WAHRHEIT und strahlen
ganz seine LIEBE aus.

Und diese LIEBE gilt **allen** Menschen. Denn wie ich so sind auch
sie Licht vom LOGOS: Licht von der einen Lichtquelle, wahrer
GOTT vom wahren GOTT, von der Lichtquelle gezeugt, nicht
erschaffen, abhängig von der Lichtquelle, die unser aller
gemeinsame Lichtquelle und unser aller Erhalter ist, durch die
wir leben und unser Sein haben.

Wir sind alle EINS in Christus, gleich vollkommen, aber nicht
in allem gleich. Wir gleichen vollkommenen aber verschiedenen Instrumenten in einer einzigen harmonischen Sym-
phonie. Der Sinn unseres Lebens, unser Weg zum LEBEN, ist es,

auf die göttlichen Harmonien zu lauschen und die Psyche auf die göttliche Harmonie einzustimmen.

Mag der eine oder andere Adam bewusstseinsmäßig näher oder ferner der Lichtquelle sein, so ist doch jeder Licht, und GOTT lässt seinen Segen herabregnen und seine Sonne scheinen über jeden, damit er wachse und gedeihe in der Erkenntnis GOTTES, des einen schöpferischen PRINZIPS; damit keiner in der Höhle zurückbleibt, sondern licht und lichter wird.

Unsere LIEBE hilft ihm dabei.

GOTT schauen

Selig die Reinen im Herzen; denn sie werden GOTT schauen.
6. Seligpreisung, Mt 5, 8

Wir werden ihn so sehen, wie er ist.
1 Joh 3, 2

Werden wir dereinst GOTT von Angesicht zu Angesicht gegenüberstehen und ihn *sehen, wie er ist?* Eher nicht, wie der Schreiber des ersten Timotheus-Briefes meint: *Der Selige und allein Mächtige, der König der Regierenden und Herr der Herrschenden, er hat allein Unsterblichkeit und wohnt in unzugänglichem Licht. Ihn hat keiner von den Menschen je gesehen, noch ist er befähigt, ihn zu schauen. Ihm ist Ehre und ewige Macht eigen (1 Tim 6, 15 f).* Auch das Johannes-Evangelium versichert: *Keiner hat GOTT jemals gesehen* (Joh 1, 18). GEIST kann man nicht sehen, auch das schöpferische PRINZIP nicht.

Wenn aus einem Haufen bunter Steinchen ein Mosaik entstanden ist, erkennen wir das dahinter liegende Ordnungsprinzip. Das Ordnungsprinzip selbst kann man nicht sehen, das Prinzip an sich erahnen wir nicht, ehe es zum Ausdruck kommt. Auch Schönheit oder Harmonie an sich können wir nicht wahrnehmen, es sei denn, sie kommen an einem Objekt oder einer Abfolge von Tönen zum Ausdruck.

Die »Idee« GOTTES nehmen wir nur an ihrem Ausdruck wahr, an ihrer Manifestation. Und diese Manifestation nennt der sechste Schöpfungstag »Bild und Gleichnis GOTTES«, die Christliche Bibel nennt sie »Christus«. Den Christus erklärt der Brief an die Hebräer folgendermaßen: *Er ist die Ausstrahlung Seiner Herrlichkeit, der Ausdruck Seiner Substanz* (Hebr 1, 3).

Ihr sollt also vollkommen sein, wie euer himmlischer Vater vollkommen ist, erklärt Jesus der Christus im Matthäus-Evangelium (Mt 5, 48).

Je nach dem Grad unserer Vollkommenheit kann sich GOTT an uns manifestieren, zum Ausdruck kommen, sichtbar werden. Als Philippus Jesus den Christus bittet, ihm den Vater zu zeigen, wird ihm zur Antwort: *Wer mich gesehen hat, hat den Vater gesehen* (Joh 14, 9).

Sehen wir noch einmal nach im ersten Johannes-Brief, aus dem wir eingangs zitierten. Vollständig heißt es dort: *So viel jedoch wissen wir: Wenn unsere Identität zu Tage getreten ist, werden wir Ihm qualitativ gleich sein, und wir werden Ihn so sehen, wie er ist* (1 Joh 3, 2).

Immun

Mein Schöpfer ist GOTT,
die Quelle des Lichtes.

Ich bin aus dem Licht gekommen:
Ich bin Licht.

Die Mächte der Finsternis haben bei mir keine Chance.
Wenn sie sich mir nähern wollen,
lösen sie sich in ihr Nichts auf.
Sie konnten mich niemals
auch nur antasten.

Im Licht der LIEBE

Jede gute Gabe und jedes vollkommene Geschenk
stammt von oben;
es kommt herab vom Vater des Lichtes,
bei dem es keine Veränderung gibt
noch Verschattung im Wechsel.
Jak 1,17

Ihr seid in der Welt das Licht.
Eine Stadt, die auf dem Berg liegt,
kann nicht verborgen bleiben. ...
So soll euer Licht leuchten vor den Menschen,
damit sie euer positives Wirken sehen
und eurem Vater im Himmel die Ehre geben.
Mt 5, 14 und 16

Vater, die Zeit ist gekommen:
Lass deinen Sohn offenbar werden,
damit der Sohn dich offenbar werden lässt.
Joh 17, 1

GOTT ist LIEBE,
und wer in der LIEBE bleibt,
der bleibt in GOTT und GOTT in ihm.
Darin ist die LIEBE vollkommen bei uns,
dass wir am Tag der Krise
offen zu ihm sprechen können;
denn ebenso wie er so sind auch wir in dieser Welt.
Furcht ist nicht in der LIEBE,
sondern die vollkommene LIEBE
treibt die Furcht aus.
1 Joh 4, 16 -18

Von dir, Vater, kommt nur Vollkommenes, denn du bist Licht ohne Schatten.
Du bist seit Ewigkeit unverändert das Gute.

GOTT, LIEBE, du bist die Lichtquelle, ich bin das von dir ausgestrahlte Licht – niemals getrennt von dir.
Die Mächte der Finsternis mit ihren mutmaßlichen Gesetzen der Materie können mich nicht erschrecken. Sie lösen sich im Licht der LIEBE in ihr natürliches Nichts auf.
Da ich immer dein Sohn war und es immer geblieben bin, bin ich auch immer bewahrt geblieben vor der Macht des Bösen.

Alle meine Organe funktionieren makellos, denn sie sind eingebettet in den großen Organismus, und du bist es, das göttliche PRINZIP, das alles allezeit fehlerfrei steuert.
Du bist alle Stärke, darum kann keines meiner Organe schwach werden, denn ich bin in dir, und in dir lebe ich, in dir bewege ich mich und in dir habe ich mein Dasein.
Du bist mein einziger Vater und meine einzige Mutter, daher kann ich keine Erbkrankheit haben, da deine Erbschaft ja vollkommen ist.

Niemals konnte sich ...

an mir zeigen, denn ich bin dein vollkommenes Bild und Gleichnis.

WAHRHEIT

Suchet vorrangig nach dem göttlichen Ideenreich
und seinen Gesetzen. Mt 6, 33

Jesus sagte: Wer sucht, der soll nicht aufhören zu suchen,
bis er findet.
Und wenn er findet, wird er in Verwirrung geraten.
Und wenn er in Verwirrung geraten ist,
wird er voll Verwunderung sein
und König sein über das All. Log 2

Ihr werdet die WAHRHEIT erkennen,
und die WAHRHEIT wird euch frei machen. Joh 8, 32

Was aber ist WAHRHEIT? Es ist die WAHRHEIT über GOTT und
seine ewige Ideenschöpfung. Die göttlichen Ideen, die Platon
die wirklich seienden Dinge nennt, sind die Eigenschaften des
Seins, die absoluten universellen Werte, die, wie der vierte
Schöpfungstag zeigt, jeglichem menschlichen Zugriff entzogen
sind.
Was nützen uns die Gesetze der Physik, solange wir sie nicht
kennen? Nichts. Ebenso ist es mit den Gesetzen der göttlichen
Metaphysik.
Das zweite Symbol des sechsten Schöpfungstages ist »Mensch«,
seit babylonischer Zeit Symbol für Bewusstsein. Die WAHRHEIT
erkennen, sein Bewusstsein ganz mit Ideen ausfüllen und jedes
Handeln danach ausrichten, das ist nach der Lehre von Jesus
dem Christus das, was uns den Fluchtweg öffnet aus dem paradiesischen Lustgarten der materiellen Sinne mit seinen
Früchten, die allesamt zum Tode führen; was uns den Weg frei
gibt zum LEBEN, das kein Sterben mehr kennt.

Darin ist die LIEBE vollkommen bei uns,
dass wir am Tag der Krise offen zu IHM sprechen können;
denn so wie er so sind auch wir in dieser Welt.
1 Joh 4, 17

Er errettet dich vor der Schlinge des Jägers
und von der verderblichen Pest.

Er wird dich mit seinen Fittichen decken,
und Zuflucht wirst du haben unter seinen Flügeln.
Seine WAHRHEIT ist Schirm und Schild,
dass du nicht erschrecken musst vor dem Grauen der
    Nacht, vor den Pfeilen, die des Tages fliegen,
vor der Pest, die im Finstern schleicht,
    vor der Seuche, die am Mittag Verderben bringt.
Wenn auch tausend fallen zu deiner Linken
    und zehntausend zu deiner Rechten,
    so wird es doch dich nicht treffen.
Ja, du wirst es mit eigenen Augen sehen
    und schauen, wie den Gottlosen vergolten wird.
Denn der HERR ist deine Zuversicht,
    und der Höchste ist deine Zuflucht.

Es wird dir kein Übel begegnen,
    und keine Plage wird sich deinem Hause nahen.
Denn er hat seinen Engeln befohlen,
    dass sie dich behüten auf allen deinen Wegen,
dass sie dich auf den Händen tragen
    und du deinen Fuß nicht an einen Stein stoßest.
Über Löwen und Ottern wirst du gehen
    und junge Löwen und Drachen niedertreten.
Er liebt mich,
    darum will ich ihn erretten;
er kennt meinen Namen,
    darum will ich ihn schützen.
Er ruft mich an,
    darum will ich ihn erhören;
ich bin bei ihm in der Not,
    ich will ihn herausreißen und ihn zu Ehren bringen.
Ich will ihn sättigen mit langem Leben
    und will ihm zeigen meine Befreiung.

aus Psalm 91; Luther 84

Leben im ewigen Jetzt

GOTT ist *ja nicht weit entfernt von jedem einzelnen von uns.*
Denn in ihm leben wir,
in ihm bewegen wir uns,
und in ihm haben wir unser Dasein (Apg 17, 28).

Wir sind nicht in einer räumlichen oder zeitlichen Gottesferne. Wenn Markion[147] vom „fremden GOTT" spricht, dann meint er damit, dass seine Gegenwart unserem Begreifen, unserem geistigen Erfassen bisher noch fremd ist. GOTT ist die ewige Gegenwart, die einzige Ursache, alle Wirkung geht von ihm aus. Und seine Schöpfung ist *sehr gut.* Alles Verkehrte, alle Krankheit hat es nie gegeben. GOTT würde dergleichen niemals zulassen: *Das Reich des Vaters ist vielmehr ausgebreitet über die Erde, und doch sehen es die Menschen nicht* (Log 113).

LEBEN ist GOTT, ohne Anfang und ohne Ende, er ist das ewige LEBEN, das ewige **Jetzt.** Unser vermeintlicher Tod ist nur ein Erwachen zu der Erkenntnis, dass wir nie gestorben sind: *GOTT ist nicht ein GOTT von Toten, sondern von Lebenden; denn für ihn sind alle am LEBEN* (Lk 20, 38).

Das Ur-PRINZIP der geistigen Evolution kennt nur den Befehl: *Es werde! ... Es werde! ... Es werde!* Es werde Bewusstsein! Wir können diesem Befehl nicht entfliehen, nicht entkommen:
Von allen Seiten umgibst du mich
und hältst deine Hand über mir.

...

Führe ich gen Himmel, so bist du da,
bettete ich mich bei den Toten, siehe, so bist du auch da.

...   Ps 139, 5 und 8; Luther 84

LIEBE erlöst alle. Unser wahres Selbst, unsere Gotteskindschaft, bleibt uns immer in GOTT, LEBEN, erhalten, auch wenn wir zeitweise wie der „verlorene Sohn" (Lk 15, 11 ff) aus diesem Bewusstsein herauszufallen und tot zu sein scheinen.

---

[147] Vgl. Benninger, Befreit 217 ff

Reflektieren

Die Sonne hatte noch nie einen Schatten gesehen. Da wurde ihr berichtet, es gäbe in einer Höhle noch einen Schatten. Neugierig machte sie sich auf den Weg dorthin. Doch als sie die Höhle betreten hatte, fragte sie enttäuscht: Ja wo ist denn jetzt dieser angebliche Schatten?

GOTT sendet wie die Sonne die Strahlen ihres Lichtes aus in die Finsternis. Wo sie auf etwas treffen, das ihr Licht reflektiert, da wird es licht und lichter.

Und Jesus wurde verwandelt vor ihnen.
Sein Angesicht begann zu leuchten wie die Sonne,
seine Gewänder aber wurden weiß wie das Licht.

Mt 17, 2

Wer überwindet, wird in weiße Gewänder gekleidet werden,
ich werde seinen Namen nicht aus dem Buch des LEBENS tilgen
und werde mich zu seinem Namen bekennen angesichts
meines Vaters und seiner Engel.   Off 3, 5

Kapitel 18

Exkurse diesen dazu, einzelne Begriffe, die im Buch wieder-kehren, näher zu erläutern oder zu definieren.

Auferstehung

Unsere Auferstehung[148] findet nicht an einem fernen Tage des Jüngsten Gerichtes statt aus einem Grab auf einem vielleicht längst verschwundenen Friedhof.

Solche Vorstellungen hatten schon die Pythagoreer und die Platoniker als absurd abgelehnt. Sie betrachteten den Körper als das »Grab der Seele«. Sie lehrten, die Seele müsse sich vom Körper mit seinen irrigen Sinneswahrnehmungen wie aus einem Gefängnis befreien (Platon, Phaidon 82 b – 83 a).

Der Auferstehungsglaube, den die Kirchen bis heute lehren, findet sich in der Christlichen Bibel nicht. Im Johannes-Evangelium korrigiert Jesus die überlieferten jüdischen Vorstellungen.

Als Marta, die Schwester des verstorbenen Lazarus, ihren Auferstehungsglauben kundtut: *Ich weiß, dass er auferstehen wird am Jüngsten Tage*, wurde sie durch Jesus eines besseren belehrt: *Ich* [Christus][149] *bin die Auferstehung und das LEBEN. Wer an mich* [Christus] *glaubt, wird leben, auch wenn er stirbt. Und jeder, der lebt und an mich* [Christus] *glaubt, wird in Ewigkeit nicht sterben* (Joh 11, 24 ff).

Jeder, der lebt - Auferstehung muss in diesem Leben statt-finden und nicht irgendwann nach dem Tode[150]. Unsere Auferstehung erfolgt in drei Schritten:

1. Das Erwachen   (1. Tag: *Es werde Licht!*)
2. Die Abkehr   (2. Tag: *Er schied die Wasser*)
3. Der Aufstieg   (3. Tag: *Das Trockene werde sichtbar!*)

---

[148] ausführlich in: Benninger, Befreit 166 - 194
[149] Vgl. Exkurs Christus
[150] Vgl. 2 Kor 6, 2; Röm 13, 11

Berg

Der »Berg« ist ein uraltes Symbol bei den Völkern von Indien bis in den Vorderen Orient. Er ist der »Weltenberg«, der nach altindischer kosmologischer Vorstellung im Zentrum des Universums steht und der Treffpunkt oder Wohnort der Götter ist. Die Vorstellung des Meru ist dem Hinduismus und dem Buddhismus gemeinsam (Ehrmann, Buddhismus 152).
Im Alten Orient wohnen die Götter auf den Bergen, meist auf dem »Götterberg«. Die Götter Homers wohnen über den Wolken auf dem Olymp. Sie wohnen jenseits der Sterblichen in einer anderen, höheren Sphäre.
In den Psalmen finden wir immer wieder den »Berg des HERRN«. *Sende aus dein Licht und deine Wahrheit, dass sie mich leiten und bringen zu deinem heiligen Berg und zu deiner Wohnung* (Ps 43, 3).

Von Jesus hören wir oftmals, dass er sich auf **den** Berg zurückzog, *um für sich allein anzubeten* (Mt 14, 23). Immer wieder heißt es, dass Jesus auf **den** Berg stieg,
um anzubeten; und er verweilte die ganze Nacht
in der Anbetung GOTTES.   Lk 6, 12

Es muss sich also um einen ganz bestimmten Berg gehandelt haben, auf dem Jesus Zuflucht suchte. Es ist aber sinnlos, diesen Berg, wie geschehen, geografisch bestimmen zu wollen. Dieser Berg ist nicht lokalisierbar; Bergsteigen ist Symbol für Vergeistigung und »der Berg« ist der Gottesberg. Darüber belehrt Jesus die Frau am Jakobsbrunnen in Samaria, als sie ihn fragt, wo der heilige Berg denn sei, auf dem man beten müsse, in Samaria oder in Jerusalem:
Glaube mir, Frau: Es kommt die Zeit,
wo ihr weder auf diesem Berg
noch in Jerusalem den Vater anbeten werdet (...)
Die Zeit kommt – und eigentlich ist es schon so weit –
wo die wahren Anbeter den Vater anbeten werden
in GEIST und WAHRHEIT;
denn solche Beter wünscht sich der Vater.
GOTT ist GEIST, und wer ihn anbeten will,
muss ihn in GEIST und WAHRHEIT anbeten.   Joh 4, 21-24

GOTT ist GEIST und daher unendlich, allgegenwärtig. Der Berg der Wahrheit wird im Pol, im Mittelpunkt der Zirkumpolarsterne gesehen, die als die Unsterblichen galten, weil sie, vom Orient aus gesehen, nie unter dem Horizont verschwinden. Dieser Berg ist das regierende PRINZIP, um das sich alles dreht, von dem alles ausgeht und an dem sich alles orientieren muss.

Der griechische Philosoph Plotin (204 - 270 nach) sagt: Der Betende sucht die Wahrheit im Allerheiligsten. Ebendorthin zieht sich der betende Jesus zurück, nur dort kann man ihn finden seit seinem zwölften Jahr, wie er seine Eltern belehrt: *Wusstet ihr nicht, dass ich im Hause meines Vaters sein muss?* (Lk 2, 49)
Das Haus Gottes mit seinen Wohnungen ist die Stadt der Wahrheit. Hier bittet um Erleuchtung, wer dem umnachteten Irrtum entrinnen will:
Wer auf mich vertraut,
der wird das Land zum Erbe bekommen,
und er wird meinen heiligen Berg besitzen.   Jes 57, 13

Der »Urberg«, das verheißene Land, ist nicht geografisch zu orten. Dieses Land ist das göttliche Ideenreich des dritten Schöpfungstages. »Horeb« - trocken - heißt daher der Berg, auf dem Moses die Offenbarung erhält (2 Mos 24, 13).

Mit dem Aufstieg zur Spitze eines Berges wird das irdische Geschehen immer kleiner und verschwindet schließlich ganz aus dem Blick und dem Bewusstsein. Das Symbol Bergspitze bedeutet unmittelbare Nähe zu GOTT, dem Vollkommenen, durch bewusstes Gewahrsein der Wirklichkeit[151] im zeitlosen Jetzt. Nur mit dieser Gewahrheit konnte Jesus „Wunder"[152] tun. Das Wunder erschüttert[153] das alte Weltbild und bringt es in Verwirrung, so wie die Quantenphysik das physikalische Weltbild ins Wanken brachte.

---

[151] Vgl. Kurzfassung Wirklichkeit
[152] Vgl. Zeichen und Wunder: in Kap 11 Der Satan und seine Dämonen
[153] Mt 12, 23 und andernorts

Das Böse

Für Gut und Böse benutzt die christliche Lehre wie schon Echnaton und Zarathustra die Symbolik von Licht und Finsternis[154]. Diese Symbolik bedeutet in der christlichen Lehre keinen Dualismus, auch weist sie nicht auf zwei Prinzipien hin: Es gibt eine Lichtquelle, aber keine Quelle, aus der Finsternis strömt, die das Licht vertreiben könnte.

Dennoch: *Es gibt das Böse nicht*, dieser Satz stammt aus dem Mund der Schlange im Paradies. Wer in „dieser Welt" lebt, hat sich mit dem Bösen auseinanderzusetzen. Wer das Geschehen auf „dieser Welt" beobachtet, muss erkennen, *dass die gesamte Welt im Bereich des Bösen liegt* (1 Joh 5, 19). Denn sie wird beherrscht vom »Fürst dieser Welt«, und er muss ausgestoßen werden (Joh 12, 31).

Das Böse aber sind nicht die Menschen, es sind unreine Geister, verkehrte mentale Vorstellungen, die über das Einfallstor der menschlichen Psyche Herrschaft über Menschen ergreifen. So sagt Paulus: *Unser Kampf ist kein Kampf gegen Fleisch und Blut, sondern gegen die Machtbereiche, gegen die Herrschaftsansprüche, gegen die Weltherrscher dieser Finsternis, gegen die bösartigen mentalen Mächte unter dem Himmel* (Eph 6, 12).

Es ist richtig, zu sagen: In WAHRHEIT gibt es das Böse nicht, denn WAHRHEIT ist GOTT. So wie die Mathematik Fehler weder kennt noch zur Kenntnis nimmt, so steht es auch mit GOTT und dem von uns auf dieser Welt erlebten Bösen. Ein Außerhalb-von-ihm aber gibt es nicht; denn in GOTT, GEIST, *leben wir, in ihm bewegen wir uns, in ihm haben wir unser Dasein* (Apg 17, 28).

GOTT *ist Licht*, haben wir von Johannes gehört. Die Strahlen dieses Lichtes aber bilden das göttliche Ideenreich. Die göttlichen Ideen müssen wir im Kampf gegen das Böse, gegen die verkehrten, widergöttlichen Vorstellungen, die uns die Schlange in unserer Psyche laufend einredet, in Stellung bringen, besonders in Zeiten des Relativismus, wo nichts Absolutes mehr Geltung haben soll: *Wappnet euch daher von Kopf bis Fuß mit der Waffenrüstung GOTTES, damit ihr befähigt seid, am bösen Tag Widerstand zu leisten und dass ihr, in jedem Punkt Herr*

---

[154] ausführlich in: Benninger, Befreit 246 ff

der Lage, bestehen könnt (Eph 6, 13). Wo das Licht heller und heller wird, da verblasst die Dunkelheit mehr und mehr. Sie kann sich dem einströmenden Licht nicht widersetzen oder dagegen ankämpfen. Wo wir den Eindruck gewinnen, dass die Finsternis zunimmt, da konnte dies nur dadurch geschehen, dass das Licht ausgeschlossen, seine Existenz vielleicht ganz geleugnet wurde.

Johannes sagt im Prolog zu seinem Evangelium: *Das Licht erleuchtet in der Finsternis, und die Finsternis kann das Licht nicht überwältigen* (Joh 1, 5).

Glauben wir das?

Wir kommen geistig nicht weiter, solange wir diesen Kampf nicht aufnehmen und unser Bewusstsein reinigen: *Selig die Reinen im Herzen; denn sie werden GOTT sehen* (Mt 5, 8). Andernfalls werden wir uns mit dieser Problematik auch in der nächsten Reinkarnation herumschlagen.

Wollen wir das?

Christ sein

Christ sein heißt an den Christus[155] glauben, die alten Wege verlassen (Mt 4, 18-22) und den schmalen Höhenweg zum Christus einschlagen: *Eng ist die Pforte und schmal der Weg, der in das LEBEN führt, und es gibt wenige, die ihn finden* (Mt 7, 14). Dazu ist die Taufe *mit dem heiligen GEIST und mit Feuer* nötig (Mt 3, 11). Dieses radikale Umdenken schafft ein neues Gottes- und Menschenbild: Die Feuertaufe vernichtet das Bild von einem persönlichen Gott und einer materiellen Schöpfung. Der Schöpfer ist GEIST und seine Schöpfung ist geistig.

Das Wasser dieser Taufe wirkt wie ein Sauerteig und wandelt einen Menschen in seinem Wesen völlig um (Mt 13, 33), sodass er gewissermaßen *ein neuer Teig* wird (1 Kor 5, 7). *Wenn folglich einer in Christus ist, ist er eine Neuschöpfung* (2 Kor 5, 17). Als die Christliche Bibel (Neues Testament) geschrieben wurde, war »Kleidung« ein Symbol für ein Bewusstsein, wie es von außen wahrgenommen wird. So schrieb Paulus an die junge Christengemeinde in Kolossai: *Ihr habt den alten Menschen abgelegt mit seinen Verhaltensweisen. Ihr habt das neue Menschen-*

---

[155] Vgl. Kap. 3 Was bedeutet »Christus«?

bild angezogen, das neu wird in dem Ausmaß, wie wir die Idee dessen erkennen, der es geschaffen hat (Kol 3, 9 f).

Der Christus-Glaube muss am ganzen Wesen eines Menschen zum Ausdruck kommen, indem es ihm eine wachsende Macht über die Gesetze der Materie verleiht, *gegen die Machtbereiche, gegen die Herrschaftsansprüche, gegen die Weltherrscher dieser Finsternis, gegen die bösartigen mentalen Mächte unter dem Himmel* (Eph 6, 12).

[Jesus] *rief seine zwölf Schüler zu sich und gab ihnen Vollmacht über die unreinen Geister, dass sie sie austrieben und alle Krankheit und jedes Übel heilten* (Mt 10, 1). *Seht, ich* [Christus] *habe euch die Macht gegeben, auf Schlangen und Skorpionen zu wandeln, und über die ganze Gewalt des Feindes, und nichts kann euch etwas anhaben* (Lk 10, 19).

So ist es mit dem Glauben:
Wenn er nicht Auswirkungen vorzuweisen hat,
so ist er an sich tot.
Jakobus 2, 17 ff

Christus als Heiler.

Christus ist die griechische Übersetzung von Messias und heißt ganz wörtlich »der Gesalbte«.

Der ägyptische Pharao hat seinen Stellvertreter mit Öl zu seinem Generalbevollmächtigten gesalbt. So sichert auch der GEIST-GOTT Elohim in den Sieben Schöpfungstagen seinem Bild und Gleichnis die Herrschaft über die Schöpfung zu; denn Christus, das Bild und Gleichnis GOTTES ist, recht verstanden, das Zum-Ausdruck-Kommen GOTTES: *Er ist die Ausstrahlung seiner Herrlichkeit, der Ausdruck seiner Substanz* (Hebr 1, 3). Substanz aber ist eine Idee von GEIST. Alles Materielle hat keine Substanz, weil es laufender Veränderung unterliegt.

Wenn Jesus der Christus lehrte und zum Beweis für die Richtigkeit seiner Lehre heilte, lesen wir immer wieder in den Evangelien: *Als Jesus diese Rede beendet hatte, erschrak die Menge über seine Lehre; denn er lehrte wie einer, der Vollmacht hat, und nicht wie ihre Theologen* (Mt 7, 28).

Jesus der Christus lehrte und heilte mit göttlicher Vollmacht, die Präsenz kam durch ihn zum Ausdruck: *Der Vater, der in mir weilt, tut seine Werke* (Joh 14, 10). Jesus der Christus bezeichnet sich mehrfach als das Licht für die Welt. Wie eine Lichtquelle erst durch das von ihr ausgestrahlte Licht sichtbar wird, so kommt GOTTES, des Schöpfers oder Vaters Herrlichkeit erst durch seinen „Sohn", den Christus, zum Ausdruck und zur heilenden Auswirkung: *Vater, die Zeit ist gekommen: Lass deinen Sohn* [Christus] *offenbar werden, damit der Sohn dich offenbar werden lässt, wie du ihm Vollmacht gegeben hast über alles Fleisch, damit er das, was du ihm gegeben hast, ihnen gibt: das ewige LEBEN.* (Joh 17, 1 f).

Christus ist also rein geistig, er ist keine Person, die kommen und gehen oder gar wie ein Sündenbock für menschliche Schuld gekreuzigt werden könnte. Die Christus-Idee ist so alt und so jung wie GOTT und sie ist für jeden von uns jederzeit verfügbar: *Wahrlich, wahrlich, ich sage euch: Ich* [Christus] *bin schon, bevor es Abraham gegeben hat* (Joh 8, 58). *Und nun lasse du mich offenbar werden, Vater, bei dir durch die Herrlichkeit, die ich hatte, bevor es die Welt gab* (Joh 17, 5). *Siehe, ich bin mit euch alle Tage bis zur Vollendung der Weltzeit* (Mt 28, 20).
Christus kann an jedem Menschen zum Ausdruck kommen. Jesus der Christus hat diese Stufe erreicht und seine Schüler (Jünger) den Weg zur Verwirklichung des Christus gelehrt. Diesen Nachfolgern auf seinem Weg verhieß Jesus: *Er wird die Taten, die ich vollbringe, auch vollbringen, ja er wird noch größere vollbringen als sie* (Joh 14, 12). *In meinem Namen werden sie Dämonen austreiben und werden in neuen Sprachen sprechen. Sie werden Schlangen aufheben, und wenn sie etwas Tödliches trinken, wird es ihnen nicht schaden. Kranken werden sie die Hände auflegen, und es wird ihnen gut gehen* (Mk 16, 17 f).

Die Christus-Idee sagt zum Schöpfer *Du hast ihm* [dem Christus] *Vollmacht gegeben über alles Fleisch, damit er das, was du ihm gegeben hast, ihnen gibt: das ewige LEBEN* (Joh 17, 2).
Wenn Jesus durch Erweckung von leiblich und geistig Toten, wenn er durch das Öffnen der Augen von Blinden und durch Heilungen von psychisch und physisch Kranken die Kraft bewies, die ihm der Christus verlieh, kam *ein erschrockenes Staunen über alle und sie redeten durcheinander: Was soll das*

bedeuten? Mit Vollmacht gebietet er den unreinen Geistern und sie fahren aus (Lk 4, 36).

GOTT hat die Welt nicht vor sechs- oder siebentausend Jahren geschaffen, GOTTES Schöpfung ist sein ununterbrochenes Wirken, er war nicht der Schöpfer, er ist der Schöpfer: *Mein Vater ist bis heute am Wirken, und ich* [Christus] *wirke auch* (Joh 5, 17). GOTT wirkt nicht aus einem Jenseits in „diese Welt" hinein, wie es manche Theologen fabulieren, vielmehr *ist das Reich des Vaters schon ausgebreitet über die Erde, nur sehen es die Menschen nicht* (Log 113). *Man muss es so sehen: Das Reich GOTTES ist in eurem Innern* (Lk 17, 21). Der Herrschaftsbereich GOTTES ist also eine Sache des rechten Bewusstseins, des Christus-Bewusstseins.

Mein Vater ist bis heute am Wirken, und ich wirke auch (Joh 5, 17). Diese Worte sprach Jesus, nachdem er wieder einmal durch eine Heilung seine Vollmacht über die mutmaßlichen Gesetze des „Fleisches", also der Materie bewiesen hatte.

Paulus, dessen Lehrbriefe an die jungen Christengemeinden älter sind als die Evangelien, verwendet statt »Jesus der Christus« meist die Formel »Christus Jesus«, d.h. Christus als Jesus. Was meint er damit?

An uns alle ergeht die Aufforderung von Jesus: Denkt um, vollzieht den Bewusstseinswandel! (Mt 4, 17). *Das Reich GOTTES ist herbeigekommen* (Mk 1, 15; Luther 84). *Suchet vorrangig nach dem göttlichen Ideenreich und seinen Gesetzen* (Mt 6, 33). Der Herrschaftsbereich GOTTES und seiner Gesetze, die die Gesetze der Materie aufheben, ist hier auf unserer Erde: Das *Reich des Vaters ist ausgebreitet über die Erde, und doch sehen es die Menschen nicht* (Log 113); denn es ist eine Sache des rechten Bewusstseins: *Man muss es so sehen: Das Reich GOTTES ist in eurem Innern* (Lk 17, 21). *Macht eure Augen auf und betrachtet die Felder: Sie sind weiß zur Ernte. Schon jetzt erhält seinen Lohn, wer erntet, und er fährt Frucht ein zum ewigen LEBEN* (Joh 4, 35 f).

Jeder von uns fragt sich oft: Was soll das Ganze? Was ist der Sinn des Lebens? Hat das Leben überhaupt einen Sinn? Der christliche Rat ist, das Bild des sterblichen Menschen, dieses längst zerschlissene Bettlergewand abzulegen und das neue Bewusstsein des Christus anzuziehen. Der Vergleich stammt aus einem Schreiben des Paulus an die Gemeinde in Kolossä: *Ihr habt den alten Menschen abgelegt mit seinen Verhaltensweisen. Ihr habt das neue Menschenbild angezogen, der neu wird in dem Ausmaß, wie wir die Idee dessen erkennen, der ihn geschaffen hat.* Das Endziel ist es, dem Kreislauf neuer Reinkarnationen mit ihrem jeweils tödlichen Ende zu entrinnen und das ewige LEBEN, das GOTT ist, zu erreichen. Dies geschieht durch das Erlangen des Christus-Bewusstseins: *Ihr sollt also vollkommen sein, wie euer himmlischer Vater vollkommen ist* (Mt 5, 48), und: *Niemand kommt zum Vater, es sei denn durch mich* [Christus] (Joh 14, 6).

Christus (als) Jesus bedeutet: Christus, das vollkommene Bild und Gleichnis GOTTES, in dem Grade, wie ihn Jesus erreicht und verwirklicht hat. Von Jesus erging ja auch die Aufforderung, den Christus in noch höherem Grade zu verwirklichen, als er ihn erreicht hatte: *Wer an mich* [Christus] *glaubt, der wird die Taten, die ich vollbringe, auch vollbringen, ja er wird noch größere vollbringen als sie, denn ich* [Jesus] *gehe zum Vater* (Joh 14, 12). Zum Vater gehen oder zum Vater hinaufsteigen (Joh 20, 17) bedeutet sterben. Jesus wusste, dass ihm für seine revolutionäre Lehre, wenn er nicht damit aufhörte, sie zu verbreiten, der Tod drohte.

Christus ist die allgegenwärtige, immer für uns verfügbare Heilkraft GOTTES, ein Licht im Chaos der destruktiven Gesetze der Materie (Joh 8, 12). Sie kommt zu uns. Wenn wir unser Bewusstsein reinigen (Mt 5, 8; 1 Joh 3, 2 f) und nur die Christus-Idee einlassen, ist ihre Macht unwiderstehlich (1 Mos 1, 3 f; Joh 1, 5): *Siehe, ich stehe vor der Tür und klopfe an. Wenn einer auf meine Stimme hört und die Tür öffnet, werde ich zu ihm hineingehen und werde mit ihm speisen und er mit mir. Wer überwindet, den werde ich mit mir auf meinem Thron sitzen lassen, wie auch ich überwunden und mich mit meinem Vater auf seinen Thron gesetzt habe* (Off 3, 20 f).

Der Christus wurde nie geboren. Was wir als Christi Geburt bezeichnen, ist das Erfahrbarwerden des Christus durch Jesus. Christus starb an keinem Kreuz und ist nie zum Himmel aufgefahren: Der Christus kann nicht kommen und wieder gehen, denn er ist ewig allgegenwärtig. Bei Matthäus sagt er: *Siehe, ich bin mit euch alle Tage bis zum Ende der Weltzeit* (Mt 28, 20).

Solange unser Christus-Bewusstsein noch nicht genügend entfaltet und somit die Kraft zum Heilen noch nicht stark genug ist, rät Jesus: *Wo zwei oder drei in meinem Namen zusammen sind, da bin ich in ihrer Mitte* (Mt 18, 20).

Ein-Gott-Glaube und Monotheismus

Obwohl sich der **Ein-Gott-Glaube** immer als Monotheismus ausgibt, müssen beide strikt auseinandergehalten werden. Der Ein-Gott-Glaube, griechisch Henotheismus, geht davon aus, dass es nur einen einzigen Gott gibt. Zur Zeit gibt es drei Religionen, die diesen Ein-Gott-Glauben unter dem Namen Monotheismus verfechten. Aber siehe da – sie haben von diesem einzigen Gott jeweils ein völlig anderes Bild entworfen. Ihre Gottesbilder berufen sich jeweils auf Offenbarungen, die seit vielen Jahrhunderten in ihren heiligen Schriften fixiert sind. Dem steht aber das Wesen des GEISTES gegenüber: Die Offenbarwerdung des Absoluten, besser: die Selbstpräsentation des GEISTES (Erich Jantsch), dauert zeitlos an. Es ist eine *Sünde wider den GEIST* (Mt 12, 31), Offenbarung jemals für abgeschlossen zu erklären: *Der GEIST weht, wo er will ... aber man weiß nicht, woher er kommt und wohin er weht* (Joh 3, 8). Zudem sind diese altüberlieferten Gottesbilder keineswegs untereinander kompatibel. Können denn ganz und gar gegensätzliche Gottesvorstellungen oder Gottesbilder denselben Gott abbilden? Wohl kaum. Wir erleben die Anhänger des Ein-Gott-Glaubens als intolerant, denn sie lassen nur ein einziges Gottesbild gelten, nämlich ihr eigenes.

In einem Punkt stimmen die gegenwärtigen Formen des Ein-Gott-Glaubens allerdings überein: In jeder hat Gott noch eine andere Macht als Gegenspieler, einen Widersacher, Teufel oder Satan genannt. Wo geglaubt wird, dass es neben dem **einen** PRINZIP des Guten auch ein Prinzip des Bösen gebe, neben der Allmacht noch ein weitere Macht, weil es zu allem auch ein Gegenteil geben müsse, dort liegt kein Monotheismus vor, sondern eine Spielart des Dualismus.

Der reine **Monotheismus** lässt keinerlei Dualismus zu. Das griechische *monos* bedeutet »allein« oder »nur«. Monotheismus bedeutet: Es gibt *nur* Gott, nur *eine einzige Macht*, das Gute. Warum das Gute? Weil das Wirkliche oder Seiende das Positive oder Gegebene ist. Das, was das Seiende negiert, ist per definitionem das Negative. Das Negative hat keine Eigenexistenz, es ist lediglich die Verneinung des Positiven, ersetzt es aber nicht. Wer auf Nichtwirkliches, also Nichtseiendes setzt, mit Illusionen statt mit Ideen das Haus seines Bewusstseins baut, macht böse Erfahrungen (Erfahrungen mit dem Bösen), denn er steht, wenn er Halt und Schutz sucht im Nichts – im Nihilismus.

Der erste reine Monotheist, von dem wir wissen, war der Pharao Amenophis IV. Echnaton (1365-1347 vor). Für ihn und Zarathustra (~ 800 vor) gibt es als Wirklichkeit nur das allgegenwärtige Licht, neben dem es keine Finsternis geben kann. Die nächsten Monotheisten sind Parmenides von Elea (ca. 515-445 vor), Platon (427-347 vor), für den Gott das Gute ist, und Jesus von Nazareth. Der reine Monotheismus hat in keiner der Religionen überlebt, die sich auf sie als Gründer berufen.

Die reinen Monotheisten greifen zur Verdeutlichung ihrer Einsicht und Lehre zur »Licht-Finsternis«-Symbolik[156]. Sie sehen jedoch »Licht« und »Finsternis« nicht als Dualismus von Gott und einem Teufel, nicht als Kampf zweier widerstreitender Mächte, des Guten und des Bösen, die sich auf Augenhöhe im Kampf gegenüberstehen. Was sich da gegenüberzustehen scheint, ist Seiendes und Nichtseiendes.
Es gibt eine Lichtquelle, aber keine Quelle, die Finsternis verströmt. Man kann in einem riesigen dunklen Raum ein kleines Licht anzünden: auch die größte Finsternis kann das kleinste Licht nicht zum Verlöschen bringen: *Das Licht erleuchtet in der Finsternis, und die Finsternis kann es nicht überwältigen* (Joh 1, 5).
Auch kann man in einen hellen Raum keine Finsternis einleiten und so das Licht schwächen oder zum Verlöschen bringen. »Raum« ist wie »Haus« ein Symbol für Bewusstseinskapazität: sie kann erleuchtet sein, dann ist es hell; sie kann unterbelichtet sein, dann herrscht mentale Finsternis.
Auch kann GOTT, die Quelle des Guten, nicht gleichzeitig die Quelle des Bösen sein. *Lässt denn die Quelle aus demselben Loch*

---

[156] Vgl. Exkurs Licht und Finsternis

Süßwasser und Meerwasser fließen (Jak 3, 11)? GOTT ist nach Paulus Alles in Allem (1 Kor 15, 28). GOTT *ist Licht und in ihm gibt es keinerlei Finsternis* (1 Joh 1, 5). Er kann auch kein Vergehen gegen seine Gesetze bestrafen, indem er Unheil schickt, um den Übeltäter zu züchtigen und krank zu machen.

Im monotheistischen Gottesbild kennt GOTT das sogenannte Böse gar nicht, weil es nicht zur Wirklichkeit, sondern in die Nicht-Wirklichkeit gehört. Ebenso kann die Mathematik keine Fehler kennen oder bestrafen, weil Fehler in der Mathematik nicht enthalten sind. Sie sind außerhalb, in einer sogenannten mutmaßlichen Nicht-Mathematik.

Monotheisten aus wissenschaftlicher Überzeugung kennen keine militante Intoleranz. Sie wissen: Wer da behauptet, 2 x 2 sei 5, ist einfach unwissend. Unwissenheit kann aber nicht mit physischer Gewalt bekämpft werden, sie kann nur durch das Licht der Erkenntnis Aufklärung erfahren und verschwinden – wenn sich der Unwissende belehren lässt. Aus der Toleranz würde aber Tollheit werden, würde man sein Schicksal einem Überseeschiff anvertrauen, das von einem blinden oder in der Seefahrtkunst unkundigen Kapitän gesteuert wird. In ein Haus, dessen Bau auf einer falschen Statik beruht, sollte man klugerweise nicht einziehen.

Nach Parmenides, Platon und Jesus dem Christus ist das, was wir mit den Sinnen als Realität wahrnehmen, nur eine unterirdische Schattenwelt, ein illusionäres Reich der Finsternis (Mt 4, 16). Die wahre Welt, das Reich GOTTES, das Reich des Lichtes (1 Ptr 2, 9) ist die **einzige** Wirklichkeit, es ist hier auf Erden ausgebreitet (Log 113).

Wenn wir gesund werden und es bleiben wollen, müssen wir uns stets als Kinder des Lichtes sehen (1 Thess 5, 5) und wir müssen das Ideenreich GOTTES als die alleinige Wirklichkeit anerkennen. Wir müssen das materielle Weltbild, das uns die Psyche, die Schlange vom Paradies, in einem fort einreden will, leugnen und als ein Nichts betrachten. Versuchungen kommen, dies ist in „dieser Welt" unvermeidlich, doch sagen Sie sich immer wieder: *Es kommt der Herrscher über diese Welt, doch in mir ist nichts, was ihm gehört* (Joh 14, 30).

Seien Sie Monotheist und machen Sie sich immer wieder bewusst: Es gibt nur die Gesetze des GEISTES. Es gibt keine materiellen Gesetze, die den Gesetzen des GEISTES, des Guten, zuwider laufen oder sie gar aufheben könnten, um uns irgendwie zu schaden, denn in GOTT, GEIST, *leben wir, in ihm regen wir uns, und in ihm haben wir unser Sein* (Apg 17, 28). In der christlichen Symbolik ist »Licht« das Symbol für »LOGOS«, und LOGOS offenbart sich in den Ideen von LOGOS: Erleuchtung, Intelligenz, Inspiration ... [157]. Wir sind jetzt schon Kinder des Lichtes. *Wir wissen, dass es für jeden, der aus GOTT stammt, kein Abweichen gibt, sondern wer aus GOTT geboren wurde, der orientiert sich an ihm, und der Böse bekommt ihn nicht zu fassen* (1 Joh 5, 18).

Das Reich und die Macht des Bösen ist eine bloße – wenn auch hartnäckige – Illusion.

Engel

Griechisch: Angelos – Bote, Botschaft.
In der hebräischen Bibel: *Das gewöhnlich mit »Engel« übersetzte Nomen bedeutet den »Boten«, den himmlischen und den irdischen, menschlichen ... Die Spezifizierung führt irre; zumindest vorexilisch existieren die Engel nur in ihrer Botschaft, ihre Seinsart ist die der Auftragsfunktion* (Buber, Schrift. Beilage 25).
Der Brief an die Hebräer sagt: *Sind sie nicht alle dienstbare Geistwesen, die zum Dienst abgesandt werden für die, die Erlösung erben sollen?* (Hebr 1, 14).

Für den, der keine bildlichen Vorstellungen braucht, sind Engel die göttlichen Ideen, die in ihrer Unendlichkeit jedem immer und überall zur Verfügung stehen. Man muss ihnen jedoch die Tür öffnen, sie ins Haus des Bewusstseins eintreten lassen, wie die Johannesoffenbarung darlegt: *Siehe, ich stehe vor der Tür und klopfe an. Wenn einer meine Stimme hört und öffnet, gehe ich zu ihm hinein ...* (Off 3, 20).
Wem die göttlichen Ideen das Bewusstsein erfüllt haben, der wird in der Versuchung geistesgegenwärtig reagieren und den Illusionen keinen Zutritt gewähren.

---

[157] Vgl. Erster Schöpfungstag

Wo der Gedanke sich ein Bild zu Hilfe nehmen will, ist das Bild von der »Himmelsleiter« (1 Mos 28, 10 ff) nützlich: Jakob schläft und im Traum sieht er eine Treppe, die in den Himmel hinauf zu Gott führt, *und die Engel Gottes stiegen daran auf und nieder.* Der Schlaf bedeutet hier die Aufhebung aller sinnlichen Wahrnehmung. Die suchenden menschlichen Gedanken steigen zu GOTT empor und kehren als göttliche Ideen zu uns zurück. *Jeder Bittende empfängt, jeder Suchende findet, und jedem Anklopfenden wird geöffnet.* Jesus gibt für diese niemals versagende LIEBE GOTTES ein Beispiel aus dem menschlichen Bereich: *Gibt es einen Menschen unter euch, den sein Sohn um Brot bäte, und er würde ihm einen Stein geben oder um einen Fisch, und er gäbe ihm eine Schlange?* (Mt 7, 8 ff) Brot ist dabei ein Symbol für Idee, Fisch für LEBEN.[158] Als Jesus in der Wüste 40 Tage lang gefastet, d.h. nicht vom Baum der Erkenntnis des Guten und des Bösen gegessen hatte, *siehe, da traten Engel herzu und dienten ihm* (Mt 4, 11).

Das Bild vom Engel als einem geflügelten Wesen stammt aus der griechischen Mythologie. Dort übermittelt der Götterbote Hermes, versehen mit geflügelten Schuhen, die Botschaften aus dem Olymp an die Sterblichen. Dieses Bildsymbol ist durchaus dienlich und widerspricht der philosophischen Aussage in keiner Weise.

Erbe

Bei der Deutung gehen wir zunächst vom dritten Schöpfungstag, der dritten Seligpreisung und der dritten Vaterunserbitte aus.
Im dritten Schöpfungstag finden sich die zwei großen Symbole: das »Trockene« und der »Same«. Sowohl das »Trockene« als auch der »Same« stehen für Wahrung der Identität. Das Trockene versinnbildlicht das mit sich selbst immer identisch Bleibende im Gegensatz zum Tohuwabohu des Urschlamms, der Ursuppe. Der Same bewahrt die Identität und bringt immer eine Pflanze *nach ihrer Art* hervor. So wird aus einer Eichel immer eine Eiche und keine Buche oder Birke:

---

[158] Fünfter Schöpfungstag

Und die Erde brachte Grün hervor,
Kraut, das *Samen* bringt, *nach seinen Arten*
und Bäume, die Früchte tragen,
in denen ihr *Same* ist, *nach ihren Arten.*

1Mos 1, 12

Wir lernen in der christlichen Lehre zu unterscheiden zwischen
zwei Facetten der Erbschaft:
    1. Das Trockene, Erde genannt, meint das Reich GOTTES
    mit dem damit verbundenen ewigen LEBEN,
    2. der Same (sperma[159]) das darin enthaltenen Erbgut.

Wenn es in der 3. Seligpreisung heißt:
    Selig die Sanftmütigen;
    denn sie werden die Erde zum Erbe erhalten,

Mt 5, 5

so erinnern wir uns an das Thomas-Evangelium:
    Das Reich des Vaters ist ausgebreitet über die Erde,
    und doch sehen es die Menschen nicht.   Log 113

Die »Erde«, wie GOTT das »Trockene« am 3. Schöpfungstag
nennt, ist also sein Ideenreich. Darum heißt es in der 3. Vaterunserbitte:
    Dein Reich komme [uns zu Bewusstsein]!

Zu dieser Deutung berechtigt uns das Jesus-Wort bei Lukas:
*Auf die Frage der Pharisäer, wann das Reich GOTTES kommen
werde, gab er ihnen zur Antwort: Das Reich GOTTES kommt nicht
mit äußeren Anzeichen. Man wird auch nicht sagen: Schau dahin!
Schau dorthin! Man muss es so sehen: Das Reich GOTTES ist in
euerm Innern* (Lk 17, 20 f), d.h. eine Frage des rechten Bewusstseins..

Der Same ist im Alten Orient Symbol für Sohn. Der Sohn gilt als
Abbild seines Vaters, wobei als Vater sowohl der biologische
Erzeuger als auch der geistige Lehrer gelten kann.[160] *Der*

---

[159] 1 Joh 3, 9
[160] Hornung, Der Eine 41

Wissende gilt dem Ägypter auch sonst als »Ebenbild Gottes«, der Sohn als »Bild« seines Vaters, womit keine bloße äußere Ähnlichkeit, sondern innerste Verwandtschaft im Handeln, im Wesen und im Rang gemeint ist (Hornung, Der Eine 128).

Im Streitgespräch betonen Juden Jesus gegenüber: *Wir sind Abrahams Samen* [sperma] (Joh 8, 33).

In seinem 1. Brief deutet Johannes den »Samen« in einem sehr modernen Sinne. Da der Same die gesamten Erbanlagen des Vaters enthält, kann aus dem göttlichen Samen niemals etwas anderes hervorgehen als die geistigen Kinder GOTTES:

Jeder, der von GOTT stammt, weicht nicht ab;
denn GOTTES Erbanlage (sperma) bleibt in ihm erhalten.
Er kann gar nicht abweichen, er stammt ja aus GOTT.

1 Joh 3, 9

Evolution

Ändert euer Weltbild; denn das Himmelreich ist nahe.
Mt 4, 17

GOTT ist ja nicht weit entfernt von jedem einzelnen von uns.
Denn in ihm leben wir, in ihm bewegen wir uns,
und in ihm haben wir unser Dasein.
Paulus, Apg 17, 27 f

GOTT ist GEIST, und die ihn verehren,
müssen ihn in GEIST und WAHRHEIT anbeten.
Joh 4, 24

Was aus Materie entstanden ist, das ist Materie,
was aus GEIST entstanden ist, das ist GEIST.
Joh 3, 6

GEIST ist es, was lebendig macht,
das Materielle ist nutzlos.
Joh 6, 63

Die Probleme, die wir haben, sind Aufgabenstellungen, die uns zeigen wollen, woran wir bei uns zu arbeiten haben, wenn wir geistig vorankommen wollen. Die geistige Evolution zwingt uns zum Voranschreiten. Sie zwingt uns, unser Bewusstsein zu reinigen von irrigen Vorstellungen, die sich an uns realisiert haben oder sich realisieren werden, wenn wir uns nicht von ihnen lösen:

Ducunt volentem fata, nolentem trahunt.
Das Schicksal leitet den Willigen,
den Unwilligen schleppt es mit sich. (Seneca)

Seht doch, was für eine LIEBE uns der Vater erwiesen hat. ... Wir sind schon jetzt Kinder GOTTES. Und doch ist das, was wir sein werden, noch nicht voll zum Ausdruck gebracht worden. So viel jedoch wissen wir: Wenn unsere Identität zu Tage getreten ist, werden wir ihm qualitativ gleich sein, und wir werden ihn so sehen, wie er ist.
Und jeder, der diese Aussichten hat, zu ihm zu gelangen, der macht sich genau so heilig, so wie GOTT heilig ist (1 Joh 3, 1 – 3).

Ihr sollt also vollkommen sein,
wie euer himmlischer Vater vollkommen ist.
Mt 5, 48

Selig die Reinen im Herzen; denn sie werden GOTT sehen.
6. Seligpreisung Mt 5, 8

Fasten

Dass körperliches Fasten keinen geistigen Erkenntnisgewinn bringt, sondern nur Leiden, das von der Versenkung abhält, haben viele erfahren, unter anderem auch Siddharta Gaudama, der sein Leiden durch Fasten ausführlich schildert. Er fährt dann fort: *Durch diese Lebensführung, durch diesen Wandel, durch diese Abtötung aber gelangte ich nicht zu dem höchsten von Menschen erreichbaren Zustand, zur völligen Erkenntnis edlen Wissens, und warum nicht? Weil ich jene edle Erkenntnis nicht erlangt hatte, welche, wenn sie erlangt ist, den sie Betätigenden zum gänzlichen Aufhören des Leidens führt und geleitet* (Uhlig, Buddha 58).
Ähnlich im Taoismus: *Bei Chuang-tzu heißt dieses Vergessen (das wir als »Suspendierung der Vorstellungs- und Gefühlsprozesse« bezeichnen) »Fasten des Herzens«. „Dein Ziel sei Einheit! Du hörst nicht mit den Ohren; du hörst nicht mit dem Verstand, sondern hörst mit der Seele. Das äußere Hören darf nicht weiter eindringen als bis*

zum Ohr; der Verstand darf kein Sonderdasein führen wollen, so wird die Seele leer und vermag die Welt in sich aufzunehmen. Und der Sinn [Tao] *ist's, der diese Leere füllt. Dieses Leersein ist Fasten des Herzens* (Wilber, Bewusstsein 330). Das rituelle Fasten der Juden erklärte Jesus für schädlich und eher dem Hochmut geschuldet: *Wahrlich, ich sage euch: Sie haben ihren Lohn schon gehabt* (Mt 6, 16; auch Lk 18, 12 und 14).

Von Jesus heißt es, dass er in der Wüste 40 Tage lang fastete. Wir fragen uns, was das für ein Fasten war. Denn wir wissen von ihm, dass er das rituelle Fasten, wie es bei den Juden Brauch war, ablehnte und dass er auch seine Schüler nicht zum Fasten anhielt (Mt 9, 14). Das Thomas-Evangelium lässt ihn sogar das Fasten verurteilen:
> Wenn ihr fastet, werdet ihr euch ein Vergehen zuziehen,
> und wenn ihr betet, werdet ihr verurteilt werden. ...
> Denn was in euren Mund hineingeht, wird euch nicht
> verunreinigen. Was aber aus dem Mund herausgeht,
> das wird euch unrein machen.   Log 14

Was der Mensch also tut, das hegte er zuvor in Gedanken:
> Was aber aus dem Mund herausgeht,
> das kommt aus dem Herzen,
> und das macht den Menschen unrein.   Mt 15, 18

Mit Herz ist die menschliche Psyche[161] gemeint. Sie ist es, die sündigt, weil sie sich vom den todbringenden Früchten des »Baumes der Erkenntnis des Guten und des Bösen« nährt.

Noch zweimal lehnt Jesus im Thomas-Evangelium das Fasten ab in der Weise, als sei Fasten eine Strafe für ein Vergehen:
> Sie sprachen zu ihm:
> Komm, lasst uns heute beten und fasten.
> Jesus antwortete: Was für eine Sünde habe ich denn
> begangen oder worin haben sie mich besiegt?
>   Log 104

---

161 Vgl. Exkurs Psyche

Und dann erfahren wir genau, was Jesus unter Fasten verstand und wie er in der Wüste, die ein altes Symbol für „diese Welt" ist, gefastet hat und mit welcher geistigen Vorbereitung er der Versuchung des Satans widerstehen konnte:
Jesus sprach: Wenn ihr nicht fastet der Welt gegenüber, werdet ihr das Reich nicht finden.
Wenn ihr nicht den Sabbat zum Sabbat macht, werdet ihr den Vater nicht sehen.   Log 27

Den Vater sehen, das können nur die, die reinen Herzens sind (Mt 5, 8), die also nicht mehr auf den Satan hören, der auch Diabolus, Verleumder, und Widersacher genannt wird. Denn er verleugnet die Vollkommenheit von GOTTES Schöpfung, er widerspricht den Worten des Schöpfers, der seine Schöpfung am sechsten Tag als *sehr gut* bezeichnet hatte und am siebten Tag, dem Sabbat, als vollendet und zum Abschluss gelangt.

Origenes lehrte, *Fasten heiße sich von der Sünde fernhalten, auf die »Speise der Bosheit« verzichten sowie auf das »Freudenmahl der Vergnügungen«, auf böses Tun und Reden, auf schlechte Gedanken und auf das »Brot unsittlicher Lehren«, auf die »trügerische Speise der Philosophie«, die von der Wahrheit wegführt – solches Fasten und solche Enthaltsamkeit (Beschneidung) gefalle Gott* (Sträuli, Origenes 168).

Irving C. Tomlinson (1860-1944) praktizierte dieses Fasten und berichtet darüber: *Niemals eine Unvollkommenheit sehen, hören noch berichten, sondern zu allen Zeiten und unter allen Umständen nur das Gute - trotz des scheinbaren Gegenteils, das sich zeigen will. Jeden Morgen, wenn ich meine Augen öffne, nehme ich mir dies aufs Neue vor und wiederhole es jede Stunde des Tages: Ich sehe Vollkommenheit; eine vollkommene Ursache und eine vollkommene Wirkung; einen vollkommenen GOTT und einen vollkommenen Menschen. Ich weigere mich, auch nur die geringste Unvollkommenheit zuzugeben in mir selbst - in meinen Freunden - in meinen Feinden - in meinen oder ihren Angelegenheiten - und in der ganzen Welt . Ich nehme meinen radikalen Standpunkt von GOTT für jedes Ding, für jedermann und für alles, was ER machte, ein. Ich sehe auf die Welt mit GOTTES Augen und sehe sie, wie ER sie machte. Ich verwerfe es, sie irgendwie anders zu sehen. Ich wiederhole mir diesen Entschluss ein Dutzendmal am Tage und vergewissere mich, dass ich den Irrtum nicht wiederhole, um ihm einen Weg zur Furcht oder zur Kritik zu geben. Ich bewache meine Gedanken über die Leute, die Lahmen, die Alten, die Unliebenswürdigen, die Kranken, die Sinnlichen und die Sünder, welchen ich begegne. Ich nehme stets meinen radikalen Standpunkt, den Maßstab der Vollkommenheit ein, und ich will nicht, absolut will ich nicht auf meinen vollkommenen Standpunkt verzichten.*

Die Resultate waren und sind wunderbar. Versuchen Sie es, und Sie werden vergessen, Ihre Brille zu tragen; sie wird nicht mehr nötig sein. Sie werden mit GOTTES Augen schauen und werden ein vollkommenes Universum sehen.

Die äußeren Umstände sind Bilder unserer eigenen Gedanken, und um die Bilder zu ändern, müssen wir unsere Gedanken ändern, die diese Bilder produzieren.

Fleisch und Blut

Das sage ich euch aber, Brüder:
Fleisch und Blut können das Reich GOTTES
nicht als ihr Erbe bekommen, ...   1 Kor 15, 50

Bei Johannes sagt der **Christus** von sich:
Ich versichere euch:
Wenn ihr nicht das Fleisch des Menschensohnes[162] esst
und sein Blut trinkt,
dann habt ihr nicht das LEBEN in euch.
Wer **mein** Fleisch isst und **mein** Blut trinkt,
der hat das ewige LEBEN,
und ich werde ihn auferstehen lassen am jüngsten Tage.
Denn mein Fleisch ist die wahre Nahrung
und mein Blut ist der wahre Trank.
Wer mein Fleisch isst und mein Blut trinkt,
der bleibt in mir und ich in ihm.   Joh 6, 53-56

---

[162] = Idee Mensch, Christus

Wird bei der Heiligen Messe Brot und Wein in das Fleisch und das Blut Jesu verwandelt und an die Gläubigen verteilt wie das Opferfleisch bei den Tieropfern der Antike?

Das Philippus-Evangelium, das sich unter den verbotenen Schriften von Nag Hammadi[163] fand, belehrt uns eines besseren: *Welches aber ist hingegen das [Fleisch], das [das Reich GOTTES] erben[164] wird? Es ist das, was zu Jesus gehört und seinem Blut. Deswegen hat er gesagt: „Wer mein Fleisch nicht essen und mein Blut nicht trinken wird, hat kein LEBEN in sich." Was bedeutet das? Sein Fleisch ist das Wort und sein Blut ist der heilige GEIST. Wer diese empfangen hat, hat Nahrung und Trinken und Kleidung* (Lüdemann, Häretiker 154).

Gebet

Der Philosoph Seneca: *Man muss nicht die Hände zum Himmel heben. Man muss keinen Tempelwächter anflehen, dass er uns an das Ohr der Götterstatue hinlässt, als könnten wir dort besser gehört werden. Gott ist dir nahe, er ist mit dir, er ist in dir* (Seneca, ep. mor. 41, 1).

Gebet kommt von »bitten«. Wo das Gebet GOTT darum bittet, von seinen ewigen Regeln und Gesetzen ausnahmsweise für persönliche Wunschvorstellungen abzuweichen, da steht diesem Gebet die vierte Bitte des Vaterunsers entgegen: *Dein Wille soll, wie im Himmel, so auch auf der Erde geschehen!*

Das wahre Gebet darf Bitte sein. Jesus gibt dazu folgende Hinweise: Ein Gebet darf GOTT nicht darüber belehren wollen, was er zu tun hat; denn:

> Euer Vater weiß, was ihr braucht,
> noch bevor ihr ihn darum bittet. Mt 6, 8

> Kind, du bist allezeit bei mir,
> und alles, was mein ist, das ist dein. Lk 15, 31

> Darum sage ich euch: Alles was ihr betet und bittet,
> glaubt, dass ihr es empfangen **habt**,

---

[163] Vgl. Exkurs Nag Hammadi
[164] Vgl. 1 Kor 15, 50

so wird es euch zuteil werden. Mk 11, 24

Bittet, und euch wird gegeben werden.
Suchet, und ihr werdet finden.
Klopft an, und es wird euch geöffnet werden.
Denn jeder Bittende empfängt, und der Suchende findet,
und dem Anklopfenden wird geöffnet werden.
Denn welchen Menschen gibt es unter euch,
den sein Sohn um Brot bitten sollte –
er wird ihm doch keinen Stein geben,
der ihn um einen Fisch bitten wird –
er wird ihm doch keine Schlange geben?
Wenn nun ihr als böse Menschen
euren Kindern gute Gaben zu geben wisst,
um wie viel eher wird euer Vater in den Himmeln
denen Gutes geben, die ihn darum bitten. Mt 7, 7-11

GOTT gibt uns das *tägliche Brot*[165], das täglich weiterführen soll zu ihm, zum ewigen LEBEN.

Für den Fall, dass ein Gebet nicht so schnell Erhörung findet, gibt uns Jesus das Gleichnis von einer Witwe, die sich in ihrer Bedrängnis an einen gottlosen und pflichtvergessenen Richter wendet, der aber die Sache hinzieht. Diesem Richter setzt die Witwe so zu, dass er fürchten muss, sie werde ihn am Ende noch mit Ohrfeigen traktieren. Daher kommt er ihrer Bitte um Rechtshilfe gegen ihren Widersacher doch nach. Jesus fügt die Frage an: *Wird nicht GOTT seinen Auserwählten zu ihrem Recht verhelfen, wenn sie Tag und Nacht schreien und wird er bei ihnen lange zuwarten? Ich sage euch: Er wird ihnen in Kürze zu ihrem Recht verhelfen* (Lk 18, 7 f).

Wir lesen in den Evangelien, dass Jesus nachts auf **dem** Berg[166] betete:
Er entließ das Volk und stieg auf **den**[167] Berg,
um allein zu beten. Mt 14, 23

---

[165] Vgl. Kap 8. 3 Das Gebet des Herrn
[166] Vgl. Kurzfassung Berg
[167] nach dem griechischen Text

Jesus betet bei Nacht: Er schließt also die Sinnenwelt aus seinem Denken aus:

> Du aber geh, wenn du beten willst,
> in das innerste Zimmer deines Hauses[168],
> verschließe die Tür und bete zu deinem Vater,
> der im Verborgenen ist.
> Und dein Vater, der im Verborgenen ist,
> wird dir geben vor aller Augen.   Mt 6, 6

Wahres Gebet versenkt sich in das Seiende, platonisch: in die ewigen Ideen. So ist das christliche Gebet lediglich ein anderes Wort für Meditation.

Ein meditatives Gebet,

vielleicht um Heilung, könnte von folgendem Gedanken ausgehen: Wie Licht von seiner Lichtquelle nicht zu trennen ist, so bildet auch der Schöpfer mit seiner Schöpfung eine immerwährende Einheit.

Nun hat der Schöpfer seine **gesamte** Schöpfung als »sehr gut« bezeichnet (1 Mos 1, 31). Demnach kann jede gegenteilige Wahrnehmung nur eine vernebelte Wahrnehmung sein, die wir uns wie der Blinde von den Augen abwaschen müssen (Joh 9, 6 f). Bei Lukas sagt der »Vater« zu seinem Sohn: *Mein Sohn, du bist allezeit bei mir, und alles, was mein ist, das ist dein* (Lk 15, 31). Die Ausstrahlung des Lichtes kann nur Licht sein; das Bild und Gleichnis GOTTES muss GOTT gleichen, ein verzerrtes Bild entspricht nicht der Wirklichkeit und der WAHRHEIT. Im Markus-Evangelium (Mk 11, 24) versichert Jesus seinen Schülern (Jüngern): *Alles, was ihr in eurem Gebet erbittet, glaubt nur, dass ihr es empfangen habt, und es wird euch zuteil werden.* Das Gebet darf das väterliche Erbe beanspruchen.

GEIST und Geist

Unheilvolle Verwirrung wird angestiftet, wenn keine klare Unterscheidung getroffen wird zwischen GEIST, der GOTT ist (Joh 4, 24), und dem menschlichen Geist. Letzterer ist nur die

---

[168] Symbol für Bewusstsein; vgl. Kurzfassung Haus

intelligente Oberschicht der menschlichen, also sterblichen Psyche. Er ist das Logistikón in Platons Gleichnis vom Seelenwagen, die Antenne für das Göttliche, das Einfallstor für das »Licht« des LOGOS vom ersten Schöpfungstag.

Im Gespräch mit Gott lässt Goethe Mephistopheles sagen:
Ich sehe nur, wie sich die Menschen plagen.
Der kleine Gott der Welt bleibt stets vom gleichen Schlag,
Und ist so wunderlich als wie am ersten Tag.
Ein wenig besser würd´ er leben,
Hättst du ihm nicht den Schein
des Himmelslichts gegeben;
Er nennt´s Vernunft und braucht´s allein,
Nur tierischer als jedes Tier zu sein.

Die menschliche Vernunft, die Mephisto hier als *Schein des Himmelslichts* bezeichnet, ist Geist, eine rein materielle Funktion der sterblichen Psyche. Sie ist nicht Teil vom göttlichen GEIST oder LOGOS. Denn GOTT, GEIST, sündigt nicht.

GEIST ist GOTT: *GOTT ist GEIST, und die ihn verehren, müssen ihn in GEIST und WAHRHEIT anbeten* (Joh 4, 24). *Jeder Verstoß und jede Schmähung wird den Menschen vergeben werden, aber die Schmähung gegen den GEIST wird keine Vergebung finden. ... Jeder aber, der gegen den heiligen GEIST redet, der wird keine Vergebung finden, weder in dieser Zeit noch in der künftigen* (Mt 12, 31 f). Die Taufe Jesu war eine Taufe auf GOTT als GEIST (Mt 3, 11; Mk 1, 8; Lk 3, 16). Alle materiellen, anthropomorphen Vorstellungen von GOTT müssen abgelegt werden. Andernfalls schleppt sie der Mensch ins nächste Leben mit und kann nicht zum Kind GOTTES, zu GOTTES Bild und Gleichnis werden und zum Vater gelangen.

GEIST

Jesus begegnete in Samaria einer Frau am Jakobsbrunnen. Die fragte ihn, wo man GOTT anbeten solle: in Samaria auf dem Berg Garizim oder auf dem Berg Zion in Jerusalem. Und Jesus antwortete ihr: *Es kommt die Zeit und sie ist eigentlich schon da,*

dass die wahren Anbeter den Vater in GEIST *und* WAHRHEIT *anbeten werden. Denn auch der Vater wünscht sich solche Anbeter;*
GOTT ist GEIST, und die ihn verehren,
müssen ihn in **GEIST und WAHRHEIT** anbeten.   Joh 4, 23 f

Auch Paulus betont: *Der Herr aber ist der* GEIST, *und wo der* GEIST *des Herrn ist, da ist Freiheit* (2 Kor 3, 17).

Aus der Geschichte mit der Samariterin geht hervor, dass GOTT nicht hier oder dort anzutreffen ist, vielmehr ist GOTT, GEIST, allgegenwärtig. Wie aber sollen wir das begreifen: »allgegenwärtig«? Sollen wir diese Aussage einfach glauben? Das aber wäre mit dem Wissenschaftsanspruch nicht zu vereinbaren. Platon hilft uns weiter. Im 7. Brief hilft er uns mit dem Beispiel vom Kreis auf die Sprünge. Ist der Kreis das, was ein Lehrer auf der Wandtafel abzirkelt? Was wir auf der Wandtafel sehen, ist das materielle Abbild des Kreises, aber nicht der Kreis an sich. Der Kreis selbst ist immateriell, er ist nicht sichtbar, denn er ist etwas Geistiges. Was aber ist der wahre Kreis? Radius plus Radius mal π, das ist der Kreis. Kreis ist ein mathematischer Begriff. Der **Kreis an sich** kann nicht in einer Abbildung für das Auge sichtbar gemacht werden.

So ist es mit GEIST, GOTT. Er ist nicht irgendwo, er ist einfach da, er ist eine Sache des rechten Bewusstseins. GEIST ist das immer wirkende PRINZIP allen realen Geschehens, das kybernetische PRINZIP dessen, was wir geistige Evolution nennen: *Gott hält, wie ja auch ein alter Spruch sagt, Anfang und Ende wie auch die Mitte aller seienden Dinge, und er kommt geradewegs zum Ziel auf einer Kreisbahn, wie es seiner Natur entspricht. Ihn begleitet aber stets Dike als rächende Strafe für die, die vom göttlichen Gesetz abweichen. An sie hält sich demütig und in die Ordnung eingefügt, wer glücklich sein will* (Pl Nomoi 715). Jesus erklärt dies dem Nikodemus mit anderen Worten (Joh 3, 8).

Was allgemein als »Geist« bezeichnet wird, das ist nach Platon nur die vernünftige obere Bewusstseinsschicht der sterblichen Psyche. Dieser Geist, »Logistikón« genannt, kann, wie er im Dialog Phaidros darlegt, zuweilen aus der materiellen Scheinwelt hinausschauen und einen Blick in die geistige Welt der ewigen Ideen tun. *Nur zu Zeiten erträgt göttliche Fülle der*

Mensch. Traum von ihnen ist darauf das Leben (F. Hölderlin, Brot und Wein).

GOTT, GEIST, ist also keine Person, er ist das allgegenwärtig wirkende geistige PRINZIP, der Knotenpunkt aller geistigen Gesetze. Aber: Kann man denn zu einem PRINZIP beten? Schwerlich. Gebet[169] kann also kein Bitten sein, das GOTT beeinflussen will für persönliche Wünsche. Gebet muss Meditation sein, Hingabe, ein Sich-Versenken mit dem Wunsch, sich mit dieser Sphärenharmonie in Einklang und Harmonie zu bringen.

Ist dieses PRINZIP ein starres Gesetz oder ist es sich seiner selbst bewusst? Es ist sich nach Aussage des sechsten Schöpfungstages seiner selbst bewusst, denn es kommt als WAHRHEIT, als Bewusstsein, zum Ausdruck.

Das Gilgamesch-Epos

Scha naqba imiru »Der alles schaute«, so lautet der akkadische Titel des Heldenliedes, das wir unter dem Namen Gilgamesch-Epos kennen. Es war auf 12 Tafeln geschrieben. Seine endgültige Fassung erhielt das Epos um 1200 vor durch einen babylonischen Schreiber, der aus fünf Einzelerzählungen, deren mündliche Vorformen bis ins Jahr 2700 zurückreichen, ein einziges großes Werk schuf.

Das wissenschaftliche Denken des Verfassers zeigt sich in der wiederholten Verwendung der kosmischen Zahlen 3, 4, 7 und 12. Die Zahl 12 ist die volle Grundzahl des altorientalischen Sexagesimalsystems.

Das Anliegen des Dichters war eine Antwort auf die ewige Menschheitsfrage nach dem Sinn des Lebens und der Möglichkeit, seinem bitteren Ende zu entgehen. Die sehr skeptische, wohl verklausulierte Auskunft des Epos in letzter Gestalt geht dahin, dass der Sinn allen Erdendaseins in ihm selbst und seinem zeitlich begrenzten Genuss liege. Unsterblichkeit sei allein den Göttern vorgehalten und nur seinem Namen könne der Mensch durch gewaltige Taten Dauer verleihen. Als großes Werk Gilgameschs aber

---

[169] Vgl. Exkurs Gebet

bewährt sich allein sein Mauerbau. ... *Weit entfernt von der Urwüchsigkeit schlichten Fabulierens, aus eher philosophischer als mythischer Grundhaltung und voll von tiefer, abgeklärter Resignation* [entstand] *das erste Großepos der Weltliteratur, das in seinem Ursprungslande einzigartig blieb und dem auch die Ägypter, Hethiter, Phöniker und Israeliten nichts Gleichwertiges gegenüberzustellen haben* (Schmökel, Gilgamesch 12).

Der Held des Epos ist König Gilgamesch, dessen historische Lebenszeit zwischen 2750 und 2600 vor angesetzt wird. Die Götter schufen und begabten ihn, so war er *zwei Drittel göttlich und ein Drittel menschlich.*[170]

Obwohl er in der Keilschrift stets das Gottesdeterminativ des Sterns hat, ist er sterblich.

Auf der Suche nach ewigem Ruhm wird er zum Gründer der Stadt Uruk, die er mit gewaltigen Mauern umgibt, *die 7 Weisen legten ihren Grund.* Götter haben also das Fundament dieser Stadt geschaffen. Mit 7 Riegeln ist auch die Stadt gesichert.

Nach vielen Heldentaten mit seinem Freund Enkidu macht er sich auf, das ewige Leben zu finden, und als er endlich das Kraut des Lebens vom Meeresgrund heraufgeholt hat, das ihm im Alter die Jugend zurückgeben kann, raubt es ihm eine Schlange, die es frisst, um sofort ihre alte Haut abzuwerfen und sich so zu erneuern.

Glaube[171]

Das deutsche Wort »Glaube« ist schillernd und umschließt eine gewaltige Bedeutungsspannweite, angefangen bei der griechischen *dóxa* bis hin zur *pístis.*

Glaube als *doxa* ist blinder Glaube, ein bloßes Hinnehmen, ein Dafürhalten oder Wähnen, englisch belief.

Der *Glaube,* den die Christliche Bibel fordert, ist *pistis:* **Vertrauen, Treue**; lateinisch fides, englisch faith.

Entsprechend hat das griechische Adjektiv pistós die Bedeutung treu und zuverlässig. Der 1. Johannesbrief nennt GOTT „treu und gerecht" (1, 9). Glaube im richtigen Sinne ist ein

---

[170] Die Zitate aus dem Epos stammen, soweit nicht anders vermerkt, aus Schmökel, Gilgamesch.
[171] ausführlich in: Benninger, Befreit 233 ff

Vertrauen auf ein Gesetz, das *dem* treu bleibt, der es auch getreulich befolgt. In diesem Sinne verwendet die Christliche Bibel (Neues Testament) das Wort pistis (Glaube).

Der Glaube, den Jesus der Christus forderte, meint kein blindgläubiges Hinnehmen einer religiös-kirchlichen Lehre, sondern vielmehr: sich einlassen auf die Christus-Idee: An den Früchten, die dieser Glaube trägt, wird man seine Richtigkeit erkennen (Mt 7, 16 und 20).

Der Glaube an den Christus, den die Christliche Bibel unüberhörbar fordert, ist die feste Zuversicht (Hebr 11, 1), dass GOTT, das schöpferische PRINZIP, durch das, was ihm gleich ist, durch sein »Bild und Gleichnis«, den Christus also, immerfort am Wirken ist (Joh 5, 17 und 9, 4), aber eben **nur** durch ihn. Denn Christus ist WAHRHEIT, zum Ausdruck gebracht. So wirkt auch die Mathematik schon immer, sie kann aber durch Rechenfehler, biblisch »Sünde«, niemals zum Ausdruck kommen und wirken, sondern nur durch den, der ihre Regeln beherrscht und richtig anwendet.

Jesus konnte als der Christus beweisen, dass GOTTES Wirken allezeit ein heilendes Wirken in der ewigen Gegenwart ist:

Wenn ich in GEIST, GOTT,
die dämonischen Mächte austreibe,
dann ist doch das Reich GOTTES
schon bei euch angekommen.   Mt 12, 28

Wenn ich die Werke meines Vaters nicht tue,
dann glaubt mir nicht!
Wenn ich sie aber tue und ihr mir schon nicht glaubt,
dann glaubt doch meinen Demonstrationen,
damit ihr erkennt und wisst,
dass der Vater in mir ist und ich im Vater.   Joh 10, 38

Gleichnis und Mythos

In den Evangelien hören wir aus dem Mund von Jesus viele Gleichnisse. *Dies alles sprach Jesus zum Volk in Gleichnissen, und ohne Gleichnisse sprach er nicht zu ihnen, damit erfüllt werde, was vom Propheten gesagt war, der sprach: Ich will meinen Mund öffnen in Gleichnissen, ich will aussprechen, was von Anfang der Welt an verborgen war* (Mt 34 f). Auf die Frage, warum er das tue,

antwortete er: *Euch ist es gegeben, die Geheimnisse des Himmel-*
reiches zu verstehen, ihnen aber ist es nicht gegeben. Denn wer hat,
dem wird gegeben werden und er wird im Überfluss haben. Wer aber
nicht hat, dem wird auch das, was er hat, weggenommen werden.
Darum rede ich zu ihnen in Gleichnissen; denn sie sehen und sehen
doch nicht, sie hören und hören doch nicht, und sie verstehen nicht
(Mt 13, 11 ff). Auch seinen Schülern musste Jesus oft seine
Gleichnisse später erklären. Er tat es, weil sie verstehen wollten.

In Platons Dialogen finden sich 19 Mythen eingestreut. Dieser
größte Denker der Griechen, der als erster auch den Wissen-
schaftsgedanken entwickelte und von dem Alfred North
Whitehead sagte, dass die philosophische Tradition Europas
lediglich *aus einer Reihe von Fußnoten zu Platon* bestehe, kann
sicher nicht als Märchenerzähler bezeichnet werden.
Welche Funktion hat aber der Mythos bei Platon zum Beispiel?
So ist eben der Mythos nicht Verleugnung, sondern nur Verkleidung
der Wahrheit. Er ist nicht Lüge, sondern indirekte, umweghafte wahre
Aussage – er spricht nicht im abstrakten Begriff, sondern im
konkreten Bild. Nicht logische Deduktion, sondern lebendige
Erzählung redet zum Hörer, und dieser Bericht leitet ihn auf dem
Pfade der sinnlichen Vorstellung zur selben Wahrheit wie der Weg
der rationalen Argumentation. ... Was die Ratio verdichtet hat, das
entfaltet das Mythische in vollem Glanz. Zum Philosophen tritt der
Poet hinzu, zum Erzieher der Erzähler, zum Logiker der Visionär
(Kytzler, Mythen 214 f).
Erinnern wir uns auch, was der Ägyptologe Jan Assmann zu
den ägyptischen Mythen sagt: *Die Geschichten, die von den*
Göttern erzählen, sollen den sinnhaften Aufbau der Wirklichkeit zur
Anschauung bringen. Mythen spielen immer in der Vergangenheit
und beziehen sich immer auf die Gegenwart. Was sie von der
Vergangenheit erzählen, soll auf die Gegenwart Licht werfen. Sie
erzählen die Vergangenheit nicht um ihrer selbst willen, sondern als
Vorgeschichte der Gegenwart, sie diagnostizieren die Gegenwart in
Form einer genetischen Projektion (Assmann, Ägypten 137).
Mythische Orte sind überall und nirgends, so wie auch mythische
Zeiten nach der berühmten Definition des Sallustios[172] *„nie geschehen*
sind, aber immer sind" (Assmann, Ägypten 161).

---

[172] Neuplatoniker im 4. Jahrhundert nach

Das Philippus-Evangelium lehrt: *Die Wahrheit kam nicht nackt in die Welt. Sie kam in Sinnbildern und Abbildern. Man kann sie auf keine andere Weise erfassen* (67).

GOTT und die Gottesbilder

Die geistige Evolution bringt es mit sich, dass sich unser Bild von GOTT laufend wandelt und der Wahrheit näher kommt. Viele aber verharren bei dem „Gott ihrer Väter", bei dem Gottesbild, das in ihren Jahrtausende alten „heiligen" Schriften festgeschrieben scheint, und sie halten es für einen Frevel, davon im geringsten abzuweichen. Sie verbrennen alle die als Ketzer, die auf ein gewandeltes Gottesbild hinweisen. Schon Jesus war mit seinem Ruf zur Metánoia, zum Umdenken, als Ketzer verurteilt worden.

Es ist müßig, über GOTT zu diskutieren, und ergebnislos, solange die Disputanten sich nicht darüber im Klaren sind, welche Vorstellung ein jeder von ihnen von seinem Gott hat.

Es gibt mindestens drei Religionen, die sich monotheistisch nennen – ohne es immer zu sein[173]. Und oftmals vernimmt man aus dem Mund ihrer Vertreter, sie beteten damit eo ipso zu demselben Gott. Doch stimmt das auch?

Im Gespräch festzustellen, was uns verbindet, ist nicht zielführend. Eine sinnvolle Diskussion muss von der Frage ausgehen: Was trennt uns und wie lassen sich die Gräben im Zusammenleben überwinden?

Dazu muss aber das jeweilige Gottesbild klar definiert werden. Und dies ist keine schwierige Sache. Erforderlich ist zunächst eine klare Analyse, eine Zusammenstellung: Wie äußert sich der jeweilige Gott? Welche Befehle und welche Gebote gibt er seinen Gläubigen? Daraus ergibt sich eine Definition des jeweiligen Gottesbildes.

Und dann muss man sich die Frage stellen: Haben diese drei wirklich dasselbe Gottesbild? Beten sie wirklich zu demselben Gott?

---

[173] Vgl. Benninger, Befreit Kap 1: Ein-Gott-Glaube und Monotheismus

Haus

Seele, Haus, Stadt/Staat und Universum bedeuten auch Bewusstsein. Die Alten dachten sich den Kosmos oder das Universum als 4 ineinander geschachtelte Sozialeinheiten:

Welt/ Erde

Die Erde hatte 4 Enden/Ecken. Es gib 4 Winde, die die 4 Jahreszeiten umtrieben: Aussaat – Wachstum – Reifezeit – Ernte (- Neuaussaat mit mehr Samen oder besseren Samen)

Damit war schon der »kybernetische Regelkreis« - ein von außen gesteuerter Prozess - geahnt vorweggenommen:
Eingabe – Prozess – Ergebnis – Rückkoppelung.
Die geistige Evolution wird von GEIST gesteuert. Windgott und Geist- oder Sturmgott sind meist Synonyme: *Der Windhauch bläst, wo er will. Du hörst zwar seinen Laut, aber du weißt nicht, woher er kommt und wohin er führt. Ebenso steht es mit jedem, der aus dem GEIST herstammt* (Joh 3, 8).

Bei den Pythagoreern galt die Vierheit (Tetraktys) als Schlüsselzahl des Universums: *Quell der Wurzelkräfte der ewigfließenden Natur* (Jamblichos 162).

Land/Stadt (Stadtstaat)

In der Apokalypse des Asklepios (=Imhotep) aus dem 2. Jahrhundert nach heißt es: *Oder bist du etwa unwissend, oh Asklepios, darüber, dass Ägypten das Abbild des Himmels ist? Vielmehr, es ist der Wohnort des Himmels und aller Kräfte, die im Himmel sind. Wenn es aber für uns angemessen ist, die Wahrheit zu sagen: Unser Land ist der Tempel der Welt. ...* (Lüdemann, Häretiker 368).

Die Heilige Stadt Jerusalem, die der Offenbarer Johannes sich vom Himmel auf die Erde übersetzen sieht, ist nach den 4 Winden ausgerichtet. Sie ist ein Würfel: *Länge, Breite und Höhe der Stadt sind gleich* (Off 21, 16). Sie ist also ein Abbild des Kosmos.

Haus / Wohnung

Häuser waren meist viereckig oder würfelförmig gedacht. Sakrale Bauten wie die Tempeltürme Mesopotamiens (Zikkurat) oder die ägyptischen Pyramiden waren nach den 4 Himmels- oder Windrichtungen ausgerichtet, weil das Universale den Maßstab vorgab.

Einzelner / Seele

Die Seele macht die Identität des Menschen aus. Auch sie muss die Strukturen des Kosmos widerspiegeln und von den 4 Kardinaltugenden beherrscht werden. Bei Platon heißen sie: Weisheit - Tapferkeit – Besonnenheit (Bewusstsein) – Gerechtigkeit (Gesetzmäßigkeit). Auch hier erkennen wir den kybernetischen Regelkreis.

Während der Kosmos das universale Bewusstsein, Stadt und Haus ein kollektives Bewusstsein und Seele das individuelle Bewusstsein bedeuten, kann »Wohnung« das individuelle Bewusstsein meinen: *Im Haus meines Vaters gibt es viele Wohnungen* (Joh 14, 2).

Gewand / Kleidung

»Gewand« und »Kleidung« bedeuten das individuelle Bewusstsein, das man nach außen trägt. In vordemokratischen Zeiten war kostbare Kleidung nur dem Erb- und Geldadel vorbehalten. Im Matthäus-Evangelium lädt ein König bei der Hochzeit seines Sohnes Menschen von der Straße ein. Als er unter diesen Gästen einen ohne hochzeitliche Kleidung entdeckte, befahl er seinen Dienern: *Bindet ihn an Händen und Füßen und werft ihn hinaus in die Finsternis. Dort wird Heulen und Zähneklappern sein. Denn viele sind berufen, wenige aber sind auserwählt* (Mt 22, 13 f).

Von den heuchlerischen Schriftgelehrten und Pharisäern spricht Jesus zuweilen, wie sie sich mit Gebetsriemen und Quasten an den Gewändern in der Öffentlichkeit sehen lassen (Mt 23, 5).

Der Christus kann von sich sagen: *Es kommt der Herrscher über diese Welt, doch in mir ist nichts, was ihm gehört* (Joh 14, 30): Bei der

Verklärung Jesu wird sein Gewand weiß wie das göttliche Licht (Mt 17, 2). In der Offenbarung ist immer wieder von weißen Gewändern die Rede, die das vollkommene Bewusstsein symbolisieren.

Der blinde Bartimaios wirft seinen Mantel von sich, folgt dem Christus nach und wird geheilt (Mk 10, 46-52). Eine kranke Frau berührt den Gewandsaum des Christus, sie hat das Christus-Bewusstsein nur am Rande berührt, und wird geheilt (Mt 9, 22).

Im Gleichnis »Vom verlorenen Sohn« lässt der Vater den ins LEBEN zurückgekehrten Sohn in das beste Gewand kleiden (Lk 15, 22).

Wir wissen von Menschen, die nach ihrem Sterben wiederbelebt wurden. *Eine Mehrheit beschrieb das Gefühl, sich vom eigenen Körper getrennt zu haben ... Sie verglichen das mit dem Ablegen eines schweren Kleidungsstücks oder mit dem Häuten eines Tieres, das sich frei wegbewegt und seine alte Haut einfach hinter sich lässt* (Parnia, Tod 154).

Ein Junge von drei Jahren, der einen Herzstillstand gehabt hatte und damit klinisch tot war, berichtete nach seiner Wiederbelebung: *Wenn man stirbt, ist es nicht das Ende ... da waren auch noch viele andere, die bekamen neue Kleider, aber ich nicht, weil ich nicht wirklich tot war. Ich sollte ja wieder zurückkommen* (Parnia, Tod 168).

Himmel und Erde

Wo »Himmel, Erde und Meer« oder »Himmel und Erde« zusammen genannt werden, liegt ein sogenannter Merismós vor, d.h. es werden die Bestandteile genannt, aber gemeint ist damit das Ganze, in diesem Falle »Kosmos« »Universum« oder »Weltall«, wofür es in der Frühzeit noch keine Wortprägung gab.

Wo Himmel und Erde nicht zusammen genannt werden, bedeutet »Erde« den irdischen oder materiellen Bereich. Der »Himmel« liegt im überirdischen Bereich, er beginnt oberhalb der 7 Planeten, er wird im Fixsternhimmel gesehen. Dies ist der göttliche Bereich, das Reich GOTTES mit seinen fixierten ewigen Gesetzen, das »Reich GOTTES und seiner Gerechtigkeit«. Diese Sternbahnen laufen den Planetengesetzen zuwider.

Nach unserem heutigen Verständnis sind Himmel und Erde keine Orte mehr, sondern Bewusstseinszustände, Bewusstseinsstufen.

Himmelreich → Reich GOTTES

Maya

Maya, wörtlich »Täuschung, Illusion, Schein«. Die sich ständig verändernde, unbeständige Welt des Phänomenalen, der Erscheinungen und Formen, der »Illusion« oder »Täuschung«, die ein unerleuchteter Geist als einzige Wirklichkeit ansieht. Der Begriff Maya wird im Gegensatz zu dem des Unwandelbaren, Essentiellen, Absoluten gebraucht. (Ehrhard, Buddhismus 150)

Metánoia

Im Matthäus-Evangelium steht zu lesen:
Zu der Zeit kam Johannes der Täufer
und predigte in der Wüste von Judäa und sprach:
Tut Buße, denn das Himmelreich ist nahe herbeigekommen. ....

Als nun Jesus hörte, dass Johannes gefangengesetzt worden war, zog er sich nach Galiläa zurück. ...
Seit der Zeit fing Jesus an zu predigen:
Tut Buße, denn das Himmelreich ist nahe herbeigekommen. Mt 3, 1 f; 3, 12 und 17 (Luther 84)

Bei solcher Übersetzung muss natürlich der Eindruck entstehen, dass die Botschaft des Täufers dieselbe war wie die von Jesus, was in keiner Weise richtig ist, wie der jüdische Gelehrte Pinchas Lapide zeigt. Demnach predigt der Täufer den jüdischen Volksmengen »SCHUWU!« - *ein Aufruf, der im Grunde der Botschaft aller Propheten gleichkommt. Gemeint ist hiermit eine Abkehr vom falschen Kult, vom Nachhuren nach den Abgöttern der Götzendiener, auf die eine Rückkehr zum Gott der Väter folgt, als Heimkehr zu den religiösen Ursprüngen des alten Israel* (Lapide, Bibel 117).

Das griechische Wort metánoia bedeutet aber nicht Umkehr, sondern das gerade Gegenteil, nämlich **Abkehr, Umdenken**: Abkehr vom Bild eines persönlichen Gottes hin zum Gottesbild der Schöpfungstage:
> Es kommt die Zeit und sie ist eigentlich schon da,
> dass die wahren Anbeter den Vater in GEIST und
> WAHRHEIT anbeten werden.
> Denn auch der Vater wünscht sich solche Anbeter.
> **GOTT ist GEIST**, und die ihn verehren,
> müssen ihn in GEIST und WAHRHEIT anbeten.   Joh 4, 23 f

Matthäus legt den Unterschied eigentlich deutlich genug dar, indem er den Täufer sagen lässt:
> Ich taufe euch **mit Wasser zur Umkehr**.
> Der aber nach mir kommt, hat mehr Kraft als ich;
> ich bin nicht fähig, seine Sandalen zu tragen.
> Er wird euch im **Heiligen GEIST** und im **Feuer** taufen.
> Mt 3, 11

Ab 382 nach entstand die auf Hieronymus zurückgehende Übersetzung des Alten und Neuen Testamentes aus dem Griechischen ins Lateinische. Diese lateinische Übersetzung ist die VULGATA, „die allgemein im Volk verbreitete".
1546 erklärte das Konzil von Trient die VULGATA für authentisch und verbindlich für die Bibelauslegung. Die VULGATA übersetzt metánoia mit poenitentia. Da nun in poenitentia das Wort poena – Rache, Strafe – steckt, wurde es ins Deutsche mit „Buße" übersetzt (Das wirst du mir büßen!). Der jüdische Theologe Pinchas Lapide hat richtig gesehen, dass gerade diese lateinische *Fehlübersetzung* die Botschaft der Christlichen Bibel vollkommen verfälscht hat .

Nag Hammadi

Im Dezember 1945 wurden bei Nag Hammadi in Oberägypten dreizehn Kodizes in koptischer Sprache gefunden, die 51 Schriften in unterschiedlichem Erhaltungszustand enthalten. Diese größtenteils gnostischen Schriften sind Übersetzungen in griechischer Sprache und stammen aus dem ersten bis vierten Jahrhundert nach Christus. Sie bereichern unsere Kenntnis der frühen Kirche ungemein, stellen

viele bisherigen Annahmen in Frage und sind überhaupt der bedeutendste Fund gnostischer Texte in diesem Jahrhundert (Lüdemann, Häretiker 10).
Während des Konzils von Nicäa im Jahr 325 n. Chr. wurden die zur Selbsterfahrung aufrufenden apokryphen Schriften von den zu Macht gekommenen Kirchenfunktionären ausgesondert, weil man gezielt einen an Dogmen orientierten Glauben etablieren wollte. Menschen, die auf eigenen Bewusstseinswegen zu besonderen Erkenntnissen gelangen konnten, wären nicht so beherrschbar gewesen, wie es vorgesehen war. Deshalb wurden diese Erfahrungswege als Irrlehre bezeichnet und das gnostische Gedankengut der Vernichtung preisgegeben. Aber Wahrheit lässt sich niemals aussperren, und echte, weil naturgegebene Wahrheit ist zeitlos (Warnke, Quantenphilosophie 258 f).
Der Fund bei Nag Hammadi belegt, wie weit verbreitet in der christlichen Ära die »Gottsuche« war – und das nicht nur bei den Verfassern solcher »apokryphen Schriften«, sondern auch bei deren Lesern, Kopisten und ehrfürchtigen Bewunderern. Zu diesen zählen auch die ägyptischen Mönche, die das Schrifttum, das Irenäus abqualifiziert hatte, noch zweihundert Jahre später in ihrer Klosterbibliothek wie einen Schatz hüteten. Im Jahre 367 jedoch verfügte Athanasius, der eifernde Bischof von Alexandria und Bewunderer des Irenäus[174], in einem Hirtenbrief zum Osterfest, dass die Klöster sämtliche in ihrem Besitz befindlichen Schriften dieses Genres zu vernichten hätten mit Ausnahme derjenigen, die er als »unbedenklich« oder sogar »kanonisch« eigens anführte. Seine Liste umfasst praktisch all die Stücke, aus denen sich heute unser »Neues Testament« zusammensetzt. Aber irgendjemand – vielleicht Mönche des oberägyptischen Sankt-Pachomius-Klosters – trug von den Büchern, die Athanasius dem Feuer überantwortet sehen wollte, Dutzende zusammen, entfernte sie aus der Klosterbibliothek und verstaute sie in einem mächtigen, ein Meter hohen Tonkrug, den er hermetisch versiegelte und dann sicherheitshalber bei einer Kalksteinklippe unweit von Nag Hammadi vergrub (Pagels, 5. Evan-gelium 101 f).

---

[174] 2. Jhd. n. Chr.

Opfer

Den Göttern opfern heißt, ihnen gegenüber eine Demuts-
haltung einnehmen, ihnen dienen, sie nach einem Vergehen
versöhnen oder sie bestechen zu wollen, damit sie im Sinne des
Opfernden handeln.

Caesar (100-44 vor) schreibt über die Gallier: *Die Gallier sind
religiösen Kulthandlungen ganz ergeben. Wer von einer schweren
Krankheit befallen ist oder in Krieg und Gefahr ist, bringt daher
Menschenopfer als Opfergabe dar oder gelobt solche Opfergaben. ...
Andere haben Götterbilder von gewaltiger Größe aus Weidengeflecht
und füllen sie mit Menschen. Die Menschen kommen darin in den
Flammen um. Sie glauben, dass der Feuertod von ertappten Dieben,
Räubern oder sonstigen Verbrechern den Göttern angenehmer ist.
Aber wenn sie keine Verbrecher mehr haben, lassen sie sich auch zur
Verbrennung Unschuldiger herab* (Bellum Gallicum VI 16).

In der Jüdischen Bibel, dem Alten Testament, war Abraham
noch zu einem Menschenopfer bereit. Er hatte seinen einzigen
Sohn bereits auf den Opferaltar gelegt. Sonst liest man immer
wieder von Tieropfern. Diese sind Sühneopfer für Verstöße
gegen eines der göttlichen Gebote. Nach der Tötung des Opfertieres wurde das ganze Tier verbrannt dem HERRN zum
lieblichen Wohlgeruch (1Mos 8, 21). Oder es wurden nur Teile des
Opfertieres verbrannt und der Rest unter dem Volk verteilt.

Dagegen gab es schon früh klarsichtige Einsprüche: *Was soll mir
die Menge eurer Opfer? spricht der HERR. Ich bin satt der Brandopfer
von Widdern und des Fettes von Mastkälbern und habe kein Gefallen
um Blut der Stiere, der Lämmer und Böcke. ... Wascht euch, reinigt
euch, tut eure bösen Taten aus meinen Augen, lasst ab vom Bösen!*
(Jesaja 1, 11 und 16). Ähnlich heißt es beim Psalmisten: *Ich will von
deinem Hause Stiere nicht nehmen noch Böcke aus deinen Ställen.
Denn alles Wild im Walde ist mein und die Tiere auf den Bergen zu
Tausenden. ... Wenn mich hungerte, wollte ich dir nicht davon sagen;
denn der Erdkreis ist mein und alles, was darauf ist. ... Opfere Gott
Dank* (Ps 50, 9-14; Luther 84). Oder in Psalm 27: *Darum will ich Lob
opfern in seinem Zelt, ich will singen und Lob sagen dem Herrn* (Ps
27, 6). GOTT Lob opfern heißt ihn preisen und ihm zustimmen,
so wie er ist.

Eine Erinnerung an die jüdischen Opferriten findet sich noch heute im Katholizismus: Ein Vergehen des mythischen Urelternpaares Adam und Eva im Paradies soll als tödliche Erblast auf allen künftigen Geschlechtern der Menschen ruhen. Um diese Erbsünde zu tilgen, habe GOTT die Opferung seines eigenen einzigen Sohnes verlangt. Was nun durch die Kreuzigung Jesu auch geschah. Bei der Heiligen Messe, auch Messopfer genannt, wird jedes Mal auf geheimnisvolle Weise die blutige Opferung des Gottessohnes am Kreuz nachvollzogen, indem Brot und Wein bei der Wandlung in das Fleisch und Blut Christi verwandelt, um dann zum Verzehr an die Gläubigen ausgeteilt werden.

Tieropfer gehörten auch bei Griechen und Römern zu den Gottesdiensten. Auch hier gab es früh Gegenstimmen aus dem Munde großer Denker. So ist uns von Heraklit aus dem 6. Jahrhundert vor diese Kritik überliefert: *Sie reinigen sich, indem sie sich mit fremdem Blut verunreinigen. Als ob einer, der in den Schmutz getreten ist, sich mit Schmutz abwaschen könnte! Man müsste ihn doch für wahnsinnig halten, wenn einer auf den Gedanken käme, so zu handeln* (B 12).
Es gibt aber auch noch einen anderen Beweggrund, den Göttern zu opfern. Es ist die Angst, die Götter könnten einem Menschen sein allzu großes Glück neiden. Dem Herrscher über Samos, dem alles im Leben glückte, prophezeit der ägyptische König:
Mir grauset vor der Götter Neide,
des Lebens ungemischte Freude
ward keinem Irdischen zuteil.[175]

Und er rät seinem Gastgeber, das Kostbarste aus seinem Schätzen als Opfer ins Meer zu werfen.

Das lateinische Wort für Tieropfer heißt »immolatio«. Die Römer kannten aber auch noch ein anderes Wort für Opfer: »iactura«. Letzteres bedeutet: über Bord werfen. Ein Handelsschiff ist von einem Ufer zum anderen unterwegs. Geriet ein Schiff nun auf hoher See in einen schweren Sturm und man musste um das Wohl des Schiffes bangen, gar seinen Untergang

---

175 Schiller, Der Ring des Polykrates

befürchten, so warf man Ladung über Bord, man opferte also einen Teil seiner Handelsware, um sein Leben zu erhalten. Dies ist ein trefflicher Vergleich für das, was die christliche Lehre von den Nachfolgern Jesu verlangt: Überbordwerfen von mental-materiellem Ballast, um ans Ziel zu gelangen:

> ... Wenn jemand mir nachfolgen will, soll er sich selbst [Ego] verneinen, sein Kreuz aufrichten und mit mir gehen; denn wer sein Leben erhalten will, wird es verlieren. Wer aber sein Leben aufgegeben hat um meinetwillen [für die Christus-Idee], der wird es finden. Mt 16,24 f

Selbstverleugnung, das Aufgeben des eigenen Ego um des göttlichen Selbst willen, ist Selbsttranszendenz: das immer wieder notwendige Aufgeben veralteter Vorstellungen von GOTT und Mensch, um für ein neues Bild, eine höhere Auffassung, Platz zu schaffen.

Origenes der Diamantene (185-254)

Er bleibt der unsterbliche Religionsphilosoph, welcher die Seelen aufsteigen lehrte, der die All-Erlösung verkündete und das ewige Evangelium wieder auf den Leuchter stellte (Nigg, Ketzer 54).
Origenes (Sohn des Horus) wurde als Sohn nichtchristlicher griechischer Eltern in Alexandria geboren. Er studierte bei dem Platoniker Ammonios Sakkas Philosophie. Auch besuchte er die Christenschule von Alexandria, die von Klemens[176] geleitet wurde. Nach dessen Weggang 202 infolge der Christenverfolgung baute Origenes die Christenschule von Alexandria wieder auf. Im Gegensatz zu seinem Lehrer Klemens, der die christliche Lehre in seiner Schule unterrichtete, zur sich organisierenden Kirche aber immer Distanz hielt, wollte Origenes zur christlichen Gemeinschaft gehören. Dennoch aber blieb er immer ein selbständiger Denker, der sich kirchlichen Lehrmeinungen nicht unterordnete. *Er ist neben dem Heiden Plotin der umfassendste Geist der Epoche und er erscheint am geschichtlichen Wendepunkt der Entwicklung, da die Kirche die Enge eines konventikelhaften Daseins endgültig hinter sich lässt und die Weichen für die Zukunft gestellt werden* (Campenhausen GK 43).

---

[176] Vgl. Benninger, Befreit 214

Origenes´ vorbildliche Lebensführung, sein weitgespanntes griechisch-philosophisches Denken, seine Gelehrsamkeit und das ihm eigene Charisma – sein von göttlichem Geist berührtes Wesen – riefen bei seinen Anhängern, Schülern und Gehilfen höchste Bewunderung hervor. So wurde Origenes bald weithin als ein alle Wissenschaften beherrschender Gelehrter berühmt (Sträuli, Origenes 34 f). *Getauft zu sein bedeutete eben auch zu Origenes´ Zeiten noch lange nicht, wirklich Christ zu sein. Vielmehr verfälschte und verdarb sich die christliche Religionsausübung gerade damals durch eingeschleppte jüdische und vor allem heidnische Kultformen* (Sträuli, Origenes 38).

Insbesondere wendete sich Origenes gegen die von Rom ausgehende Lehre, dass durch die mit dem Übertritt zum Christentum verbundene Taufe alle bisher begangenen Sünden vergeben seien.

Origenes ist der einzige, der das Ganze des Christentums auch literarisch in der Form eines angehenden philosophischen Systems zur Darstellung gebracht hat (Campenhausen GK 47).

Als Bischof Demetrios von Alexandria die Lehre verbreitete, dass Jesus Christus GOTT sei, trat Origenes dieser Irrlehre entgegen und machte sich so Demetrios zum Feind, was 231 zur Vertreibung des Origenes aus Alexandria führte.

Origenes übersiedelte nach Caesarea. *In diesem Caesarea gründete Origenes eine neue christliche Schule mit einer neuen Bibliothek. Sie blühte rasch zu einer Hochschule auf und zog die ersten Geister jener Zeit an. So wurde nun sie zum wissenschaftlich-theologischen Zentrum der damaligen Christenheit. Zu Origenes´ ständigen Schülern wurden dort unter anderen die Bischöfe Firmilian von Caesarea (Kappadokien) und Theoktistos von Caesarea in Palästina und Bischof Alexander von Jerusalem. Fünf Jahre hindurch hörten bei ihm die späteren Bischöfe Gregor Thaumaturgos und dessen Bruder Athenodor von Pontus, der Landschaft an der südlichen Schwarzmeerküste in Kleinasien* (Sträuli 45).

Origenes hat die griechische Philosophie vorzüglich deswegen studiert, um den gebildeten Heiden das Christentum besser verkünden zu können und den geeigneten Anknüpfungspunkt zu finden (Nigg, Ketzer 46 f). Er bemühte sich darum, die christliche Lehre in ein wissenschaftliches System zu bringen. Zur Zeit von Klemens oder Origenes hätte es die gebildete Schicht noch für einen absurden Gedanken gehalten, in Theologie und Philosophie getrennte Disziplinen zu sehen. Die Philosophie sah es seit Sokrates als ihre genuine Aufgabe an, die Gesetze des Seins zu erkennen und daraus Maßstäbe und Richtlinien für die Lebensführung abzuleiten und zu formulieren. *Durch Origenes ist griechischer Geist in die Kirche eingeströmt, und er ließ sich nie mehr daraus vertreiben. Diese Aneignung von Hellas durch Origenes geschah in weiser Überlegung. „Die Philosophie ist nämlich weder in allem dem Gesetz Gottes entgegen noch auch in allem gleichlautend", war seine Meinung* (Nigg, Ketzer 47).

In seiner Schrift De principiis wird die Lehre von Gott behandelt, der die absolute, unveränderliche geistige Substanz ist, das Ur-Eine, das zugleich als des Ur-Lebendige und darum immerdar schaffende oder Zeugende gedacht werden muss. Aus ihm quillt der Logos als sein Abbild ewig hervor (Campenhausen GK 48).

Das wahre Leben liegt jenseits der Zeit in der Ewigkeit. Wir sind in unserem irdischen Stande nur nicht dazu in der Lage, dieses ewige Sein in sachgerechten Vorstellungen zu erfassen (Campenhausen GK 49).

Einer der wichtigsten Punkte, weshalb Kirche und Kaiser Origenes und die Anhänger seiner Lehre in Acht und Bann taten, war seine Christologie: *Den Höhepunkt erreicht Origenes´ Mystik in seinen Ausführungen über die Geburt Christi in der Seele des Menschen und über das innere, wortlose Gebet. ... Den Vollkommenen nannte Origenes in letzter Steigerung Christus, eine Bezeichnung, die er keineswegs nur für Jesus von Nazareth reservierte. „Wir wissen, dass Christus auf die Erde gekommen ist, und sehen zugleich, dass durch ihn viele Christusse in der Welt entstanden sind, welche gleich wie er Gerechtigkeit liebten"* (Nigg, Ketzer 49).

Der Religionsphilosoph von Alexandrien fand bei der Vorstellung von der endlosen Hölle innerlich keine Ruhe. Das Schicksal der Verlorenen beschäftigte seinen Geist unablässig und bewog ihn, die neutestamentliche Lehre von der Wiederbringung aller Dinge zu betonen, die tatsächlich erst zur All-Erlösung vorstößt, welche die Kraft und die Herrlichkeit des östlichen Christentums ausmacht (Nigg, Ketzer 51).

Noch mehr als mit seiner Lehre von der Wiederherstellung des Alls[177] *überschritt Origenes mit seiner Auffassung von der Präexistenz der Seele und ihrem Wissen vom Göttlichen als Erinnerung die kirchliche Auffassung* (Nigg, Ketzer 52). Die Schöpfung Gottes besteht nach Origenes aus geistigen Wesen. Durch die Willensfreiheit hat sich in der Urzeit eine große Anzahl von Engelwesen von Christus, dem Bild und Gleichnis Gottes, abgewandt. Sie sind von der Vernunft in die Unvernunft abgestürzt und verführen die Menschen zum Abfall von GOTT. *Aber als Kern ihres Seins bergen sie in sich ein Teilchen göttlichen Lichts – einen göttlichen Lichtfunken. Dieser ist trotz der Ferne der Menschen von Gott ein ihnen ungeschmälert verbleibendes Erbe Gottes und verbürgt ihre geistige Unsterblichkeit* (Sträuli, Origenes 66).

Die Rückkehr zu Christus und GOTT findet über viele Reinkarnationen statt. Diese Wiedergeburt ist für Origenes das Erwachen aus der jeweiligen Todesannahme zu einer Erneuerung in einer stets höheren geistigen Bewusstseinsform, bis die Todesannahme endgültig besiegt ist und aufhört: *Als letzter Feind verliert der Tod seine Macht* (1 Kor 15, 26).

Die Lehre der Kirche von der leiblichen Auferstehung geht von der Historizität der Paradiesgeschichte aus, nach der Jahwe den Menschen aus Erde erschafft, der er mit seinem göttlichen Atem Leben einhaucht. Demnach bestünde der Mensch aus Materie und einer geistigen Seele.
Diese Ansicht lehnt Origenes ab. Für ihn ist Auferstehung jeder Schritt und jede Stufe aus der Finsternis der Unvernunft zurück zum Licht der göttlichen Vernunft.

Origenes war in der Zwischenzeit eine Weltberühmtheit geworden. Der heidnische Statthalter Arabiens wandte sich an seinen ägyptischen Kollegen und schrieb auch an Bischof Demetrios einen höflichen Brief, man möchte Origenes gestatten, vor ihm einige Vorträge zu halten. Auf Befehl der Kaiserin Julia Mammäa wurde er an ihr Hoflager nach Antiochien eskortiert, weil sie „eine Probe seiner allbewunderten Einsicht in die göttlichen Dinge" zu erhalten wünschte. Aus späterer Zeit existierten Briefe, die Origenes auch an

---

[177] Apokatástasis, Apg 3, 21

den christenfreundlichen Kaiser Philippus Arabs und dessen Gattin gerichtet hatte. Innerhalb der Kirche galt Origenes natürlich erst recht als Autorität (Campenhausen GK 54).

Bei der von Kaiser Decius (249-251) angeordneten Christenverfolgung wurde auch Origenes verhaftet. Er blieb trotz grausamer Folterung seiner Glaubensüberzeugung treu. *Den ihm deswegen angedrohten Feuertod vollstreckte man allerdings nicht. Man wollte den berühmten Mann, der noch vor nicht langer Zeit mit Kaiser Philippus Arabs und mit dessen Gemahlin Severa in Briefwechsel gestanden hatte, nicht durch öffentliche Hinrichtung zum Märtyrer machen. Allein, spätestens im Jahr 254 erlag Origenes in der syrischen Stadt Tyrus den Folgen der erlittenen Folterungen, als er sein 69. Lebensjahr vollendet hatte* (Sträuli, Origenes 49).

Die Kirche bekämpfte die zahlreichen Schriften des Origenes und ließ sie vernichten. Anastasius, 399 bis 402 Bischof von Rom, verdammte Origenes als Ketzer.

543 verhängte Kaiser Justinian I. in Konstantinopel den Bannfluch über Origenes und alle, die an seine Lehren glaubten. 553 verdammte ein Konzil in Konstantinopel noch einmal Origenes und alle Anhänger seiner Lehre.

Reformation und Gegenreformation waren sich in ihrer Missachtung des Origenes einig. Sein Name blieb in der Kirche als der des verfemten Ketzers verdächtig (Nigg, Ketzer 53).

Paraklet / Heiliger GEIST

Das Wort »Paraklet« kommt aus dem Griechischen, und ist das Verbaladjektiv zum Verb parakaléo – (zur Unterstützung) herbeirufen. Der Parákletos ist der, der zur Unterstützung oder als Rechtsbeistand herbeigerufen werden kann. Während die Vulgata[178] den »Paraklitus« als einen Beinamen unübersetzt wie einen Beinamen beibehält, übersetzen Tertullian und andere frühe Übersetzer Paraklitus als »advocatus« ins Lateinische. Erst durch diese Übersetzung wird klar, dass der Paraklet als Advokat, Rechtsbeistand zu deuten ist.

---

[178] Vgl. Erläuterungen

Das Synonym GEIST erklärt GOTT als unpersönliche und all-gegenwärtige Wesenheit, als Nichtlokalität. Er ist auch nicht Geist, wie er im menschlichen Sinne als die intelligente Schicht der Psyche verstanden wird. Vielmehr will der »Heilige GEIST« das Wirken von GOTT, GEIST, darlegen. So begegnet uns auch in der Religion Zarathustras als Synonym Gottes der »Heil-wirkende Geist«. Bei Johannes (5, 17) begründet der Christus sein Heilen mit dem Hinweis: *Mein Vater ist bis heute am Wirken, und ich wirke auch.*

Johannes der Täufer prophezeit vom Christus: Er *wird mit dem Heiligen GEIST und mit Feuer taufen* (Mt 3, 11). Diese Taufe ist die Neugeburt von oben, sie bedeutet den Bewusstseinswandel durch die Einsicht, dass der Mensch ein Kind GOTTES, des GEISTES, ist: *Was vom GEIST geboren ist, das ist GEIST* (Joh 3, 6), erklärt Jesus dem Rabbi Nikodemus. Der Mensch ist eben nicht das Geschöpf sterblicher Eltern, er trägt nicht deren Gene als Erbe in sich. Daher hat er Anspruch auf sein göttliches Erbe[179], auf Vollkommenheit und ewiges LEBEN.

Das griechische Wort pneuma in der Christlichen Bibel bedeutet: Geist, Windhauch. Daher kann das Johannes-Evangelium das Wirken von GOTT, GEIST, mit dem Wind vergleichen: *Der Windhauch bläst, wo er will. Du hörst zwar seinen Laut, aber du weißt nicht, woher er kommt und wohin er führt. Ebenso steht es mit jedem, der aus dem GEIST herstammt* (Joh 3, 8).

Woher kommt das Licht des ersten Schöpfungstags, da doch die Lichter am Himmel erst am vierten Tag in Erscheinung treten? Der Geistgott Elohim wirft den zündenden Funken in die chaotische mentale Finsternis – und das Licht des GEISTES beginnt zu erstrahlen und zerstört die Finsternis. Der Christus, der sein Wirken rechtfertigt mit: *Mein Vater ist bis heute am Wirken, und ich wirke auch,* sagt von sich:

> Feuer auf die Erde zu werfen, dazu bin ich gekommen;
> und was wollte ich lieber, als dass es schon entfacht ist?
>
> Lk 12, 49

Feuer auf die Erde werfen, das bedeutet alle materiellen Vor-stellungen zu vernichten, denn die einzige Wirklichkeit ist

---

[179] Vgl. Kurzfassung Erbe

GOTT, GEIST: *GOTT ist GEIST* (Joh 4, 24), *GOTT ist Alles-in-allem* (1Kor 15, 28) und: *In ihm leben wir, in ihm bewegen wir uns, und in ihm haben wir unser Dasein* (Apg 17, 28).

Materielle Vorstellungen sind falsche Auffassungen von GOTT und seinem Reich. So sagt der Christus auch im Thomas-Evangelium: *Ich habe Feuer über die Welt geworfen, und siehe, ich hüte es, bis sie brennt* (Log 10), und: *Wer mir nahe ist, ist dem Feuer nahe. Und wer mir fern ist, ist dem Königreich fern* (Log 82).

Die geistige Umkehr, die Jesus der Christus predigt, ist die Einsicht, dass der Mensch immer das Bild und Gleichnis GOTTES war und bleibt. Die Feuertaufe des GEISTES vernichtet die Vorstellung von einem Adam-Menschen.

Der Heilige GEIST, der Parakletos, ist es, der bei dieser geistigen Neugeburt hilft: *Der Parakletos, der Heilige GEIST, den der Vater in meinem Namen senden wird, er wird euch alles lehren und euch alles in Erinnerung rufen, was ich euch gesagt habe* (Joh 14, 26).

»Wahrheit« steht, wie wir am sechsten Schöpfungstag sahen, für Bewusstsein, für Gewahrsein. Daher wird der Parakletos auch als »GEIST der WAHRHEIT« bezeichnet: *Ich hätte euch noch viel zu sagen; aber ihr könnt es jetzt noch nicht verkraften. Wenn aber jener, der GEIST der WAHRHEIT, kommen wird[180], wird er euch in alle WAHRHEIT leiten. ... Er wird mich* [den Christus] *offenbaren* (Joh 16, 12 ff).

Der Auferstandene gibt seinen Schülern einen letzten Auftrag, sein Werk fortzusetzen:

Macht euch also auf und lehret alle Völker,
tauft sie auf den Namen des Vaters, des Sohnes
und des Heiligen GEISTES.   Mt 28, 19

Platons Gleichnis vom Seelenwagen

Im Dialog Phaidros (246) wird die Seele verglichen mit einem einachsigen Rennwagen, wie er auch bei den olympischen Spielen eingesetzt wurde. Nur hat dieser Seelenwagen Flügel. *Die Kraft des Gefieders besteht darin, das Schwere emporzuheben und hinaufzuführen, wo die Götter wohnen. ... Denn das Göttliche ist das Schöne, das Weise und Gute und was diese Qualitäten hat. Davon*

---

[180] Vgl. Kurzfassung Kybernetischer Regelkreis

nährt sich und wächst das Gefieder der Seele am meisten. Durch Hässliches und Schlechtes und allem Gegensätzlichen schwindet es und vergeht.

Der menschliche Geist oder Logos hält als Wagenlenker die Zügel zweier Pferde. Von diesen Pferden ist das eine gut und von edler Rasse, auch lässt es sich willig lenken, das andere aber ist niederträchtig und will nur seinen Trieben nachgehen. Wenn nun die Götter zur Fahrt in die überhimmlischen Regionen ausziehen, um sich im Reich der Ideen zu nähren und sich so ihre Unsterblichkeit zu erhalten, darf ihnen die Seele des Menschen auf ihrer Bahn folgen, *denn Missgunst liegt der Gemeinschaft der Götter fern.*

Nicht jede Seele aber kann den Göttern auf ihrer Bahn folgen, weil meist der Wagenlenker unfähig ist und das schlechte Ross nicht zu zügeln weiß, denn *es beugt sich zur Erde hinunter mit seiner Schwere. Daher steht dieser Seele Mühe und unendlicher Kampf bevor.*

Wenn die Seele viele gute Federn hat und die Rosse gehorchen, kann der Wagenlenker seinen Kopf über das Irische hinaus in die überhimmlischen Gefilde heben. *Den überhimmlischen Ort aber hat noch kein Dichter von den hiesigen besungen, noch wird er ihn besingen, wie es angemessen ist. Er ist aber so anzusehen, denn ich muss versuchen, die Wahrheit zu sagen, zumal wenn ich über die Wahrheit spreche: Das wahre Sein, ohne Farben, unkörperlich und stofflos, nur dem geistigen Sinn, dem Lenker der Seele, sichtbar, und mit dem sich die Fachrichtung der wahren* WISSENSCHAFT *befasst, ist hier angesiedelt.*

So sieht der Wagenlenker *die Gerechtigkeit selbst, er sieht die* WISSENSCHAFT, *nicht die, die eine Entstehung kennt, noch eine, die bei jedem Ding, das wir wirklich nennen, eine andere Wissenschaft ist, sondern die wahre* WISSENSCHAFT, *die in dem ist, was seiend ist.*

Darum ist die Seele eifrig darum bemüht, *das Feld der Wahrheit zu schauen, wo es ist, denn die dem edelsten Teil der Seele angemessene Weide stammt aus jenen Wiesen. Und die Kraft des Gefieders, durch welche die Seele emporgehoben wird, nährt sich davon.*

Die Seelen aber, welche die Ebene der göttlichen Ideen nicht schauen und sich dort nicht nähren konnten, müssen sich *an scheinhafte Nahrung halten.*

Und dies ist die Satzung der Unentrinnbarkeit: Die Seele, die als Begleiterin Gottes eine der Wahrheiten erblickt hat, bleibt bis zum nächsten Umlauf ohne Leiden, und wenn sie dies jedesmal tun kann, bleibt sie für immer unangetastet.

Daher bekommt zu Recht nur das Denken des Philosophen Flügel, denn es weilt immer, so gut es kann, in der Erinnerung an jene Dinge, bei denen Gott ist und eben deshalb göttlich ist. Nur ein Mensch also, der solche Erinnerungen ohne Abweichung anwendet, weil er in die letzten Geheimnisse eingeweiht ist, gelangt zu wahrer Vollendung. Er entzieht sich dem menschlichen Treiben und wendet sich dem Göttlichen zu. Er wird zwar von der Masse getadelt wie einer, der nicht ist wie die anderen. Er ist aber in göttlichen Gedanken, was der Masse verborgen bleibt.

Platons Gleichnis vom Staatsschiff[181]

Stell dir einen Schiffseigner[182] vor. An Körpergröße und Kraft überragt er die ganze Besatzung. Er ist aber ebenso schwerhörig wie kurzsichtig, und auch von Navigation versteht er nichts.

Die Matrosen des Schiffes prügeln sich um das Steuerrad, jeder glaubt, er müsse am Ruder stehen, auch wenn er die Steuermannskunst weder gelernt hat noch einen Lehrer für sich vorweisen kann noch eine Lehrzeit. Außerdem behaupten sie noch, es gebe überhaupt keine Möglichkeit dies zu lehren oder zu erlernen. Sie sind aber auch schnell bei der Hand, jeden zu diffamieren, der behauptet, dass es lehrbar sei.

Den Eigentümer des Schiffes selbst beknien sie beständig, sie betteln ihn an und tun alles, dass er doch ihnen das Steuerruder übergibt. Manchmal, wenn sie ihn nicht alle überreden können, sondern eine Gruppierung die Oberhand hat, töten sie die von der Gegenpartei oder werfen sie über Bord.

Den eigentlichen Herrn des Schiffes betäuben sie durch Konsumzwang, Drogen oder sonst etwas, und sie schalten und walten im Schiff und bedienen sich am Frachtgut. Und mit Empfängen und Galadiners segeln sie dahin, wie es von solchen Leuten zu erwarten ist.

---

[181] Politeia/ Staat 488 a ff; übersetzt vom Autor.
[182] Der Schiffseigner ist das Staatsvolk, der höchste Souverän.

Überdies erstellen sie eine Hierarchie und bezeichnen den als Seemann, Kapitän und Sachverständigen im Seewesen, der keinerlei Mittel scheut, ihnen dazu zu verhelfen, dass sie an die Macht kommen, sei es durch Zuckerbrot oder Peitsche gegenüber dem Besitzer des Schiffes. Wer aber anders ist, den deklassieren sie als unfähigen Laien.

Dass ein echter Steuermann unbedingt Beobachtungen anstellen muss über die Zeitläufe, welche Stunde es geschlagen hat, über das Wetter, die Konstellationen, woher der Wind weht und überhaupt alles, was zum technischen Verständnis dessen gehört, der in Wahrheit ein Steuermann sein soll, das interessiert sie absolut nicht.

Dass ein und derselbe Mensch die Kniffe und Strategien, je nach Belieben ans Ruder zu kommen, und gleichzeitig die Befähigung zum Steuern eines Schiffes in sich vereinigen könne, das halten sie für ein Ding der Unmöglichkeit,

Wenn es auf den Schiffen so zugeht, meinst du nicht, dass der, der ein echter Steuermann ist, in der Alltagswirklichkeit als Spinner und Dummschwätzer angesehen wird und dass er als ungeeignet gilt bei der Besatzung auf Schiffen, die so bestückt sind?

Platons Höhlengleichnis

Um den Unterschied klarzumachen zwischen Menschen, welche die Ideen-WISSENSCHAFT verstehen, und solchen, die diesem Verständnis fernstehen, bringt Platon zu Anfang des siebten Buches seines Werkes »Politeia/Vom Staat« (514 a ff) ein Gleichnis.

In einer unterirdischen Höhle[183], die einen zum Licht hin offenstehenden Zugang hat, sitzen Menschen, die schon seit ihrer Kindheit an Hals und Beinen gefesselt sind. Sie können nicht aufstehen und auch ihren Kopf nicht drehen. Sie können nur auf die Wand vor sich sehen, auf der sich Schatten hin und her bewegen. Die Schatten stammen von Gegenständen und Marionetten, die von Schaustellern vor einem Feuerschein hin und her getragen werden. Die Marionetten scheinen selbst zu

---

[183] In Felsenhöhlen wurden auch Tote bestattet. Mt 4, 16: das Volk, das im Finstern saß.

sprechen, es ist aber nur das Echo. In Wirklichkeit sprechen die Schausteller, die sich aber selber hinter einem Mäuerchen verborgen halten.

Da die Gefesselten den Hals nicht drehen und daher auch einander nicht sehen können, erblicken sie nichts anderes als die Schattenspiele vor sich. Folglich halten sie die Schattenbilder an der Wand für die einzige Wirklichkeit.

Wie könnte es nun zu einer Befreiung von den Fesseln und so zur Heilung ihres Unverstandes kommen?

Würde einer entfesselt und gezwungen, plötzlich aufzustehen, den Kopf umzudrehen und sich auf die Füße zu stellen, so würden ihm die Augen schmerzen. Und wollte man ihn aufklären, dass er bisher lediglich nichtige Schattenbilder von realen Gegenständen gesehen habe, und müsste er jetzt das, was er sieht, beim richtigen Namen nennen, so würde sich alles in seinem Kopf wegen der Blendung drehen, er würde sich abwenden und lieber wieder zur Schattenwand als der einzigen Realität zurückkehren.

Wenn er aber nun mit Gewalt von dort weg und den rauen und steilen Aufgang hinaufgeschleppt wird[184] und wenn man ihn nicht loslässt bis hin ans Licht der Sonne, wird das nicht ohne Schmerzen geschehen. Am hellen Licht wird er zunächst geblendet sein und er wir nicht sofort das Wahre wahrnehmen können, vielmehr wird er alles zunächst als Spiegelung auf dem Wasser ansehen können, auch Mond und Sterne eher einmal bei Nacht als die Sonne und ihr Licht bei Tag.

Ganz zuletzt sieht er auch die Sonne selbst und kann zu dem Schluss kommen, dass sie es ist, die die Jahreszeiten schafft und die Jahre, dass sie es ist, die alles ordnet am sichtbaren Ort und dass sie irgendwie auch die Ursache sein muss von all dem, was sie dort unten sahen.

Wenn er jetzt an seine erste Behausung zurückdenkt, an die Weisheit dort und an die damaligen Mitgefangenen, wird er sich glücklich schätzen über seine Veränderung und er wird die dort unten beklagen.

Wenn er sich jetzt daran erinnert, wie sie dort unten Anerkennung und Ehrung für den haben, der das Geschehen auf der

---

[184] Vgl. Mt 7, 14: der schmale Weg

Schattenwand am genauesten beobachten, sich alles am besten merken und daraus den weiteren Verlauf des Stücks voraussehen konnte, dann wird er die dort Geehrten und Mächtigen nicht mehr beneiden wollen, sondern vielmehr an Homer denken.

In Homers Odyssee kommt bei einer Totenbeschwörung durch Odysseus auch Achilleus herauf aus dem Reich der Schatten. Odysseus spricht ihn an:

> O Achilleus, Peleus´ Sohn, ...
> dich feierten wir Griechen dereinst
> gleich einem der Götter.
> Nun, da du hier unten bist,
> hast du große Macht bei den Toten.
> Beklage daher nicht,
> dass du sterben musstest, Achilleus!
> So sprach ich, der aber antwortete und sprach:
> Nimm das Wort Tod nicht in den Mund,
> edler Odysseus!
> Lieber möchte ich auf einem Acker
> als Tagelöhner dienen unter einem anderen Mann,
> der selbst keinen Grund und Boden
> und für sich selbst nicht einmal genug hat zum Leben,
> als dass ich hier unten herrsche
> über all die vermodernden Toten.   Odyssee 11, 482-91

All das wird er wohl eher in Kauf nehmen als da unten noch einmal zu leben.

Wenn nun aber einer, der oben im Licht war, wieder hinuntersteigt und sich in den Sessel setzt, dann sieht er zunächst gar nichts, weil er ja vom Licht der Sonne geblendet ist. Und wenn er nun auch noch über das Schattenspiel mitreden wollte, dann würde man ihn auslachen und sagen, dass ein solcher Aufstieg zu nichts führt, weil er nur die klare Sicht auf die Realität trübt. Wollte so einer gar noch den Versuch starten, ihnen die Fesseln abzunehmen und sie hinaufführen, so würden sie ihn umbringen, wenn sie ihn zu fassen bekämen[185].

---

185 Vgl. die Hinrichtung von Sokrates und Jesus

Platon deutet dann auch sein Gleichnis: Die Schattenwelt der Höhle mit ihrem künstlichen Feuerschein ist das von den Sinnen gewonnene Weltbild. Das Hinaufsteigen und die Schau der Dinge außerhalb der Höhle ist der Aufstieg der Seele zur Ebene der wahren Erkenntnis. Als letztes unter den erkennbaren Dingen schaut man mit Mühe das Bild des Guten. Hat man es erblickt, erkennt man, dass es der Urgrund alles Richtigen und Schönen ist. Es allein bringt als Herrscher Wahrheit und Verständnis hervor. Darauf muss man schauen, wenn man im privaten und im öffentlichen Leben handeln will. Wer sich einmal oben aufgehalten hat, strebt immer nach dem Aufenthalt oben[186] und verspürt keine Lust mehr, sich mit irdischen Angelegenheiten zu beschäftigen, über schattenhaftes Geschehen zu streiten und über Gerechtigkeit zu debattieren. Man würde über ihn lachen und er wohl mit noch größerem Recht über sie.

Im Anschluss[187] an das Höhlengleichnis wird der Faden der Erziehung oder rechten Bildung wieder aufgenommen: Echte Erziehung ist nicht Wissensvermittlung, sondern periagogé – Umlenkung. Diese Umlenkung lenkt die Augen der Seele ab von den materiellen Befriedigungen und lenkt sie hin zum Wahren.
Es sei an dieser Stelle darauf aufmerksam gemacht, dass die platonische periagogé ihre Entsprechung hat in dem, wozu Jesus aufrief: metánoia – Umdenken.
Außerdem ist auch bei Platon nicht davon die Rede, dass der Aufgestandene, nachdem er das Schattenspiel und die Machen-schaften im Hintergrund durchschaut hat, hier eingreifen und etwas verbessern sollte, vielmehr soll er die ganze Schattenwelt hinter sich lassen, indem er ins Licht hinaufsteigt.
Zwei Worte von Jesus kommen einem da in den Sinn:
Wacht[188] auf, und lasst uns von hier aufbrechen! Joh 14, 31

---

186 Mt 14, 23; Lk 6, 12 und a.O.
187 518 b ff
188 egeíro – auf(er)wecken aus dem Schlaf und vom Tod Röm 4, 24; Gal 1,1; Mt 10, 8 u.a.
egeíromai – aufwachen, auf(er)stehen z.B. Mk 6, 14 und Lk 9, 7 vom Täufer; Joh 21, 14 von Jesus

Keiner, der seine Hand an den Pflug gelegt hat
und sich noch einmal umdreht,
taugt für das Reich GOTTES. Lk 9, 62

Psyche

Eine Grundfähigkeit der Seele besteht darin, die Welt wahrzunehmen. Nicht das Auge sieht, noch hört das Ohr, sondern die Seele sieht, hört, riecht, schmeckt und tastet - vermittels der Sinnesorgane. ... Wenn man das weiter bedenkt, kommt man zu dem Schluss, dass wir über die Existenz einer außerhalb unserer Seele liegenden Welt nichts Objektives wissen. Wir kennen nur unsere subjektiven Wahrnehmungen. ... Die Seele ... besitzt sogar Beziehungen zu den seelischen Grundstrukturen der Ahnen, die mit der Erbmasse weitergegeben werden und dem Bewusstsein nur indirekt zugänglich sind. (29f)
Wie die uns umgebende Welt objektiv beschaffen ist, wissen wir nicht, sondern wir kennen nur ihr Abbild in unserer Seele. Dieses Abbild enthält zugleich weniger und mehr, als in der äußeren Welt wissenschaftlich messbar ist. ... Mehr insofern, als wir jeder Wahrnehmung sogleich Sinn und Wert verleihen, ihr also Menschliches hinzufügen. (Barz, Wesen 81)[189]

Die Gene, die wir von unseren Eltern erhalten haben, sind über viele Millionen Jahre hinweg durch die Erfahrung unserer entfernten Vorfahren beeinflusst worden. Diese Gene - und die durch sie vor der Geburt ausgelösten Prozesse - legen weitgehend die Struktur der Teile unseres Hirns fest. Bei der Geburt ist das Hirn, wie wir inzwischen wissen, keine tabula rasa, sondern eine komplizierte Struktur, bei der viele Teile schon da sind, wo sie hingehören. Die Erfahrung besorgt dann die Feineinstellung dieses provisorischen Apparates, bis er so weit ist, dass er Präzisionsarbeit leisten kann. ... (26)
Wenn die wissenschaftlichen Tatsachen hinreichend eindrucksvoll und gut belegt sind, ... dann wird man die Auffassung vertreten können, dass die Idee, der Mensch habe eine körperlose Seele, genauso unnötig ist wie die alte Idee eines élan vital. Das steht in krassem

---

[189] Dr. med. Helmut Barz, Facharzt für Psychiatrie und Neurologie und Psychotherapeut, Präsident des C. G. Jung-Instituts in Zürich, seit vielen Jahren als Dozent tätig.

Widerspruch zu den religiösen Überzeugungen von Milliarden heutiger Menschen. 321 (Crick, Seele)[190]
Den Begriff »Psyche«, wie wir ihn heute seit Sigmund Freud und C. G. Jung verstehen, kannte die Antike noch nicht. Matthäus hat dafür das Wort »Herz«, griechisch kardía.
Dieses Herz vergleicht Jesus mit einem Haus, in dem sich böse Geister einnisten können: *Immer wenn der unreine Geist aus einem Menschen hinausgefahren ist, schweift er durch wasserlose Gegenden auf der Suche nach Ruhe, und findet sie nicht. Da sagt er sich: Ich werde in mein Haus zurückkehren, von wo ich ausgezogen bin. Er geht und findet es leerstehend, gekehrt und geschmückt. Da macht er sich auf, nimmt sieben weitere Geister mit sich, die noch schlimmer sind als er; sie gehen hinein und wohnen dort. Und die letzten Dinge jenes Menschen werden schlimmer sein als die früheren* (Mt 12, 43 ff).
Diese bösen Geister gibt es. Es sind negative, destruktive mentale Mächte, die von Menschen ausgehen und uns in ihrem Sinne manipulieren und ihrer Macht unterwerfen wollen. Ihnen stehen heute durch die Massenmedien gewaltige Mittel zur Verfügung, mit denen sie die Tür zu unserem Bewusstsein eintreten können. Es sind die Mächte der Finsternis, von denen Paulus im Brief an die Gemeinde in Ephesus spricht: *Unser Kampf ist kein Kampf gegen Fleisch und Blut, sondern gegen die Machtbereiche, gegen die Herrschaftsansprüche, gegen die Weltherrscher dieser Finsternis, gegen die bösartigen mentalen Mächte unter dem Himmel* (Eph 6, 12).
Schon bei der Geburt ist die Psyche des Menschen keine tabula rasa – kein unbeschriebenes Blatt, vielmehr ist das Haus schon durch die Mitgift der Vorfahren bewohnt, von guten und bösen Geistern. Letztere sind gerne bereit, von innen das Tor für Ihresgleichen zu öffnen.
Diese Mächte gilt es zu bekämpfen. Wir müssen sie hinauswerfen (Joh 12, 31), angetan mit der Waffenrüstung GOTTES (Eph 6, 11 und 13). *Wohl dem, der seinen Köcher mit ihnen gefüllt hat!*

---

[190] Francis Crick. 1916 - 2004. 1953 gelang es ihm, mit dem sogenannten Watson-Crick-Modell die Doppelhelixstruktur der DNA-Moleküle zu entschlüsseln, d.h. der chemischen Verbindung, die das Erbmaterial aller Organismen darstellt. Mit James D. Watson erhielt er 1962 den Nobelpreis für Medizin.

Sie werden nicht zuschanden, wenn sie mit ihren Feinden verhandeln im Tor (Ps 127, 5), bis wir mit dem Christus sagen können: *Es kommt der Herrscher über die Welt, doch in mir ist nichts, was ihm gehört* (Joh 14, 30).

Reich GOTTES

Seine Schüler fragten ihn:
Zu welchem Zeitpunkt wird das Königreich kommen?
Es wird nicht kommen, indem man darauf wartet.
Man wird nicht sagen: Schau, es ist hier! oder:
Schau, es ist dort!
Das Reich des Vaters ist vielmehr ausgebreitet über die Erde,
und doch sehen es die Menschen nicht.
Log 113

Suchet vorrangig nach dem Reich GOTTES
und seinen Gesetzen.
Mt 6, 33

Das Reich GOTTES ist eine Sache des Bewusstseins.
Lk 17, 21

Ihr werdet die WAHRHEIT erkennen,
und die WAHRHEIT wird euch frei machen.
Joh 8, 32

Das Reich GOTTES ist der Geltungsbereich der Gesetze des allgegenwärtigen GEISTES.
Es ist vergleichbar mit einer Straßenverkehrsordnung, die sichtbar wird, wenn sie allgemein eingehalten wird. Je mehr aber gegen diese Ordnung verstoßen wird und je häufiger es zu Unfällen, Zusammenstößen und zunehmendem Chaos kommt, umso mehr verblasst die zugrunde liegende Ordnung.
Das Chaos beweist aber nicht, dass es die Ordnung nicht gibt, das aus dem Chaos resultierende Leid beweist geradezu die zugrunde liegende Ordnung, gegen die verstoßen wird. Es rächt sich eben, wenn man sich nicht an die vorgegebenen Regeln hält.

Der Unterschied zwischen den Gesetzen des Seins und einer menschenerlassenen Verhaltensordnung besteht darin, dass letztere von einer Gesellschaft frei ausgehandelt werden kann, die Gesetze des Seins aber vorgegeben, dem menschlichen Gutdünken entzogen und somit unverhandelbar sind.

Dein Reich komme [uns zu Bewusstsein].
Dein Wille soll, wie im Himmel,
so auch auf der Erde geschehen.
Mt 6, 10

Selig sind, die das Wort GOTTES hören
und sich auch danach richten.
Lk 11, 28

Resonanzgesetz

Mitschwingen eines schwingungsfähigen Körpers oder Systems. Resonanz tritt ein, wenn die Erregerfrequenz mit der Eigenfrequenz des Körpers übereinstimmt. ... Resonanz kann aber auch zu Zerstörungen führen; z.B. können Brücken durch die von im Gleichschritt marschierenden Soldaten verursachten Resonanzschwingungen zum Einsturz gebracht werden. In der Radiotechnik wird durch Abstimmen der elektrischen Schwingkreise des Empfängers auf die Frequenz des Senders das Gerät zur Resonanz gebracht, d.h. ein klarer Empfang ermöglicht. ... Resonanzkatastrophe: Zerstörung eines Körpers durch immer stärker zunehmende, ungebremste Resonanzschwingungen. (Brockhaus)

Mache Dir deine Verantwortung bewusst: Deine Gedanken haben Macht.
Deine Bewusstseinsinhalte - bewusste wie unbewusste - haben Auswirkung. Sie verwirklichen sich an Dir und Deinem Körper.
Deine Gedankenwelt ist aber auch ein Magnetfeld, das fremde Gedanken anzieht, die sich dann ebenfalls auswirken. Sende daher nur richtige Gedanken aus.
Denn nach dem Resonanzgesetz ziehst Du damit auch fremde Gedanken an. Und so werden Deine Gedanken verstärkt zum Guten oder zum Bösen: zum Erleben der Wirklichkeit, des Kosmos, oder zum Erleben der Unwirklichkeit, des Chaos. (Autor unbekannt)

Schutzengel und Geistesgegenwart: Durch das Resonanzgesetz ziehen wir aus dem »Meer aller Potentiale«, in dem wir uns bewegen, immer die Potentiale an, die unserem Bewusstsein gleichen.

Gott also ist für uns wohl am meisten Maßstab für alle Dinge. ... Wer sich also mit einem solchen Wesen befreunden will, der muss, so gut er immer kann, selbst qualitativ gleich werden. Demnach ist der von uns, der das richtige Bewusstsein hat, ein Freund Gottes, denn er ist ihm qualitativ gleich (Platon, Nomoi / Gesetze 716d).

Samsara, Nirvana, Karma

Samsara: *wörtlich: Wanderung. Der Kreislauf der Existenzen, eine Folge von Wiedergeburten, die ein Wesen innerhalb der verschiedenen Existenzen durchmacht, solange es nicht Erlösung erlangst hat und ins Nirvana eingegangen ist. Die Art der Wiedergeburten innerhalb des Samsara wird vom Karma der Wesen bestimmt.*

Nirvana: *wörtlich: Verlöschen. Das Ziel spiritueller Praxis in allen Richtungen des Buddhismus. Im frühen Buddhismus wird es als das Ausscheiden aus dem Kreislauf der Wiedergeburten und das Eingehen in eine völlig andere Existenzweise verstanden. Es stellt das vollkommene Überwinden der drei Wurzeln des Unheilsamen, nämlich Gier, Hass und Wahn und das Zurruhekommen der Tatabsichten dar. Es bedeutet das Freisein von Determiniertheit durch das Karma.*

Karma, *wörtlich „Tat". Universelles Gesetz von Ursache und Wirkung. ... Damit eine Tat Frucht bringt, muss sie moralisch gut oder schlecht und durch eine Willenregung bedingt sein, die, indem sie in der Psyche des Täters eine Spur hinterlässt, sein Geschick in die durch die Vergeltung der Tat bestimmte Richtung lenkt. Da die Dauer des Reifens gewöhnlich die der Existenz überschreitet, hat die Vergeltung der Taten notwendigerweise eine oder mehrere Wiedergeburten zur Folge, die zusammen den Daseinskreislauf ausmachen.*
(aus: Ehrhard, Buddhismus)

Schlange

Wie die Götter seit ältester Zeit als Wahrer der Weltordnung stehen, so ist die Schlange seit alters das Symbol für das Widergöttliche und Chaosstiftende, für das Böse schlechthin. Die Schlange hat eine gespaltene Zunge und steht daher für Doppelzüngigkeit und Hinterlist. Da sie in der Erde wohnt, steht sie auch für Intelligenz in der Materie, ist daher Symbol für animalischen Magnetismus. Mit ihrem starren Basiliskenblick fasziniert und lähmt die Schlange den, den sie als ihr Opfer ins Auge gefasst hat, um ihn dann mit ihrem giftigen Biss zu Tode zu bringen.

Da auch das Meer mit seinen unberechenbaren Strömungen und den vielen Toten auf seinem Grund (Off 20, 13) ein Sinnbild für vernichtendes Chaos ist, wird die Schlange oft als Meerdrache vorgestellt, so der vielköpfige Drache Leviathan, der sich gegen Gott auflehnt (Ps 74, 13 f). In der Offenbarung ist dieser Drache *die alte Schlange, der Diabolus und Satan* (Off 20, 2). Identisch mit diesem Leviathan ist der kanaanäische Lothan, der Machthaber mit den sieben Köpfen. Der Gott Baal feiert seinen Sieg über ihn.

In der ägyptischen Mythologie findet der Kampf mit der Riesenschlange Apophis tagtäglich statt. Denn sie versucht, den Aufstieg der Sonne aus dem Totenreich und mit ihr zusammen die Auferstehung der verklärten Toten zu verhindern.

Auch die mesopotamische Literatur kennt ein Meeresungeheuer Tiâmat, eigentlich das Urmeer. Dieses weiblich vorgestellte Urwesen wird auf den Rollsiegeln als siebenköpfiger Urdrache dargestellt. Ihn besiegt der Gott Marduk im Kampf.

Vorbild für die Quellenschriften zur Paradiesgeschichte ist wohl das mesopotamische Gilgamesch-Epos. Darin durchstreift König Gilgamesch die Welt auf der Suche nach der Unsterblichkeit. Er findet auch das Kraut des Lebens, doch während er schläft, raubt es ihm eine Schlange. Sie frisst es, wirft sofort ihre alte Haut ab und hat so ein neues Leben. Gilgamesch erkennt dadurch, dass er durch den Raub der Schlange tatsächlich die Unsterblichkeit verloren hat.

In der Apokalypse ist die Schlange aus dem Paradies, der die Nachkommenschaft Adams den Kopf hätte zertreten sollen (1

Mos 3, 15), zum großen roten Drachen geworden (Off 12, 3), gegen den Michael (WAHRHEIT) und seine Engel kämpfen und siegen werden. Der Drache wird samt seinen Engeln auf die Erde, ins Reich der Materie, geworfen.

Der große rote Drache ist die hypnotisierende Macht des Widergöttlichen, des Bösen, und seiner grenzenlosen Machtgier, die ihren babylonischen Turm, die eigene Weltordnung ohne Gottesbezug, bauen will. Nach dem Gesetz der Kybernetik, das auf Wachstum angelegt ist, muss sich dieser Drache mehr und mehr in das aggressive Böse hineinsteigern und sich aufblähen bis zur Selbstvernichtung.

Sünde

Die Worte, die das Griechische in der Christlichen Bibel für Sünde und Sündenschuld kennt, sind:
- Adikía - Verstoß gegen die sakrale Ordnung oder gegen göttliche Gebote.
- Hamartía und Hamártema - Denk- oder Rechenfehler, Verfehlung im Sinne von: Verfehlen des Wahren oder Richtigen; ein Missgriff.
- Paráptoma - Fehltritt, Ausrutscher
- Opheílema - Schuldenlast; Schuld, die es abzuzahlen gilt.

Die Hauptbedeutungen von Hamartía (Mt 12, 31) sind also:
Abweichung, Verfehlung, Fehler;
Denkfehler;
Verstoß gegen eine Regel oder ein Gesetz des Seins (nicht einer menschlichen Institution).

Bei den Übersetzungen aus dem griechischen Urtext wird in diesem Buch das Wort »Sünde« möglichst vermieden, da es aus dem religiösen Vorstellungsbereich stammt.

Nach der christlichen Lehre sind alle Denkfehler und Verstöße korrigierbar und werden vergeben, d.h. sie werden nicht zugerechnet. Wo aber von einem materiellen Welt- und Gottesbild ausgegangen wird, liegt ein grundlegender Fehler schon im Ansatz vor, der alle Teilrechnungen verfälscht und unweigerlich zu einem falschen Endergebnis führt:
Jeder Verstoß und jede Schmähung

wird den Menschen vergeben werden,
aber die Schmähung gegen den GEIST
wird keine Vergebung finden.
Wer immer ein Wort sagt gegen die Idee Mensch,
er wird Vergebung finden.
Jeder aber, der gegen den heiligen GEIST redet,
der wird keine Vergebung finden,
weder in dieser Zeit noch in der künftigen.   Mt 12, 31 f

Denn: GOTT ist GEIST (Joh 4, 24), und da GOTT Alles-in-allem ist und GOTT und seine Schöpfung eins (Joh 10, 30) sind , muss alles geistig sein.

Darum schreibt Paulus in seinem Lehrbrief an die Römer: *Ihr aber seid nicht in der Materie, sondern im GEIST, wenn doch GEIST, GOTT, in eurem Bewusstsein ist* (Röm 8, 9).

Ihr alle seid Söhne des Lichts und Söhne des Tages, nicht der Nacht und nicht der Finsternis (1 Thess 5, 5).

Wenn man zu euch sagt: "Wer seid ihr?", sagt: "Wir sind seine Söhne und wir sind die Auserwählten des lebendigen Vaters[191]" (Log 50).

Taufe

Nach der Lehre der Kirchen wird bei der Taufe die Erbschuld abgewaschen für eine Sünde, die der erste Mensch Adam begangen haben soll. Trotz dieses Abwaschens der Erbsünde, die uns nun vergeben sei, bleibt uns aber die Strafe dafür, der Tod, erhalten.

Glaube das, wer immer es will! Denn diesen Adam hat es historisch überhaupt niemals gegeben, und Adam heißt einfach »Mensch(enbild) aus Erde«.

Die Taufe, die Jesus der Christus brachte, ist die Feuertaufe des GEISTES (Mt 3, 11), die alle fleischlichen oder materiellen Vorstellungen als nutzlos (Joh 6, 63), ja Feindschaft wider GOTT, GEIST (Röm 8, 7), zunichte macht.

Es kann neben dem allgegenwärtigen GEIST keine materiellen Gesetze geben, die ihm zuwider laufen, *denn in ihm leben wir, in ihm bewegen wir uns, und in ihm haben wir unser Sein* (Apg 17, 28).

---

[191] der Vater, der das LEBEN in sich selber hat (Joh Joh 5, 26)

Teufel

Die Summe alles Widergöttlichen oder Bösen. In der ägyptischen Mythologie wohnt in der Urfinsternis des Urmeeres die Riesenschlange Apophis, die jeden Tag das Aufgehen des Sonnengottes zu verhindern sucht. In der Bilderwelt Zarathustras gibt es zwei Urkräfte von Anfang an: Ahura Mazda (Herr Weisheit) und Ahriman. Ahriman schickt aus seiner Urfinsternis Rauch aus, um die Lichtschöpfung Ahura Mazdas zu verdunkeln.

Im Griechisch der Christlichen Bibel ist es der Diabolos (Verleumder). Die Offenbarung nennt ihn: *den großen Drachen, die alte Schlang, die da heißt Diabolos und Satan, der die ganze Welt verführt* (Off 12, 9). Er ist der Geist, der stets verneint: *Sollte Gott gesagt haben ... ? Ihr werdet keineswegs des Todes sterben. Ihr werdet sein wie Gott* (1 Mos 3).

Der Diabolos ist der »Fürst dieser Welt«, er leugnet, dass GOTT, GEIST, der Schöpfer und Vater des Menschen ist. Damit ist der Diabolos *ein Mörder des Menschen vom Ursprung her, und er hat keinen Bestand in der WAHRHEIT, weil keine Wahrheit in ihm ist. Immer wenn er die Lüge redet, redet er von seinen eigenen Dingen; denn er ist ein Lügner und der Vater des Irrtums* (Joh 8, 44). Was ist mit »Mörder« gemeint? *Die Sünde* [Denkfehler] *gebiert, nachdem sie vollendet worden ist, den Tod* Jak 1, 15).

In der Gnosis[192] wird der »Fürst dieser Welt« »Demiurg« genannt, d.h. der Schöpfer der materiellen Welt.

Wer die Licht-Finsternis-Symbolik benutzt, ist Monotheist, wenn er Finsternis für das Symbol des Nichts setzt. Denn in Licht und Finsternis stehen sich keine ebenbürtige Mächte gegenüber: Wenn das Licht zu leuchten beginnt, kann ihm die Finsternis nichts entgegensetzen, die Finsternis hat keine Chance: *In ihm* [im Christus-LOGOS] *ist das LEBEN, und das LEBEN ist für die Menschen das Licht. Das Licht erleuchtet in der Finsternis, und die Finsternis kann es nicht überwältigen* (Joh 1, 4 f).

Die Christus-Idee *ist zu dem Zweck geoffenbart worden, dass sie das Wirken des Diabolos zerstören soll* (1 Joh 3, 8).

---

[192] Vgl. Benninger, Befreit: Exkurs Hellenismus und Gnosis

Die Mächte der Finsternis verlieren ihre Macht, sobald wir im Licht der göttlichen Ideen ihre Nichtsheit erkennen.

Thomas-Evangelium

Das Thomasevangelium *ist den Kirchenvätern bekannt gewesen (...). Dieser Sachverhalt weist auf ein Vorhandensein des EvTh bereits im 2. Jahrhundert hin. ... Die Gattung des EvTh ist eindeutig als Spruchsammlung zu bestimmen. Es fehlt eine Rahmenhandlung, lediglich der Prolog weist auf die Übermittlung geheimer Lehren durch Jesus an seine Jünger hin. ... Das Material der Sprüche des EvTh findet sich etwa zur Hälfte auch in den synoptischen Evangelien. Viele der nicht-synoptischen Logien haben Parallelen in gnostischen Texten; einige waren schon als Agrapha Jesu bekannt (z.B. Log 42). ... Es scheint sich mittlerweile die These von der Unabhängigkeit des EvTh durchzusetzen. Damit ist es sehr wahrscheinlich, dass das EvTh unbekannte »echte Jesusworte« bewahrt hat, die keinen Eingang in kanonische Schriften gefunden haben. Ein Beispiel stellt Log 98 dar, das wegen seiner Radikalität einer moralischen Zensur zum Opfer gefallen sein könnte. In seiner großen Ähnlichkeit zu echten Jesusworten weist jedoch gerade der unerhörte Radikalismus, von dem Log 98 zeugt, auf Jesus als Unheber hin. ... Es sind bestimmte, immer wiederkehrende Topoi festzustellen. Dazu gehören Weltverachtung (Log 55, 56, 80 u.ö.) sowie die Annahme des göttlichen Ursprungs des Menschen (Log 3, 85, 87), der lediglich unwissend sei. Wenn er auf den lebendigen (=auferstandenen) Jesus hört, erkenne er seinen Ursprung. Weiter ist das Fehlen von apokalyptischen Aussagen auffällig: Das »Reich Gottes«, ein zentraler Terminus im EvTh, wird als gegenwärtig und inwendig verstanden (vgl. Log 113). Ekklesiologische Gedanken bietet das EvTh nicht, die Jünger sind stets »Einzelne«* (Lüdemann, Häretiker 129 ff).

Das Thomas-Evangelium wurde ebenfalls auf dem Konzil von Nicäa (325 nach) exkommuniziert, blieb seitdem unbekannt, bis es dann mit anderen Schriften 1945 in Oberägypten[193] wiederentdeckt wurde. Es enthält 114 Jesus-Logien, gesammelte Aussprüche des Meisters. Es ist ursprünglich sicher in Griechisch geschrieben, uns aber nur in koptischer Übersetzung erhalten. Diese Logien-Sammlung ist älter als alle Evangelien.

---

[193] Vgl. Exkurs Nag Hammadi

Das Thomas-Evangelium entwirft ein ganz eigenes Bild von Jesu Wirken, das sich grundlegend von allen Evangelien oder von Paulus unterscheidet. Hier tritt uns ein anderer Jesus entgegen, kein Gottessohn, wohl aber ein Glaubensprediger und Glaubenserneuerer. Auch ihm folgten bald ganze Gemeinden (Fried, Tod 129).

Das Thomas-Evangelium bezeichnet Thomas als den „Zwilling" von Jesus und will damit die enge Geistesverwandtschaft zwischen Jesus dem Christus, und dem Apostel Thomas zum Ausdruck bringen. Es spricht in Log 13 davon, dass Jesus den Jünger Thomas beiseite genommen habe, um ihm Dinge anzuvertrauen, welche die anderen Jünger nicht hätten verstehen können. Hiergegen polemisiert das Johannes-Evangelium (20, 27) heftig, indem es Thomas als „Ungläubigen" bezeichnet, Johannes dagegen als den Lieblingsjünger von Jesus. Ein Opfertod Jesu am Kreuz findet sich bei Thomas nicht, ebensowenig eine Auferstehung aus dem Grab.

Tomlinson

Irving C. Tomlinson sprach im hohen Alter über seine Erfahrungen mit der christlichen Lehre als angewandter Wissenschaft:

Niemals eine Unvollkommenheit sehen, hören noch berichten, sondern zu allen Zeiten und unter allen Umständen nur das Gute - trotz des scheinbaren Gegenteils, das sich zeigen will.
Jeden Morgen, wenn ich meine Augen öffne, nehme ich mir dies aufs Neue vor und wiederhole es jede Stunde des Tages:

Ich sehe Vollkommenheit:
eine vollkommene Ursache und eine vollkommene Wirkung;
einen vollkommenen GOTT und einen vollkommenen Menschen.

Ich weigere mich, auch nur die geringste Unvollkommenheit
zuzugeben
in mir selbst,
in meinen Freunden,
in meinen Feinden,
in meinen oder ihren Angelegenheiten
und in der ganzen Welt.

Ich nehme meinen radikalen Standpunkt von GOTT für jedes Ding, für jedermann und für alles, was ER machte, ein. Ich sehe auf die Welt mit GOTTES Augen und sehe sie, wie ER sie machte. Ich verwerfe es, sie irgendwie anders zu sehen.

Ich wiederhole mir diesen Entschluss ein Dutzendmal am Tage und vergewissere mich, dass ich den Irrtum nicht wiederhole, um ihm einen Weg zur Furcht oder zur Kritik zu geben. Ich bewache meine Gedanken über die Leute, die Lahmen, die Alten, die Unliebenswürdigen, die Kranken, die Sinnlichen und die Sünder, welchen ich begegne. Ich nehme stets meinen radikalen Standpunkt, den Maßstab der Vollkommenheit ein, und ich will nicht, absolut will ich nicht auf meinen vollkommenen Standpunkt verzichten.

Die Resultate waren und sind wunderbar. Versuchen Sie es, und Sie werden vergessen, Ihre Brille zu tragen; sie wird nicht mehr nötig sein. Sie werden mit GOTTES Augen schauen und werden ein vollkommenes Universum sehen.

Die äußeren Umstände sind Bilder unserer eigenen Gedanken, und um die Bilder zu ändern, müssen wir unsere Gedanken ändern, die diese Bilder produzieren.

Aus dem Thomas-Evangelium
(Logien, aus denen oft nur teilweise zitiert wurde.)

Wer sucht, soll mit seiner Suche nicht aufhören,
bis er fündig wird. Und wenn er findet,
wird er in Verwirrung geraten.
Und wenn er verwirrt ist, wird er staunen
und er wird Herrschaft haben über das All. Log 2

Jesus sprach: Wenn ihr nicht fastet der Welt gegenüber, werdet
ihr das Reich nicht finden. Wenn ihr nicht den Sabbat zum
Sabbat macht, werdet ihr den Vater nicht sehen. Log 27

Jesus sprach: Selig die Einsamen und Erwählten, denn ihr
werdet das Reich finden. Weil ihr aus ihm stammt, werdet ihr
aufs Neue dorthin gehen. Log 49

Jesus sagte: Wenn man zu euch sagt: "Woher seid ihr
gekommen?", sagt zu ihnen: "Wir sind aus dem Licht
gekommen, dem Ort, wo das Licht durch sich selbst geworden
ist. Es stand/befestigte [sich selbst] und es erschien in ihrem
(Pl) Bild". Wenn man zu euch sagt: "Wer seid ihr?", sagt: "Wir
sind seine Söhne und wir sind die Auserwählten des
lebendigen Vaters". Wenn man euch fragt: "Was ist das Zeichen
eures Vaters in euch?", sagt zu ihnen: "Bewegung ist es und
Ruhe." Log 50

Seine Schüler sprachen zu ihm: An welchem Tag werden die
Toten zur Ruhe kommen? Und an welchem Tag wird die neue
Welt kommen?
Er sagte ihnen: Jener Tag, auf den ihr wartet, ist schon
gekommen, aber ihr nehmt ihn nicht zur Kenntnis. Log 51

Seine Schüler fragten ihn: Zu welchem Zeitpunkt wird das
Königreich kommen? -
Es wird nicht kommen, indem man darauf wartet.
Man wird nicht sagen: Schau, es ist hier! oder:
Schau, es ist dort!
Das Reich des Vaters ist vielmehr ausgebreitet über die Erde,
und doch sehen es die Menschen nicht. Log 113

Zeittafel zur Orientierung

Altbabylonische Zeit	2004-1595
Hammurabi	1792-1750
Spätbabylonische Zeit (Chaldäer)	625-539
Nebukadnezar II.	604-562

597   1. Eroberung Jerusalems

586   2. Eroberung Jerusalems. Zerstörung des Tempels.
        Babylonische Gefangenschaft

Fertigstellung des 7-stufigen Tempelturmes Etemenanki

Herrschaft der Achämeniden (Perser)	538-331
Kyros II. der Große	538-530

539   Eroberung von Babylon durch die Perser

538   Edikt des Kyros: Die Juden dürfen zurückkehren.

516/17   Vollendung des 2. Tempels in Jerusalem

Herrschaft der Makedonen	330-307
Alexander der Große	330-323

332   Alexander erobert Palästina

Herrschaft der Seleukiden über Palästina	200-64

167   Weihung des Tempels in Jerusalem an Zeus Olympios

Herrschaft der Römer

63 nach   Eroberung Jerusalems durch Pompeius
            Römische Herrschaft

70	Eroberung und Zerstörung Jerusalems durch Titus
132-135	Aufstand unter Bar-Kochba durch Hadrian niedergeschlagen. Den Juden wird unter Todesstrafe verboten, in Jerusalem zu wohnen.
100-165	Justinus Martyr
† 212	Klemens von Alexandria
185-254	Origenes
295-373	Athanasius
306-337	Kaiser Konstantin d. Gr.

Palästina unter christlicher Herrschaft　　324

Eroberung Jerusalems durch die Araber　　638

Literatur

2000 vor	Entstehung des Gilgamesch-Epos
19. – 17. Jahrhundert	Das babylonische Schöpfungslied Enuma elisch (Als droben ...)
8. Jahrhundert vor	Zarathustra
	Die Paradiesgeschichte
	Homers Ilias und Odyssee

Erläuterungen

Zitate aus der christlichen Bibel sind, sofern nicht anders vermerkt, Übersetzungen des Autors.
Luther 84: Zitate nach der revidierten Fassung von 1984 der EKD

In KAPITÄLCHENSCHRIFT stehen Begriffe, die aus dem allgemeinen Verständnis herausgehoben und dem Bild von GOTT in der Christlichen Bibel zugeordnet sein sollen.
LEBEN meint nicht das biologische Leben, das im Tode endet, sondern das ewige LEBEN, das GOTT ist. Das Johannes-Evangelium verwendet zwei Begriffe: Für LEBEN »zoé«, für das biologische Leben »psyché«.
WISSENSCHAFT hebt das Wort aus dem allgemeinen Verständnis von Natur- und Geisteswissenschaften heraus und bedeutet so viel wie göttliche Metaphysik, die WISSENSCHAFT, die GOTT hat, wie Aristoteles in seiner Metaphysik sagt.

GOTT (in KAPITÄLCHEN) meint immer das Gottesbild der Christlichen Bibel, auch Neues Testament genannt, wie es hauptsächlich in der Schule des Johannes formuliert wurde. Der Befehl: Es werde Licht (um das Gottesbild)! geht aber ewig vor sich.
»Christustum« ist Leben in und gemäß der christlichen Lehre, ein Leben im neuen Welt- und Gottesbild, wie es Jesus der Christus gelehrt hat. »Christentum« meint die später daraus entstandenen Religionsformen der Christenheit.

Bibel: Der Begriff meint das sog. Alte Testament (AT), also die Jüdische Bibel, und das sog. Neue Testament (NT), die Christliche Bibel, zu **einer** Schrift vereinigt. Die darin enthaltenen Vorstellungen von Gott (Gottesbild) unterscheiden sich jedoch erheblich voneinander und sind an sich nicht miteinander vereinbar.

Pentateuch, auch Thora oder Gesetz: die 5 Bücher Mose, die den Anfang der Jüdischen Bibel bilden.

LXX: Abkürzung für Septuaginta (70). *Die Septuaginta ist die alte jüdische Übersetzung des Alten Testaments ins Griechische. (...) Ihre Übersetzungen rühren von einer großen Zahl verschiedener Hände her. (...) Gegen Ende des 2. Jahrhunderts v. [lag] das ganze AT, mindestens der Hauptsache nach, in griechischer Übersetzung vor. (...) Die LXX war ein jüdisches Werk und hat bei den Juden anfangs in hohem Ansehen gestanden. (...) Die Übersetzung des Pentateuchs [ist] von der jüdischen Gemeinde in Alexandria offiziell anerkannt worden, und jüdische Schriftsteller wie Philo und Josephus haben die LXX ausschließlich oder vorzugsweise benützt. Sie ist auch für die Erhaltung und Ausbreitung des Judentums von der größten Bedeutung gewesen; denn sie erhielt die fern vom Stammlande in der Diaspora lebenden Juden, welchen die Kenntnis des Hebräischen naturgemäß immer mehr abhanden kam, in steter Vertrautheit mit dem Gesetz und den übrigen heiligen Schriften, und sie ermöglichte auch den Nichtjuden das Studium dieser Schriften. Hierdurch bereitete sie aber zugleich der später einsetzenden christlichen Mission den Boden. (...) So haben die jüdischen Diasporagemeinden einen Hauptbestandteil der ältesten christlichen Gemeinden geliefert, und die LXX, welche schon überall bekannt und verbreitet war, ist von den Christen einfach übernommen und zur Kirchenbibel geworden.* (Rahlfs LXX, VII-VIII)
Wie alle Übersetzungen bietet uns die Septuaginta eine zeitgemäße Neuinterpretation der alten Schriften aus jüdischem Mund.

1 Mos: 1. Buch Mose (Genesis) usw.

Mt: Matthäus-Evangelium
Mk: Markus-Evangelium
Lk: Lukas-Evangelium
Joh: Johannes-Evangelium
Apg: Apostelgeschichte
ThE: Thomas-Evangelium
Log: Die einzelnen Aussprüche von Jesus im ThE heißen Logien.

Die Briefe des Paulus:
Röm: Brief an die Römer
1 Kor: 1. Brief an die Korinther

Kol: Brief an die Kolosser usw.

frg A9; A ... ; B...
Die Schriften der Philosophen vor Sokrates, der Vorsokratiker, sind nur fragmentarisch erhalten. Bei diesen Fragmenten (frg) handelt es sich um Zitate bei anderen antiken Schriftstellern, z.b. bei Platon oder Aristoteles. Heutige Wissenschaftler (Philosophen und Altphilologen) haben diese Zitate zusammengestellt und sie wie oben angegeben nummeriert.

Apokalypse des Adam: Gnostische Schrift aus dem Fund von Nag Hammadi. *Die Apokalypse des Adam ist den weitverbreiteten apokryphen Adamsschriften, wie sie besonders im jüdischen Schrifttum begegnen, zuzurechnen. ... Ein christlicher Einfluss liegt dagegen nicht vor, so dass die Apokalypse des Adam als Zeugnis einer nichtchristlichen Gnosis eingestuft werden kann* (Lüdemann,Häretiker 307). Nach der »Apokalypse des Adam« hält der Herrscher dieser Welt, der Demiurg, die Menschen im todesähnlichem Schlaf gefangen, damit sie ihre wahre Identität nicht erkennen und beanspruchen können.

Demiurg und Archonten: Der Demiurg ist in der Gnosis[194] der Gestalter der materiellen Welt und des Adam-Menschen, der Gott des Alten Testaments. Der Demiurg kann auch Archon heißen und wird meist mit »Herrscher« übersetzt
In der Christlichen Bibel begegnet er uns als »Fürst dieser Welt« oder als »Herrscher dieser Welt«, im Griechischen »árchon«, (Joh 12, 31; 14, 30; 16, 11). In der Gnosis begegnen uns die »Archonten«, Mächte, die zwischen der irdischen und der jenseitigen Welt ihr Unwesen treiben und die Menschen versklaven.

Somnium Scipionis (das Traumgesicht des Scipio): Der junge Militärtribun Publius Cornelius Scipio, der spätere Sieger über Karthago, sieht in einem Traumgesicht seinen gestorbenen Großvater, der ihm den Weltbau, den Sinn des Lebens und seinen weiteren Lebensweg enthüllt. Dieses Traumgesicht ist der Schlussstein in Ciceros Werk de re publica – Der Staat,

---

[194] Vgl. Benninger, Befreit: Exkurs Hellenismus und Gnosis

verfasst 54 vor. Es enthält pythagoreisch-platonisches Gedankengut.

PRINZIP: Prinzip ist die lateinische Übersetzung des griechischen Wortes arché und bedeutet Anfang, Ursprung, Ursprungsgrund, Ausgangspunkt von allem, Impulsgeber, Herrschaft. Es wurde in der griechischen Philosophie dem Göttlichen zugeordnet.
Prinzip ist der Ursprungsgrund, der alle Eigengesetzlichkeiten regiert; Symbol: zentrale Sonne als Mittelpunkt des Weltalls.

vor und **nach** hinter Jahreszahlen: Lesen Sie „vor/nach Christus" oder „vor/nach unserer Zeitrechnung" oder „vor/nach der christlichen Zeitrechnung" – ganz nach Ihrem Belieben.

Vulgata: Bibelübersetzung in Latein, zurückgehend auf Hieronymus (347-419). Diese Bibelübersetzung wurde 1546 auf dem Konzil von Trient für den Gottesdienst als verbindlich erklärt.

Hologramm: Ein Hologramm ist eine besondere Art von optischem Speichersystem. Nimmt man die fotographische Platte mit der holographischen Aufnahme eines Menschen, schneidet den Kopfteil ab und projiziert diesen Teil, dann erscheint nicht etwa nur der Kopf, sondern der ganze Mensch, wie er auf der unversehrten Platte abgebildet war. Und ein Teil dieses Teiles ergibt wiederum das ganze Bild. Mit anderen Worten: Jeder einzelne Teil des Hologramms enthält das ganze Bild in verdichteter Form. Der Teil ist im Ganzen und das Ganze ist in jedem Teil - eine Form von Einheit-in-der-Vielfalt und Vielfalt-in-der-Einheit. Der entscheidende Aspekt ist, dass der *Teil* Zugang zum *Ganzen* hat. (Ken Wilber)

Realität und Wirklichkeit
Realität nennen wir das von der Psyche projizierte und von den körperlichen Sinnen erfahrene physikalische Weltbild, „diese Welt", platonisch: die Höhlenwelt.
Die **Wirklichkeit** ist die geistige Welt, die vollkommene Ideenschöpfung GOTTES, „jene Welt", die „künftige Welt", von der

die Offenbarung des Johannes im 21. Kapitel spricht, platonisch: die Welt außerhalb der Höhle, der Ideenhimmel, von dem Platon im Dialog Phaidros (247 c) spricht.

Upanishaden: Eine Sammlung philosophischer Schriften aus dem Hinduismus; zwischen 700 und 200 vor zusammengestellt.

Enuma elisch, das babylonische Schöpfungslied. Das Werk umfasst 7 Tafeln. Ursprüngliche Fassung: 19. bis 17. Jhd. vor. Wiederhergestellt aus Fragmenten aus: Assur, Kisch, Ninive und Sippar. *Die große Dichtung, die von den Babyloniern selbst nach ihren Anfangsworten »Enuma elisch« (»Als droben«) benannt wurde, fasst die verschiedenen Strömungen des akkadischen Denkens über die Entstehung der Welt mit größter Reichhaltigkeit zusammen. Das Werk umfasst 7 Tafeln von einer durchschnittlichen Länge von ungefähr 150 Versen. ... Dank den zahlreichen Fragmenten von Keilschrifttafeln ... konnte es wiederhergestellt werden. Das Alter dieser Fragmente ist sehr unterschiedlich; die ältesten stammen aus dem 9., die jüngsten aus dem 2. Jahrhundert v. Chr. Verschiedene Zeichen gestatten jedoch die Annahme, dass die ursprüngliche Fassung in die Epoche der ersten babylonischen Dynastie vom 19. – 17. Jahrhundert vor unserer Zeitrechnung zurückgeht. ... Die Absicht und der Zweck des Enuma elisch ist in der Tat die Erhöhung des Gottes Marduk, der durch seinen Sieg über die Urgottheiten, Tiâmat und ihre Schar von Ungeheuern, die Schöpfung und Ordnung des Kosmos vollenden konnte* (Schöpfungsmythen 121 f).

Verzeichnis der zitierten Literatur

Ägyptisches Totenbuch Gregoire Kolpaktchy. München 1973
Alexander, Ewigkeit: Eben Alexander, Blick in die Ewigkeit (Proof of Heaven). München 2013
Assmann, Ägypten: Jan Assmann, Ägypten, Theologie und Frömmigkeit einer frühen Hochkultur. Stuttgart 1991
Assmann, Gedächtnis: Jan Assmann, Das kulturelle Gedächtnis. München 1997
Assmann, Moses: Jan Assmann, Moses der Ägypter. München 1998
Assmann, Sinngeschichte: Jan Assmann, Ägypten. Eine Sinngeschichte. Darmstadt 1996
Barz, Wesen: Helmut Barz, Vom Wesen der Seele. Stuttgart 1979
Bautz: Franz J. Bautz, Geschichte der Juden. München 1987
Ben Chorin, Jesus: Schalom Ben Chorin, Bruder Jesus – Der Nazarener in jüdischer Sicht. München 1977
Benninger, Offenbarung: Karlheinz Benninger, Offenbarung und Wahrheit – Christentum im 3. Jahrtausend. Berlin1998
Benninger, Christentum: Karlheinz Benninger, Alternatives Christentum – Christ sein mit Vernunft ohne Kirche und Dogmen, Berlin 2018
Benninger, Befreit: Karlheinz Benninger, Befreites Christentum – Christ sein ohne Kirche, Hamburg 2020
Beyerlin AT: Religionsgeschichtliches Textbuch zum Alten Testament, herausgeg. von Walter Beyerlin. Göttingen 1985
Brunner, Weisheitsbücher: Hellmut Brunner, Die Weisheitsbücher der Ägyptischer. Weisheit. Düsseldorf und Zürich 1988
Brunner-Traut, Ägyptenkunde: Emma Brunner-Traut, Kleine Ägyptenkunde. Stuttgart 1991
Brunner-Traut, Erkennen: Emma Brunner-Traut, Frühformen des Erkennens. Darmstadt 1992
Buber, Schrift: Martin Buber, Die Schrift. Bd. 1. Darmstadt 1988
Buber, Einsichten: Martin Buber, Einsichten. Frankfurt 1989
Calwer: Calwer Bibellexikon. Stuttgart 1985
Campenhausen GK: Hans Freiherr von Campenhausen, Griechische Kirchenväter. Stuttgart 1967
Capelle, VS: Wilhelm Capelle, Die Vorsokratiker. Stuttgart 1968
Crick, Seele: Francis Crick, Was Seele wirklich ist – Die naturwissenschaftliche Erforschung des Bewusstseins. München 1994
Dawkins, Gotteswahn: Richard Dawkins, Der Gotteswahn. Berlin 2007
Deschner, Christentum: Karlheinz Deschner, Das Christentum im Urteil seiner Gegner. München 1986
Deschner, Kriminalgeschichte: Karlheinz Deschner, Kriminalgeschichte des Christentums. Reinbek 1986 ff
Dohmen/Söding, Zwei Testamente: Christoph Dohmen / Thomas Söding, Eine Bibel-Zwei Testamente. Paderborn 1995

Doorly: John W. Doorly, Die Wissenschaft der Bibel. Öffentlicher Vortrag 1947

dtv Bibel: dtv-Lexikon Die Bibel und ihre Welt. München 1972

Dürr, Physik: Hans-Peter Dürr, Physik und Transzendenz. München 1988

Martini-Eco: Carlo Maria Martini / Umberto Ecco, Woran glaubt, wer nicht glaubt? Wien 1998

Eddy, WG: Mary B. Eddy, WISSENSCHAFT und Gesundheit mit Schlüssel zur Heiligen Schrift. Massachusetts 1980

Edfu: Dieter Kurth, Edfu. Darmstadt 1994

Ehrhard, Buddhismus: Franz-Karl Ehrhard, Lexikon des Buddhismus. München 1995

Ekschmitt, Weltmodelle: Werner Ekschmitt, Weltmodelle – Griechische Weltbilder von Thales bis Ptolemäus. Mainz 1990

Emerson, Essays: Ralph Waldo Emerson, Essays. Stuttgart o.J.

Flashar, Aristoteles: Hellmut Flashar, Aristoteles - Lehrer des Abendlandes. München 2013

Fohrer, Einleitung: Georg Fohrer, Einleitung in des Alte Testament. Heidelberg 1979

Fohrer, Erzähler: Georg Fohrer, Erzähler und Propheten im Alten Testament. Heidelberg/Wiesbaden 1988

Fried, Tod: Johannes Fried, Kein Tod auf Golgatha – Auf der Suche nach dem überlebenden Jesus. München 2019

Friedman, Wer? Richard Elliott Friedman, Wer schrieb die Bibel? Köln 2007

Gigon, Epikur: Olof Gigon, Epikur – Von der Überwindung der Furcht. Zürich 1949

Gnosis: Die Gnosis. Zürich 1995

Görg, Nilgans: Manfred Görg, Nilgans und Heiliger Geist – Bilder der Schöpfung in Israel und Ägypten. Düsseldorf 1997

Graeber, Schulden: David Graeber, Schulden – Die ersten 5000 Jahre. Stuttgart 2012

Grof, Weisheit: Stanislav Grof, Alte Weisheit und modernes Denken. München 1986

Grout: Pam Grout, E^2 Wie ihre Gedanken die Welt verändern. Berlin 2014

Haller, Böse: Reinhardt Haller, Das ganz normale Böse – Warum Menschen morden. Reinbek 2011

Harnack, Marcion: Adolf von Harnack, Marcion. Das Evangelium vom fremden Gott. Darmstadt 1985

Harnisch, Gleichniserzählungen: Wolfgang Harnisch, Die Gleichniserzählungen Jesu. Göttingen 1990

Hauskeller, Ethik MA: Michael Hauskeller, Geschichte der Ethik-Mittelalter, München 1999

Haussig: Wörterbuch der Mythologie. Stuttgart 1986

Hesemann, Maria: Michael Hesemann, Maria von Nazareth – Geschichte, Archäologie, Legenden. Augsburg 2012

Heimann, Weg: Peter Heimann, Der griechische Weg zu Christus. Stuttgart 1991

Heinemann, Nein: Uta Ranke-Heinemann, Nein und Amen - Anleitung zum Glaubenszweifel. München 1994

Helferich, Philosophie: Christoph Helferich, Geschichte der Philosophie. München 1999

Hirschfeld, Qumran: Yizhar Hirschfeld, Qumran – Die ganze Wahrheit. Hamburg 2008

Höffe, Philosophie I: Klassiker der Philosophie I herausgeg. von Otfried Höffe. München 1985

Hörmann, Gnosis: Werner Hörmann, Gnosis – Das Buch der verborgenen Evangelien. Augsburg 1990

Hornung, Der Eine: Erik Hornung, Der Eine und die Vielen. Darmstadt 1971

Hornung, Sonne: Erik Hornung, Die Nachtfahrt der Sonne. Zürich/München 1991

Huonder, Gottesbeweise: Quirin Huonder, Die Gottesbeweise – Geschichte und Schicksal. Stuttgart 1968

Iber, NT: Neues Testament, Einführungen, Texte, Kommentare; hgg. von Gerhard Iber und Herrmann Timm. München 1984

Iamblichos, Pythagoras. Herausgegeben, übersetzt und eingeleitet von Michael von Albrecht. Darmstadt 1985

Jantsch, Selbstorganisation: Erich Jantsch, Die Selbstorganisation des Universums. München 1986

Jaspers, Glaube: Karl Jaspers, Der Philosophische Glaube angesichts der Offenbarung. Darmstadt 1984

Keel, Welt: Othmar Keel, Die Welt der altorientalischen Bildsymbolik und das Alte Testament. Darmstadt 1984

Kepel, Rache: Kepel, Gilles. Die Rache Gottes. Radikale Moslems, Christen und Juden auf dem Vormarsch. München 1991

Klassiker der Philosophie: Herausgegeben von Otfried Höffe. München 1985

Klengel, Hammurapi: Horst Klengel, König Hammurapi und der Alltag Babylons. Zürich 1991

Knapp, Quantensprung: Natalie Knapp, Der Quantensprung des Denkens. Hamburg 2013 5. Aufl.

Koch, Religion: Klaus Koch, Geschichte der ägyptischen Religion. Stuttgart 1993

Kraft, Denker: Heinrich Kraft, Die großen Denker der christlichen Antike. Augsburg 1999

Kytzler, Mythen: Bernhard Kytzler, Platons Mythen. Frankfurt/Leipzig 1997

Lamsa, Evangelien: George M. Lamsa, Die Evangelien in aramäischer Sicht. Gossau – St. Gallen 1963

Lapide, Bibel: Pinchas Lapide, Ist die Bibel richtig übersetzt? Gütersloh 1986

Lapide, Warum: Pinchas Lapide, Warum kommt er nicht? Gütersloh 1988

Lapide, Meer: Pinchas Lapide, Er wandelte nicht auf dem Meer. Gütersloh 1986

Leininger: Bruce und Andrea Leininger, Soul survivor – Ein Junge erinnert sich an ein Leben vor seiner Geburt. Berlin 2017

Leisegang, Gnosis: Hans Leisegang, Die Gnosis. Stuttgart 1985

Lichtmesz, Gott: Martin Lichtmesz, Kann nur ein Gott uns retten? – glauben, hoffen, standhalten. Schnellroda 2014

Loretz, Ugarit: Oswald Loretz, Ugarit und die Bibel. Darmstadt 1990

Lüdemann, Häretiker: G. Lüdemann, M. Janssen, Bibel der Häretiker. Stuttgart 1997

Lüdemann, 2000: Gerd Lüdemann, Jesus nach 2000 Jahren - Was er wirklich sagte und tat. Springe 2012[3]

Lüdemann, Auferstehung: G. Lüdemann, Die Auferstehung Jesu – Historie, Erfahrung, Theologie. Stuttgart 1994

Lüdemann, Jungfrauengeburt: G. Lüdemann, Jungfrauengeburt? Springe 2008

Lüdemann, AT: G. Lüdemann, Altes Testament und christliche Kirche. Springe 2006

Lurker, Götter: Manfred Lurker, Lexikon der Götter und Symbole der alten Ägypter. Darmstadt 1987

LzB: Lexikon zur Bibel, Hg. F. Rienecker und G. Maier. Wuppertal 1998

Maier, Qumran: Johann Maier/Kurt Schubert. Die Qumran-Essener, Texte der Schriftrollen und Lebensbild de Gemeinde. München 1982

Mall, Hinduismus: Mall, Der Hinduismus, Seine Stellung in der Vielfalt der Religionen. Darmstadt 1997

Martini-Eco: Carlo Maria Martini-Umberto Eco, Woran glaubt, wer nicht glaubt? Wien 1998

Neusner, Rabbi: Jacob Neusner, Ein Rabbi spricht mit Jesus. München 1997

Nigg, Ketzer: Walter Nigg, Das Buch der Ketzer. Zürich 1970

Nixey, Zorn: Catherine Nixey, Heiliger Zorn – Wie die frühen Christen die Antike zerstörten. München 2019 2. Aufl.

Ogilvy, Anleitung: James Ogilvy, Anleitung zu einem Leben ohne Ziel. München 1997

Pagels, Fünftes Evangelium: Pagels, Elaine. Das Geheimnis des fünften Evangeliums. München 2006

Parnia, Tod: Sam Parnia/Josh Young, Der Tod muss nicht das Ende sein. 2. Aufl. München 2015

Popper, Suche: Karl R. Popper, Auf der Suche nach einer besseren Welt. München 1989

Putin, Reden: Wladimir Putin, Reden an die Deutschen. Compact-Edition Ausgabe Nr. 1   2014

Qumran, Psalmen: Klaus Berger, Psalmen aus Qumran. Stuttgart 1994

Rad, Genesis: Gerhard von Rad, Das erste Buch Mose Genesis. Göttingen/Zürich 1987

Rahlfs LXX: Septuaginta edidit Alfred Rahlfs. Stuttgart 1982

Ranke-Graves, Mythologie: Robert von Ranke-Graves, Raphael Patai, Hebräische Mythologie. Hamburg 1986

Rattner, Tiefenpsychologie: Josef Rattner, Tiefenpsychologie und Religion. Ismaning 1987

Reinhardt, Schönheit: Volker Reinhardt, die Macht der Schönheit – Kulturgeschichte Italiens. München 2019

Religionskritik: Religionskritik; herausgeg. von Norbert Hoerster. Stuttg. 1984 Reclam

Richert, Christus: Richert, Friedemann, Platon und Christus – Antike Wurzeln des Neuen Testaments. Darmstadt 2012²

Ringgren, Religionen: Helmer Ringgren, Die Religionen des Alten Orients. Göttingen 1979

Sand, Jude: Shlomo Sand: Warum ich aufhöre, Jude zu sein - Ein israelischer Standpunkt. Berlin 2013

Schmökel, Gilgamesch: Hartmut Schmökel, Das Gilgamesch-Epos. Stuttgart 1974

Schneemelcher I: Wilhelm Schneemelcher, Neutestamentliche Apogryphen I Evangelien. Tübingen 1987

Schöpfungsmythen: Die Schöpfungsmythen. Ägypter, Sumerer, Hurriter .... Darmstadt 1977

Schrödinger, Leben: Erwin Schrödinger, Mein Leben, meine Weltansicht. Zürich 1989

Schrödinger, Geist: Erwin Schrödinger, Geist und Materie. Zürich 1989

Schwab, Melanchthon: Hans-Rüdiger Schwab, Philipp Melanchthon, der Lehrer Deutschlands. München 1997

Seybold, Psalmen: Klaus Seybold, die Psalmen. Eine Einführung. Stuttgart 1991

Shahak, Geschichte: Israel Shahak, Jüdische Geschichte, Jüdische Religion. Der Einfluss von 3000 Jahren. Süderbrarup 1998

Sheldrake, Universum: Rupert Sheldrake, Das schöpferische Universum. München 2001

Sheldrake, Spiritualität: Rupert Sheldrake, die Wiederentdeckung der Spiritualität. München 2018

Smolin, Quantenwelt: Lee Smolin, Quantenwelt – Wie wir zu Ende denken, was mit Einstein begonnen hat. München 2019

Soden, Einführung: Wolfram von Soden, Einführung in die Altorientalistik. Darmstadt 1985

Stevenson, Reinkarnation: Jan Stevenson, Reinkarnation – Der Mensch im Wandel von Tod und Wiedergeburt. 20 überzeugende und wissenschaftlich bewiesene Fälle. Braunschweig 1994

Sträuli, Origenes: Robert Sträuli, Origenes der Diamantene.
Zürich 1987
Tolle, Erde: Eckhart Tolle, Eine neue Erde – Bewusstseinssprung anstelle
von Selbstzerstörung. München 2005
Uhlig, Buddha: Helmut Uhlig, Buddha – Die Wege des Erleuchteten.
Bergisch Gladbach 1994
Vester, System: Frederik Vester, Unsere Welt – ein vernetztes System.
München 1999
Wagner, Gnosis: Reinhard Wagner, Die Gnosis von Alexandria.
Stuttgart 1968
Warnke, Quantenphilosophie: Ulrich Warnke, Quantenphilosophie und
Spiritualität. München 2017 5. Aufl.
Weinreb, Zahl: Friedrich Weinreb, Zahl, Zeichen, Wort.
Weiler im Allgäu 1986
Weischedel, Gott: Wilhelm Weischedel, Der Gott der Philosophen.
Darmstadt 1983[3]
Werner, Philosophie: Charles Werner, Die Philosophie der Griechen.
Freiburg 1966
Widengren, Iran: Geo Widengren, Die Religionen Irans. Stuttgart 1965
Wilber, Religion: Ken Wilber, Naturwissenschaft und Religion – Die
Versöhnung von Wissen und Weisheit. Frankfurt 1998
Wilber, Weltbild: Ken Wilber u.a. Das holographische Weltbild. Bern,
München, Wien 1988
Wilber, Das Wahre: Ken Wilber, Das Wahre, Schöne, Gute. Geist und
Kultur im 3. Jahrtausend. Frankfurt 2002
Wilber, Bewusstsein: Ken Wilber, Das Spektrum des Bewusstseins.
Reinbek 1996
Zeller, Grundriss: Eduard Zeller, Grundriss der Geschichte der
griechischen Philosophie. 188

Dank

Wir bringen wohl Fähigkeiten mit, aber unsere Entwicklung verdanken wir tausend Einwirkungen einer großen Welt, aus der wir uns aneignen, was wir können und was uns gemäß ist. Ich verdanke den Griechen und den Franzosen viel, ich bin Shakespeare, Sterne und Goldsmith Unendliches schuldig geworden. Allein damit sind die Quellen meiner Kultur nicht nachgewiesen; es würde ins Grenzenlose gehen und wäre auch nicht nötig. Die Hauptsache ist, dass man eine Seele habe, die das Wahre liebt und die es aufnimmt, wo sie es findet.
Eckermann, Gespräche mit Goethe vom 16. Dezember 1828

Mein besonderer Dank gilt neben den zitierten Autoren

Dr. Henning Schmidt
für seine wertvollen Hinweise,
Anregungen und Korrekturen

und

Ludwig Leiß
für seine unentbehrliche technische
Hilfestellung bei der
Gestaltung.

Zeitfracht Medien GmbH
Ferdinand-Jühlke-Straße 7
99095 Erfurt, Deutschland
produktsicherheit@kolibri360.de